U0961370

国家出版基金项目
NATIONAL PUBLICATION FOUNDATION

中宣部2020年主题出版重点出版物

大数据与国家治理

吕欣　李洪侠　李鹏　著

電子工業出版社
Publishing House of Electronics Industry
北京•BEIJING

内 容 简 介

本书从国家大数据战略定位入手，对大数据应用与大数据战略两个方面进行了全面分析；在梳理、总结发达国家大数据发展战略经验的基础上，从政府治理、经济治理、统计融合、金融治理、企业数智化转型、中小企业信用评估、新型城镇化、健康医疗 8 个角度阐述了大数据在国家治理中的具体应用，通过分析大数据在使用过程中遇到的障碍，提出大数据在不同领域应用的意见和建议。然后，再从数字经济发展战略、大数据人才发展战略、数据开放共享战略、大数据与国家安全战略、大数据与信息安全保障战略 5 个方面为我国的大数据发展布局，为大数据国家战略设计提供研究支撑。

本书适合党政机关工作人员、企业人员，或者经济学、管理学和信息学相关专业的学者和高年级学生阅读。

图书在版编目（CIP）数据

大数据与国家治理 / 吕欣，李洪侠，李鹏著. —北京：电子工业出版社，2020.12

ISBN 978-7-121-40219-7

Ⅰ. ①大… Ⅱ. ①吕… ②李… ③李… Ⅲ. ①数据管理－关系－国家－行政管理－研究－中国 Ⅳ. ①D630.1②TP274

中国版本图书馆 CIP 数据核字（2020）第 248475 号

责任编辑：邓茗幻　　特约编辑：田学清

印　　刷：北京虎彩文化传播有限公司

装　　订：北京虎彩文化传播有限公司

出版发行：电子工业出版社

北京市海淀区万寿路 173 信箱　　邮编 100036

开　　本：720×1 000　1/16　印张：18.75　字数：326 千字

版　　次：2020 年 12 月第 1 版

印　　次：2024 年 1 月第 3 次印刷

定　　价：98.00 元

凡所购买电子工业出版社图书有缺损问题，请向购买书店调换。若书店售缺，请与本社发行部联系，联系及邮购电话：（010）88254888，88258888。

质量投诉请发邮件至 zlts@phei.com.cn，盗版侵权举报请发邮件至 dbqq@phei.com.cn。

本书咨询联系方式：（010）88254614。

前　言

党的十八届三中全会提出，我国全面深化改革的总目标是完善和发展中国特色社会主义制度，推进国家治理体系和治理能力现代化。党的十九届四中全会着重研究了坚持和完善中国特色社会主义制度、推进国家治理体系和治理能力现代化的若干重大问题。2017 年 12 月 8 日，习近平总书记在十九届中共中央政治局第二次集体学习时强调，要运用大数据提升国家治理现代化水平。党的十九大报告指出，要大力发展新型实体经济，尤其是发展先进制造业，使数字经济与实体经济深度融合。《中共中央 国务院关于构建更加完善的要素市场化配置体制机制的意见》提出，要加快培育数据要素市场，推进政府数据开放共享，提升社会数据资源价值，加强数据资源整合和安全保护。党的十九届五中全会明确提出要加快数字化发展，加快数字社会、数字政府建设，提升公共服务，社会治理等数字化智能化水平。大数据在推进国家治理体系和治理能力现代化中的作用日益凸显。

国家治理体系和治理能力，是一个国家的制度和制度执行力的集中体现。健全的治理体系、高效的治理能力，是经济社会有序运行、健康发展的基本前提，也是人民安居乐业、社会安定有序、国家长治久安的基础保障。要实现国家治理体系和治理能力现代化，我们有必要吸收和利用各种先进的治理经验和治理技术。大数据作为一种新型的治理资源，具备实时便捷、科学准确、决策价值巨大等特点，为国家治理体系和治理能力现代化提供了新的发展渠道和方法手段。首先，大数据能够更准确、更全面、更及时地反映社会客观现实和公众需求。大数据来源于数据管理系统的存储数据、网络和移动终端的用户原创数据，以及传感器的自动生成数据，记录了社会事件的发生、发展和变化，体现了社会各类主体对社会管理和社会问题的反应与互动，为社会治理提供了更加真实、全面、及时的客观事实和民情民意。其次，大数据注重占有和分析数据的整体而不是局部，注重分析数据之间的相关关系而不是因果关系，避免了传统依据抽样样本数据而带来的分析结果的片面性，使国家治理主体更加客观地捕捉现状和预测未来，提高了决策的科学性。最后，大数据注重数据开放。通过数据的公开，一方面促进了社会治理的公开透明，强化了社会监督；另一方面为社会组织和个人挖掘数据价值、调节自身行为、进行协调配合和参与社会管理提供了极大的便利，提高了国家治理的共同参与度和治理效能。

大数据在提升国家治理能力中拥有“四新四大”的地位，其中“四新”是指大数据是新资源、新动能、新思维和新手段，“四大”是指大数据将有利于促进大创新、释放大红利、带动大产业、实现大转型。“四新”的定位肯定了大数据存在的重要意义。新资源——数据已成为与物质、能源同等重要的国家基础性战略资源，正对全球生产、流通、分配、消费活动产生重要影响。新动能——数据是经济发展的新动能，大数据产业发展规模不断扩大。据 IDC（互联网数据中心）预测，未来 5 年中国大数据市场将以 19%的年复合增长率持续快速增长。大数据产业以其快速且持续的增长逐渐成为经济新的增长点，占据了战略性新兴产业的制高点。新思维——大数据可以促进服务方式、管理模式、商业模式等各个方面的创新，带动企业、行业、地区、国家协同创新。新手段——实现“用数据说话、用数据决策、用数据管理、用数据创新”，为治理提供新的技术和手段。“四大”的定位肯定了大数据在推动我国改革和发展中的重要作用。促进大创新——拓展创新发展新空间，提供创新发展新动力。释放大红利——我国改革发展的人口红利逐渐弱化，数据红利正在释放，数据流引领技术流、物质流、资金流、人才流，数据要素驱动社会发展。带动大产业——大数据除了本身产业要发展，还要与高新技术产业深度融合发展，并驱动传统产业转型升级。实现大转型——产业结构转型、治理体系转型、政府职能转型、政民关系转型同时进行，以推进我国现阶段改革任务的完成。

本书为国家社科基金重大项目“大数据国家战略研究”（批准号：14&ZDA089）的成果之一。本书在 2017 年版本的基础上进行了更新，并根据形势发展增加了相关章节。本书总体结构分为三篇：基础篇、应用篇和战略篇。基础篇包括概论、研究综述、大数据与国家治理的国际经验；应用篇从政府治理、经济治理、统计融合、金融治理、企业数智化转型、中小企业信用评估、新型城镇化、健康医疗 8 个角度阐述了大数据在国家治理中的具体应用；战略篇从数字经济发展战略、大数据人才发展战略、数据开放共享战略、大数据与国家安全战略、大数据与信息安全保障战略 5 个方面提出了我国大数据发展战略布局的重要方向。

本书的章节安排如下：

第 1 章　概论。给出了研究大数据与国家治理的背景和意义，介绍了本书的选题缘由和意义、逻辑框架和主要研究发现。

第 2 章　研究综述。分析了发达国家在国家治理中采取的有关大数据的措施，并对其成功经验进行总结、归纳，为在我国国家治理中更好地发挥大数据的作用提供参考和借鉴。

第 3 章　大数据与国家治理的国际经验。主要通过对美国、欧盟及其成员国（德国、法国）、英国、俄罗斯等国家大数据发展战略的梳理，总结其大数据发展经验。

第 4 章　大数据与政府治理。讨论了大数据如何提高政府治理水平的话题，包括以大数据应用提高政府决策的科学化和智能化水平、以大数据应用推进政府简政放权、以大数据应用更好地提供公共服务和保障民生 3 个方面。

第 5 章　大数据与经济治理。主要从大数据对经济决策的重要性、经济决策对大数据的需求、大数据对经济决策的助推作用 3 个方面进行探究。

第 6 章　大数据与统计融合。主要分析了大数据时代官方统计面临的挑战与机遇，探讨了如何在大数据时代进行宏观经济管理。

第 7 章　大数据与金融治理。从全球视角入手，关注目前大数据在全球金融治理中发挥的作用，通过对美国、英国和澳大利亚的大数据金融治理进行研究，总结出发达国家在金融领域应用大数据时的战略和规划，为我国金融领域的大数据应用提供借鉴。

第 8 章　大数据与企业数智化转型。从最基本、最重要、最广泛的市场主体企业入手，通过总结 2020 年新型冠状病毒肺炎疫情（简称新冠肺炎疫情）对中国企业转型考验的经验，研究如何充分运用大数据等技术加速推动企业数智化转型，推进数字经济和制造业深度融合。

第 9 章　大数据与中小企业信用评估。通过分析中小企业发展的战略定位，深刻剖析中小企业融资面临的问题及问题产生的原因，进一步梳理和评价现有金融机构——银行对中小企业的产品和服务供给状况，分析传统贷款路径的优劣势，对比分析银行传统模式、信贷融资平台、金融指数等中小企业融资模式，提出改善中小企业融资的路径，并从政银企业务协同和信息共享、服务型政府建设等方面提出大数据辅助中小企业信用评估的对策和建议。

第 10 章　大数据与新型城镇化。主要以提出问题、分析问题、解决问题的思路对大数据在我国城镇化进程中的作用加以说明。

第 11 章　大数据与健康医疗。从健康医疗大数据的特征、大数据在健康医疗领域的应用价值、大数据在健康医疗领域的主要应用方向与典型应用场景、健康医疗大数据面临的挑战与发展前景等方面进行详细阐述。

第 12 章　数字经济发展战略。从数字产业化和产业数字化发展情况和趋势入手，总结经验，有序推动政府数据开放共享，建立数据安全保障体系，加强政产学研之间的合作，加快人才培养和储备，建立大数据应用市场，积极扶持大数据领军企业，推广工业互联网典型应用，完善相关法律法规，拓宽大数据产业融资渠道等，促进我国大数据产业健康、高效发展。

第 13 章　大数据人才发展战略。从政府和企业层面，阐述要重视、培养并发展大数据人才，日益提高我国大数据人才发展质量。

第 14 章　数据开放共享战略。强调在大数据时代数据的开放与运用已成为国家综合竞争力的新标志，指出我国政府数据开放仍存在法规支撑不足、操作标准缺乏、观念束缚等问题，提出我国应进一步加强顶层设计、设立统一的发布门户网站、处理好政府数据共享与安全问题、加强等级认证和分类标准制定、政府建立数据共享机制加大财政金融支持、加强专业人才培养、提升政府管理机制的建议。

第 15 章　大数据与国家安全战略。指出大数据是国家安全的重要基础，国家安全是大数据健康发展的前提条件。本章还细致地分析了大数据在政治安全、国土安全、军事安全、经济安全、文化安全、社会安全、科技安全、生态安全、资源安全方面的作用。

第 16 章　大数据与信息安全保障战略。在分析数字经济发展面临的五大安全挑战的基础上，构建大数据安全与隐私保护体系架构，并提出相关对策和建议，为落实大数据安全保障方案提供理论和技术参考。

本研究工作得到了中国工程院何德全院士、倪光南院士和国家信息中心相关领导的支持指导，在此表示衷心的感谢。毕钰、郛彩霞参与了第 3 章、第 11 章、第 12 章、第 14 章的研究工作，周海川参与了第 8 章、第 9 章的研究工作，郭晓萧参与了第 3 章、第 9 章的研究工作，李阳参与了第 9 章、第 16 章的研究工作，韩晓露参与了第 16 章的研究工作。刘振中、随志宽、孙一丹、刘冰心等同志对书稿的完善和校对做了大量的工作，对他们的辛勤工作表示感谢。感谢电子工业出版社董亚峰同志在图书出版过程中给予的大力支持。

目录

基础篇

应用篇

战略篇

基础篇

第 1 章

概论

2017 年 12 月 8 日，中共中央总书记习近平在十九届中共中央政治局第二次集体学习时强调，要运用大数据提升国家治理现代化水平。要建立健全大数据辅助科学决策和社会治理的机制，推进政府管理和社会治理模式创新，实现政府决策科学化、社会治理精准化、公共服务高效化。党的十九大报告指出，要大力发展新型实体经济，尤其是发展先进制造业，使数字经济与实体经济深度融合。《中共中央 国务院关于构建更加完善的要素市场化配置体制机制的意见》提出，要加快培育数据要素市场，推进政府数据开放共享，提升社会数据资源价值，加强数据资源整合和安全保护。《中共中央关于制定国民经济和社会发展第十四个五年规划和二〇三五年远景目标的建议》指出，要加强宏观经济治理数据库等建设，提升大数据等现代技术手段辅助治理能力，推进统计现代化改革。大数据在推进国家治理体系和治理能力现代化中的应用日益广泛，作用和效果日益凸显。

1.1 本书的选题缘由和意义

在世界范围内，大数据产业已经成为促进经济发展、健全社会治理、提升政府服务及监管水平的重要手段。在发达国家，为推动大数据的发展和应用，有关大数据的战略性文件相继出台，由此可见大数据对于一国发展的重要性。我国具备丰富的数据资源和广阔的市场，是互联网用户规模最大的国家，这为大数据的发展提供了必要的支持。同时，我国互联网企业、地方政府、国家机关都已着手跟进大数据研发、创新、应用，逐步落实与完善大数据战略的相关工作。

大数据在我国拥有“四新四大”的地位，其中“四新”是指大数据是新资源、新动能、新思维和新手段，“四大”是指大数据将有利于促进大创新、释放大红利、带动大产业、实现大转型。

“四新”的定位肯定了大数据存在的重要意义。一是新资源，数据已成为与物质、能源同等重要的国家基础性战略资源，正对全球的生产、流通、分配、消费活动产生重要影响。二是新动能，数据是经济发展的新动能，大数据产业的发展规模不断扩大，2019 年大数据产业生态联盟与赛迪顾问发布的《2019 中国大数据产业发展白皮书》显示，2018 年中国大数据产业规模为 4 384.5 亿元，预计 2021 年将达到 8 070.6 亿元。2020 年 IDC 发布《IDC 全球大数据支出指南》，预测 2020—2024 年中国大数据的相关技术和服务市场将保持 19%的年复合增长率。大数据产业逐步成为战略性新兴产业的制高点和全新的经济增长点。三是新思维，数据可以促进体制机制创新、管理方式创新、服务模式创新、商业模式创新等各方面的创新，带动企业、行业、地区、国家协同创新。四是新手段，实现“用数据说话、用数据决策、用数据管理、用数据创新”，为治理提供新的方式。

“四大”的定位肯定了大数据在推动我国改革和发展中的重要作用。一是促进大创新。拓展创新发展新空间，提供创新发展新动力。二是释放大红利。人口红利逐渐消失，数据红利正在释放，具体表现在数据流引领技术流、资金流、物质流及人才流等方面，数据要素驱动社会发展。三是带动大产业。大数据除了本身产业要发展，还要与其他产业融合发展，驱动传统产业升级发展。四是实现大转型。产业结构转型、治理体系转型、政府职能转型、政民关系转型同时进行，以推进我国现阶段的改革任务的完成。

《中华人民共和国国民经济和社会发展第十三个五年规划纲要》与《关于促进大数据发展行动纲要的通知》在大数据发展的主要任务上相互呼应。

文件提出：促进产业发展与转型，加快政府数据公开和提升社会治理是大数据发展应用的重要领域；打造治理新模式，建立经济运行新机制，构建民生服务新体系，开启创新驱动新格局和培育产业新生态是大数据发展应用的重要目标和方向；在稳增长、调结构、促改革、惠民生、提升政府治理水平方面也要求大数据充分发展以给予支持。

大数据是新一轮产业革命的重要方向。产业转型升级有效支持我国新阶段经济结构调整与全面发展，是我国深化改革的重要任务。产业结构是我国经济增长的重要基础，产业结构的调整和升级正是我国经济保持长期稳定发展的关键。大数据作为一项新兴的技术手段，对三大产业（农业、工业和第三产业）的发展有直接影响，并促进各产业的技术进步与潜在产能的释放。首先，大数据在工业行业中，能够在产品全生命周期及产业链各环节有所应用，可以分析并获知用户的需求，提高产品附加值，创建智能化工厂，推动制造模式变革和企业转型升级。其次，大数据与各传统行业融合，诞生了以大数据为基础的新兴产业，数据制药、数据材料、数据服务及互联网金融等一些新业态渐趋发展，推动商业模式的创新和产业价值链的重构，新兴产业的出现也为经济增长提供新的增长动能。最后，大数据的发展能够直接带动以大数据为主要核心价值的产业链条的发展，鼓励企业将现有业务与大数据的发展进行深度的融合，推动大、中、小企业稳步发展，建立健全大数据产业体系，消除现有产业结构的薄弱环节。

大数据是提升国家治理能力的重要手段。党的十八届三中全会提出，我国全面深化改革的总目标是完善和发展中国特色社会主义制度，推进国家治理体系和治理能力现代化。国家治理体系和治理能力集中体现了一个国家的制度及其执行力。完善的治理体系、高效的治理能力，既是社会有序运行、健康发展的保障，又是人民安居乐业和国家长治久安的重要条件。要实现国家治理体系和治理能力现代化，对于我国长期以来的传统治理模式是一个新的挑战，我们必须吸收和利用各种先进的治理经验和治理技术。作为一种新型的治理资源，大数据具备实时便捷、决策价值大等特征，为国家治理体系和治理能力现代化提供了新的发展渠道。首先，大数据能够更准确、更全面、更及时地反映社会的客观现实和公众的需求。大数据来源于数据管理系统的存储数据、网络和移动终端的用户原生数据，以及传感器自动生成的数据，它记录了社会事件发生和发展的过程，体现了社会各类主体对社会问题和社会管理的反应状况，为社会治理提供了更准确、全面、及时的客观事实和社情民意。其次，大数据注重的是占有和分析数据的整体而非局部，注重分析数据的相关关系而非因果关系，避免了既往依据抽样样本数据给分析结果带来的片面性，有利于国家治理主体更加客观地了解现状和预测未来，有效提升了治理主体决策的科学性和前瞻性。最后，大数据还非常注重数据的开放和共享，通过数据的公开，一方面促进了社会治理的透明化，加强了社会监督；另一方面也为社会上的个人和组织探寻数据价值、调节自身行为及参与社会管理提供了极大的便利，提高了国家治理的公众参与度和治理效能。

本书是国家社科基金重大项目的成果之一。以《大数据与国家治理》为本书的书名，是基于国内外经济科技的发展需要，国家对大数据战略的定位而拟定的。在拉动效应下，大数据的发展必然在促进经济发展、提升治理体系、激发大数据活力等关键方面大有作为。

1.2　本书的逻辑框架

本书总体结构分为 3 篇，第一篇是基础篇，第二篇是应用篇，第三篇是战略篇。

基础篇包括 3 章，分别为第 1 章概论、第 2 章研究综述和第 3 章大数据与国家治理的国际经验。第 2 章文献综述部分梳理了国内外关于大数据的基本概念、大数据国家战略等研究现状，并对现有成果和代表性观点进行综述和评价。第 3 章大数据与国家治理的国际经验是全书的准备部分，通过分析发达国家在国家治理中采取的大数据措施并总结其经验，为如何在我国国家治理中更好地发挥大数据的作用提供思路。

应用篇包括 8 章，分别为第 4 章大数据与政府治理、第 5 章大数据与经济治理、第 6 章大数据与统计融合、第 7 章大数据与金融治理、第 8 章大数据与企业数智化转型、第 9 章大数据与中小企业信用评估、第 10 章大数据与新型城镇化、第 11 章大数据与健康医疗。在参考国内外相关研究与其他国家实践经验的基础上，本书从政府治理、经济治理、统计融合、金融治理、企业数智化转型、中小企业信用评估、新型城镇化、健康医疗 8 个方面阐述了大数据在国家治理中的具体应用，这 8 个方面可以概括为政治、经济、社会三大领域。政府治理是政治领域的大数据应用；经济治理、统计融合、金融治理、企业数智化转型、中小企业信用评估主要是在经济领域应用大数据；而新型城镇化、健康医疗是社会领域的大数据应用，也是政府保障人民群众利益、为人民服务的具体表现。

战略篇包括 5 章，分别为第 12 章数字经济发展战略、第 13 章大数据人才发展战略、第 14 章数据开放共享战略、第 15 章大数据与国家安全战略和第 16 章大数据与信息安全保障战略。这 5 章从战略角度提出我国大数据发展布局的建议。数据开放共享战略是其他战略的基础，在推动大数据发展和应用的过程中，数据开放和共享是前提，只有拥有海量的数据资源，大数据技术的效用才能得到充分发挥；数字经济发展战略将大数据提升到经济发展层面上，将大数据作为促进我国经济的发展、加快我国产业结构调整和升级的新突破口，并为我国数字经济发展制定了统一而明确的规划；大数据人才发展战略研究则阐述了人才对于大数据发展的重要意义，明确了人才在大数据运用中的作用，人才的培养和引进可以推动大数据技术的创新，加快大数据在各领域的应用；本书从国家安全角度讨论了大数据的意义，大数据在国家安全领域的应用可以极大地提升我国的安全保障能力，为大数据在其他领域的应用提供最基本的保障；大数据与信息安全保障战略从“发展和安全”并重的原则出发，力求以发展促安全、以安全保发展，构建大数据安全与隐私保护体系架构，持续提升网络安全防护能力，着力夯实网络安全产业发展，切实筑牢网络安全防线，为推进数字经济的高质量发展提供安全保障。

基础篇是对现有成果和代表性观点的总结和归纳，寻求进一步突破的空间，并对其他国家大数据发展的实践进行梳理，从中得到启发。应用篇从大数据在不同领域的具体应用入手，阐述大数据在各领域的发展现状，分析大数据在使用过程中遇到的困难，并提出大数据在不同领域应用的意见和建议。战略篇从国家战略层面入手，选择在大数据发展中最为重要的问题进行分析，并从战略角度给出相关建议。基础篇是本书研究的起点，从纵向和横向角度为本书的研究奠定基础；应用篇的分类和阐述都较为详细，分方向、分领域地对大数据的应用进行分析；战略篇对这些方向中的重点进行概括和提炼，将这几个方面提升到国家战略层面，对重点方向进行战略部署。基础篇、应用篇和战略篇相互联系、相辅相成，从不同角度对大数据的国家治理进行论述，共同构成了本书的主要内容。

1.3 本书的主要研究发现

基础篇

第 1 章　概论。大数据在我国拥有“四新四大”的地位，其中“四新”是指大数据是新资源、新动能、新思维和新手段，“四大”是指大数据将有利于促进大创新、释放大红利、带动大产业、实现大转型。大数据是新一轮产业革命的重要方向，是提升国家治理能力的重要手段，大数据的发展必然在促进经济发展、提升治理体系、激发大数据活力等关键方面大有作为。本章介绍了本书的选题缘由和意义、逻辑框架和主要研究发现。

第 2 章　研究综述。国外发达国家特别是信息网络资源大国、强国，高度重视构建大数据的国家战略，国内外学术界也深入开展了相关研究。“大数据”一词最早出现在 20 世纪 80 年代，经过多年的科技发展，数据产生方式的巨大变化一次次促使了人类社会数据量的飞跃，大数据逐渐成为现代社会基础设施的重要组成部分。以战略性资源视角考虑大数据的价值正越来越受到发达国家政府和学者的重视。大数据技术将成为国家治理的重要工具，在降低社会运行成本、提高经济与社会运行效率、推动政府开放、提高公共决策的预见性和响应性、催生新兴产业、带动经济增长方面发挥着日益重大的作用。如何利用数据资源发掘知识、提升效益、促进创新，使其为国家治理、政府决策服务，最大限度地实现本国整体国家利益等，正随着大数据时代的到来成为国内外学者研究的热点。

第 3 章　大数据与国家治理的国际经验。主要通过对美国、欧盟及其成员国（德国、法国）、英国、俄罗斯等国家大数据发展战略的梳理，总结其大数据发展经验。美国作为大数据的发源地，自 20 世纪 90 年代以来陆续开展“信息高速公路”计划、“大数据研究和发展”计划、“数据—知识—行动”计划，并编写“大数据”白皮书，充分发挥 20 世纪信息高速发展的基础优势，搭建数据开放平台，开展关键技术研究，推动大数据应用，积极结合企业、研究机构等多方资源，逐步推进大数据发展，继续保持其在新信息时代的霸主地位。欧盟及其成员国分别制定了符合自身发展的大数据战略，将大数据研究及数据挖掘形成的价值作为未来知识经济的核心。提高大数据研究和数据挖掘能力有助于欧盟服务业自由转型，提供更多的创新型信息产品和服务；依靠大数据挖掘与分析，可以进行定制型服务，降低制造业成本，从而提高经济利润率。英国政府深度探索数据在经济社会中的创新能力，开拓数据在推动经济发展方面的能力。可以说，英国是大数据的积极拥抱者。俄罗斯一直以来都将重返和跻身世界强国作为首要战略目标，围绕这个目标，俄罗斯出台了多项与信息化、信息安全相关的法规、政策和措施。近年来，借助互联网迅猛发展的势头，俄罗斯政府对大数据等信息技术产业越来越重视。此外，本章还以日本、韩国、新加坡、澳大利亚四国为案例分析其大数据战略和发展方式，从中借鉴经验，助力我国大数据的顺利发展。

应用篇

第 4 章　大数据与政府治理。讨论了大数据如何提高政府治理水平之话题，包括从以大数据应用提高政府决策的科学化和智能化水平、以大数据应用推进政府简政放权、以大数据应用更好地提供公共服务和保障民生 3 个方面。大数据是推动经济转型的新动力，互联网成为大数据时代政府施政的重要平台和工具，大数据的应用可以有效推动政府实现数据共享，提高政府分析数据的整体能力和水平，从而为有效处理和解决一系列复杂的社会问题提供新的手段。我们应当将推行大数据战略与政府科学高效治理有机地结合起来，以此推动政府职能的转变。通过大数据来深化政府政务改革，建立健全“用数据说话、用数据决策、用数据管理、用数据创新”的管理模式，实现建立在大数据基础之上的科学决策，通过电子政务系统促进大数据与政府关键职能的深度融合，从而推动政府管理水平和社会治理模式的现代化，加快建设与中国特色社会主义事业相协调适应的创新政府、法治政府、廉洁政府和服务型政府。

第 5 章 大数据与经济治理。主要从大数据对经济决策的重要性、经济决策对大数据的需求、大数据对经济决策的助推作用 3 个方面进行探究。从决策的过程来讲，信息是决策的基本前提条件，而数据是信息的具体表现形式，国务院于 2001年明确提出了建立“综合经济数据仓库”的计划，建立以经济相关数据为主的数据库，侧重于包括统计信息在内的各厅局、部门信息资源的汇接、加工、发布、开发，能够满足政府管理决策和社会各界对经济信息的需求，提供服务于经济行政主管部门的管理信息系统和决策支持系统。数据作为知识经济时代的新型生产要素，是政府决策的重要工具，决策者需要密切关注国内外多维度、长周期、全方位的经济指标和数据。国际数据与国内数据、宏观数据与微观数据、历史数据与当前数据、传统统计数据与新时代大数据应该全面协调使用，使数据服务于经济运行，为经济决策的精准性、前瞻性、实战性和实效性提供必要的支持。

第 6 章 大数据与统计融合。主要分析了大数据时代官方统计面临的挑战与机会，探讨了如何在大数据时代进行宏观经济管理。在新常态下，中国经济面临的形势复杂，任务艰巨，政府决策对经济数据的质量和实效性提出更高的要求。官方统计工作面临前所未有的挑战，主要体现在官方统计指标设计的灵活性不足，官方统计过程与结果的及时性、准确度与抗干扰能力有待提高，官方统计对数据的使用、挖掘的深度不够，官方统计的重心需要转移等方面。深入研究大数据背景下网络和实体经济规律，可以有效提高宏观经济决策的科学性和实效性，在统计效率、统计服务、统计信息共享、统计数据采集方面有提升的空间。综合大数据和官方统计的特点，本章提出要站在“大统计”的视角，强化国家主管部门对全国官方统计工作的领导作用，建立部门间协调、宏微观印证、技术支撑、法制保障、数据完整、方式多样、及时准确的大统计系统，以更好地服务宏观经济决策，同时为微观经济主体判断经济形势提供完备参考。

第 7 章 大数据与金融治理。从全球视角入手，关注目前大数据在全球金融治理中发挥的作用，通过对美国、英国和澳大利亚的大数据金融治理进行研究，总结出发达国家在金融领域应用大数据时的战略和规划，为我国金融领域的大数据应用提供借鉴。在大数据背景下，我国金融业发展面临诸多挑战，大数据在金融治理中的应用也存在障碍，大数据的发展使我国金融业面临着新的挑战。本章从数据基础设施建设面临的考验、传统发展战略面临的冲击、商业运营模式面临的变革 3 个方面来分析这些挑战，如何应对这些挑战也成为政府当前亟须解决的重要问题。大数据给金融业带来诸多挑战的同时，也给金融业的发展和金融治理带来了机遇。本章从精准营销、风险防控、运营优化、决策管理、思维转变和金融普惠等角度分析了大数据对金融发展的积极作用。大数据是一把“双刃剑”，在金融领域中应用时更是如此，总体来说利远大于弊，如果能够有效控制大数据带来的金融风险，那么大数据会极大地推动金融业的发展。本章还给出了大数据在我国金融治理中应用的路径分析和利用大数据推进金融治理的政策建议。

第 8 章　大数据与企业数智化转型。随着我国经济迈入高质量发展阶段，企业作为最基本、最重要、最广泛的市场主体，是推动我国经济高质量发展的根基，决定着我国经济高质量发展能否真正实现。2020 年的新冠肺炎疫情对于中国企业转型是考验，也是“催化剂”，尤其是新冠肺炎疫情期间的数字经济“逆势”发展，大数据等新技术引领新模式、新业态、新场景创新，在助力新冠肺炎疫情防控、促进复工复产、挖掘消费潜力等方面作用突出，增强了我国经济的韧性，为企业数智化转型发展开拓了新思路。要充分利用新冠肺炎疫情中涌现出的新一轮科技创新和融合应用带来的新机遇，总结经验、转危为机，充分运用大数据等技术加速推动企业数智化转型，强化线上与线下联动，推进数字经济和制造业深度融合，不断壮大实体经济，为我国经济高质量发展和现代化经济体系建设提供新动力。

第 9 章　大数据与中小企业信用评估。通过分析中小企业发展的战略定位，深刻剖析中小企业融资面临的问题及问题产生的原因，提出并论证贷前评估的信息透明及工具便捷是解决中小企业信贷融资的关键。进一步梳理和评价现有金融机构——银行对中小企业的产品和服务供给状况，分析传统贷款路径的优劣势，对比分析银行传统模式、信贷融资平台、金融指数等中小企业融资模式，提出改善中小企业融资的路径，并从政银企业务协同和信息共享、服务型政府建设等方面提出大数据辅助中小企业信用评估的对策和建议，包括充分发挥画像体系可说明、可理解、可实施的优势，推进政银企服务平台建设，探索知识产权质押机制，推进企业信用信息的社会化服务等。

第 10 章 大数据与新型城镇化。主要以提出问题、分析问题、解决问题的思路对大数据在我国城镇化进程中的作用加以说明。城镇化作为我国扩大内需、经济结构转型升级的有效增长点，已经进入关键阶段，传统的城镇化建设主要依靠传统经验和行政手段干预，致力于新建住房等固定资产的投资建设，欠缺对资源的有效整合。本章从进城务工人员的安居问题、城镇居民住房问题着手，分析城镇化进程中存在的潜在矛盾，以及城乡结合面临的制度差异。大数据技术通过数据挖掘发现事物潜在的相关关系，进行统计描述和未来预测，有可能为政府解决这一治理难题拓展新的思路，辅助政府建设智慧城市和制定更好响应经济运行及民众需求的房地产政策。本章从政府应用房地产大数据的背景、政府应用房地产大数据面临的问题、房地产大数据辅助宏观决策的方法与应用层层递进，深入浅出地说明了大数据在城镇化中的推动作用。

第 11 章 大数据与健康医疗。伴随全球健康医疗支出的持续增长，全球健康医疗行业呈现快速、稳定发展的态势。传统医疗资源投入存在“重硬轻软”的现象，信息化短板在一定程度上制约了医疗整体供给能力的提升。大数据等新技术能够辅助诊疗，有效帮助医生进行更准确的临床诊断，更精确地预测治疗方案的成本与疗效，并在新药研发、预测传染疾病暴发、公共卫生事件监测和应急管理等领域发挥重要作用。云计算、大数据、物联网、移动互联网、智慧城市等新兴技术与健康医疗加速融合，能够解放人力的乘数效应受限，缓解医疗资源短缺，加大医疗服务供给。以健康医疗大数据为代表的医疗新业态，成为不断激发医疗卫生体制改革的动力。

战略篇

第 12 章 数字经济发展战略。加快数字化发展，是建设社会主义现代化强国的基础性先导性工作，是构筑数字化时代国家竞争新优势的战略选择，是加快转变政府职能、促进国家治理体系和治理能力现代化的必然要求，当前要推进数字产业化和产业数字化，推动数字经济和实体经济深度融合。然而，我国数字经济发展仍处于初级阶段，面临的瓶颈和问题不容忽视，如部门之间存在信息壁垒、网络和数据安全问题突出、数据人才严重短缺、数据技术创新与转化能力较弱、大数据产业生态体系不完善、数字基础薄弱等。

根据我国国情和国际经验，本章提出应有序推动政府数据开放共享，建立数据安全保障体系，加强政产学研之间的合作，加快人才培养和储备，建立大数据应用市场，积极扶持大数据领军企业，推广工业互联网典型应用，完善相关法律法规，拓宽大数据产业融资渠道等建议，助力我国大数据产业健康、高效发展。

第 13 章　大数据人才发展战略。大数据战略的兴起和发展，使人类从工业经济社会、知识经济社会步入大数据社会。与工业经济不同，大数据社会是以数据和信息的生产、分配、传播和利用为基础的。大数据的发展对大数据人才提出了新的要求。因此，计划性培养一批水平高、素质高且应变能力强的大数据复合型人才，是实施大数据人才发展战略的重要组成部分，也是全面加强大数据人才建设的内在要求。我国大数据人才发展资源存量增长迅速、人才资源结构不断优化、信息人才创新能力不断提高、人才需求不断增加，为我国的大数据发展提供了有效支持。但是，我国大数据人才发展还存在瓶颈，不仅有大数据人才总量存在较大缺口、大数据人才战略储备不足、大数据人才结构亟待完善、大数据人才培养模式脱节等人才发展中的问题，还面临大数据人才管理的规划设计滞后、大数据人才培训体系不规范等问题。为了构建我国的大数据人才战略体系，我们需要从政府层面和企业层面同时重视、培养并发展大数据人才，使我国大数据人才发展水平日益提高。

第 14 章　数据开放共享战略。首先强调了在大数据时代，国家对数据的需求量日益增加，大数据技术已经成为国家综合竞争力的新标志。国务院印发的《促进大数据发展行动纲要》提出，要做好顶层设计和统筹规划，努力促进政府信息系统和公共数据互联共享，进一步加快政府信息平台整合建设，促进治理能力现代化，消除“信息孤岛”，加快推进数据资源向社会和公众开放，切实增强政府的公信力，提升为广大公众企业服务的能力和水平，引导社会发展。本章归纳了国外政府数据开放共享的主要做法——通过建立统一的政府数据门户网站公开政府数据、不断完善政策法规推进政府数据开放、政府数据开放更多地集中于民生、注重开放数据与保护的平衡、在政府数据开放过程中实现合作发展，以求更好地学习国际经验发展我国大数据开放共享战略。然而，我国的大数据发展不够完善，存在政府数据开放程度较低、政府开放数据质量有待提升、相关法律法规需要进一步完善等问题。本章的建议如下：应通过进一步加强顶层设计、设立统一的发布门户网站、处理好政府数据共享与安全问题、加强等级认证和分类标准制定、建立政府数据共享机制、加大财政金融支持、加强专业人才培养、提升政府管理机制等多种途径，逐步实现我国大数据的开放发展。

第 15 章 大数据与国家安全战略。大数据是国家安全的重要基础，国家安全是大数据健康发展的前提条件。本章细致地分析了大数据在政治安全、国土安全、军事安全、经济安全、文化安全、社会安全、科技安全、生态安全、资源安全方面的作用。大数据安全保障的目标是保证数据保密性、数据完整性和数据可用性，以及公共政策和组织特定要求，确保大数据在数据全生命周期不被篡改、泄露，数据完整性得到保护，数据资产的价值得到控制，数据安全性得到保障，从而推进网络空间的法律制度建设、推动政府公共数据开放与利用、加强大数据监管、加快实施大数据人才战略、大力发展大数据产业、明确大数据发展的战略高度。

第 16 章 大数据与信息安全保障战略。新一代信息技术快速应用促进了数字经济的蓬勃发展，新产业、新业态、新模式加速成熟，随之而来的网络安全威胁和风险日益突出。习近平总书记指出，安全是发展的前提，发展是安全的保障，安全和发展要同步推进。在数字经济蓬勃发展的带动下，网络信息系统互联互通、数据跨域流动，以及系统之间的共享交互更加频繁，网络安全威胁和风险也日益突出，数字经济发展面临五大安全挑战，应引起高度重视。本章介绍了大数据安全与隐私保护体系架构的构建，为落实大数据安全保障方案提供理论和技术参考，并从加大个人信息保护力度、加强数据安全监管、加强关键信息基础设施协同防护、促进信息安全创新体系建设、持续提升信息安全防护能力、加强大数据行业管理制度建设、加强对跨境数据流动的安全监管等方面提出对策和建议。

第 2 章

研究综述

2.1 大数据基本概念的相关研究

“大数据”一词最早出现在 20 世纪 80 年代。1980 年，著名的未来学家阿尔文• 托夫勒在《第三次浪潮》一书中明确提出：“如果说 IBM 的主机拉开了信息化革命的大幕，那么‘大数据’则是第三次浪潮的华彩乐章。”20 世纪 90 年代，“数据仓库之父”比尔 • 恩门进一步拓展了大数据概念的影响力。在近 30 年科技迅速发展的时间里，人类社会的数据产生方式经历了运营式系统、用户原创内容和感知式系统 3 个阶段，数据生产来源也从数据管理系统的被动数据演变到 Web 2.0 和移动终端的用户原创数据，再到大规模使用传感器自动生成的数据。数据产生方式的巨大变化一次次促使了人类社会数据量的飞跃，大数据逐渐成为现代社会基础设施的重要组成部分，成为像公路、铁路、水和通信网络一样不可或缺的重要资源①。

① 倪光南．以云计算为工具，深挖大数据宝库[J]．中国信息化周报，2013-08-19．

2.1.1 大数据的概念和特征

大数据的广泛存在和应用兴起引起了政府、学术界和工业界的密切关注。《自然》杂志在 2008 年推出了专刊 *Big Data*[①]。计算社区联盟（Computing Community Consortium）在 2008 年发表了报告 *Big-Data Computing: Creating revolutionary breakthroughs in commerce, science, and society*[②]，阐述了在数据驱动的背景下，解决大数据问题所需的技术和面临的挑战。《科学》杂志在 2011 年 2 月推出专刊 *Dealing with Data*[③]，主要围绕科学研究中大数据的问题展开讨论，说明大数据对于科学研究的重要作用。美国一些知名的数据管理领域的专家学者则从专业的研究角度出发，联合发布了 *Challenges and Opportunities with Big Data*[④]白皮书，从学术的角度出发，介绍了大数据的产生，分析了大数据的处理流程，提出了大数据所面临的若干挑战。麦肯锡于 2012 年发布了 *Big Data: The next frontier for innovation, competition, and productivity*[⑤]报告，详细描述了大数据的发展现状和趋势。

尽管人们对大数据的关注度与日俱增，但是对大数据这一基本概念的定义仍未达成共识，大多数研究从大数据的特征出发，试图通过对这些特征的阐述和归纳，给出大数据的定义。麦肯锡将大数据定义为，大数据是由数量巨大、结构复杂、类型众多的数据构成的数据集合，是基于云计算的数据处理与应用模式。亚马逊的网络服务、大数据科学家约翰・劳泽提出，任何超

---

① Nature．Big Data[EB/OL]．[2012-10-02]．http://www.nature.com/news/specials/bigdata/index.html.

② Bryant R E，Katz R H，Lazowska E D．Big-Data Computing：Creating revolutionary breakthroughs in commerce，science，and society [R/OL]．[2012-10-02]．http://www.cra.org/ccc/docs/init/Big_Data.pdf.

③ Science. Special Online Collection：Dealing with Data [EB/OL]. [2012-10-02]. http://www.sciencemag.org/site/special/data/.

④ Agrawal D，Bernstein P，Bertino E，et al．Challenges and Opportunities with Big Data – A community white paper developed by leading researchers across the United States[R/OL]．[2012-10-02]．http://cra.org/ccc/docs/init/bigdatawhitepaper.pdf.

⑤ Manyika J，Chui M，Brown M，et al．Big Data: The next frontier for innovation，competition，and productivity[R/OL]．[2011-03]．http://www.mckinsey.com/Insights/MGI/Research/Technology_and_Innovation/Big_data_The_next_frontier_for_innovation.

过了一台计算机处理能力的庞大数据量[①]，都可以界定为大数据。维基百科将大数据定义为利用常用软件工具捕获、管理和处理数据所耗时间超过可容忍时间的数据集。牛津大学的教授维克托·迈尔-舍恩伯格在其编写的《大数据时代》中指出，大数据超越了传统的随机抽样的调查方法，而对全体数据进行综合分析[②]。对于大数据的特征，业界结合数据描述性和功能性特征给出了不同的归纳，其中 3V 和 4V 定义的影响最为广泛。Marko Grobelnik 给出了 3V 定义[③]，他认为大数据需满足 3 个特点：规模性（Volume）、多样性（Variety）和高速性（Velocity）。国际数据公司从 4 个特征定义大数据：海量的数据容量（Volume Big）、快速的数据流转和动态的数据体系（Velocity Fast）、多样的数据类型（Variable Type）、巨大的数据价值和数据低密度（High Value and Low Density）。IBM 则认为大数据满足 3V 条件后必然具有真实性（Veracity）[④]。在大数据特征这一问题上，学界在面对实际问题时，倾向于在把握 3V 定义的基础上适当考虑 4V 定义。

2.1.2 大数据的研究方法

正如 Google 的首席经济学家哈尔·范里安所说，数据是广泛可用的，所缺乏的是从中提取出知识的能力。数据搜集的根本目的是根据需求从数据中提取有用的知识，并将其应用到具体的领域之中。不同领域的大数据应用有不同的特点，适用于大数据应用的关键技术有遗传算法、神经网络、数据挖掘、回归分析、分类分析、聚类分析、关联规则学习、数据融合与集成、机器学习、自然语言处理、网络分析、空间分析、时间序列分析、分布式

---

① 赵国栋，易欢欢，糜万军，等. 大数据时代的历史机遇——产业变革与数据科学[M]. 北京：清华大学出版社，2013.

② 维克托·迈尔-舍恩伯格，肯尼恩·库克耶. 大数据时代：生活、工作与思维的大变革[M].盛扬燕，周涛，译. 杭州：浙江人民出版社，2013.

③ Grobelnik M. Big Data Tutorial[EB/OL]. [2012-10-02]. http://videolectures.net/eswc2012_grobelnik_big_data/.

④ IBM. What Is Big Data? [EB/OL]. [2012-10-02]. http://www-01.ibm.com/software/data/bigdata/.

文件系统、分布式缓存、分布式数据库、非关系型数据库系统、可视化技术等①。

大数据的出现在很多方面模糊了自然科学和社会科学的界线，在很多情况下，大数据的应用可以利用自然科学方法深化社会科学研究问题。大数据的出现进一步推进了数据管理方式的创新，在数据来源、数据处理方式和数据思维等方面都会对其带来革命性的变化。正如图灵奖获得者吉姆·格雷所提出的，大数据是科学研究的第四范式（The Fourth Paradigm）②，他强调了以大数据为基础的数据密集型研究方法，指出在大数据时代，数据不再仅仅是“捕捞”的对象，而应当转变成一种基础资源，用数据这种资源来协同解决其他诸多领域的问题。邓肯·J. 瓦茨在《自然》杂志上的文章 *A Twenty-first Century Science* 指出，借助于社交网络和计算机分析技术③，社会科学有可能实现定量化的研究，计算社会科学（Computational Social Science）基于特定的社会需求，在特定的社会理论指导下，搜集、整理和分析数据足迹，以便进行社会解释、监控、预测与规划的过程和活动。除此以外，目前相关的研究内容还包括：大数据分析与预测、分布式计算和社会计算、自组织计算、基于海量知识的智能、大数据分析的革命性方法等④。

2.1.3 大数据的认知重心：从技术价值到战略价值

作为“技术带动应用”的热点，大数据的认知最初是围绕基础研究中的技术挑战展开的，尤其是针对现有数据中心技术很难满足大数据需求的现实，考虑对整个 IT 架构进行革命性重构成为关注重心。这方面的文献主要包括以下几个方面：针对规模不断扩大的数据集合，如何提升数据仓库的服

① 严霄凤，张德馨．大数据研究[J]．计算机技术与发展，2013，4（32）：168-172.

② Hey T，Tansley S，Tolle K．The Fourth Paradigm：Data-Intensive Scientific Discovery [M/OL]//Microsoft Research，Redmond，Washington．[2009-10]．http://research.microsoft.com/en-us/collaboration/fourthparadigm/.

③ Watts D J．A Twenty-first Century Science[J]．Nature，2007，445（7127）：489.

④ 胡雄伟，张宝林，李抵飞．大数据研究与应用综述[J]．标准科学 ISTIC，2013（10）.

务器管理效率[①]；面对互联网应用产生的大幅增长的非结构化数据，以及数据显性或隐性网络化存在导致数据间复杂关联性提升，如何高效分析处理[②]；大数据往往以数据流的形式动态、快速地产生，具有很强的时效性，如何把握、掌控数据流[③]；数据自身状态与价值往往随时空变化发生演变，数据涌现特征明显，如何提升大数据价值利用密度等[④]。随着大数据从海量和复杂数据中获取知识的工具价值被学术界充分认识，大数据隐含着的巨大的科研、经济、社会价值，已引起了各行各业的高度重视[⑤]，围绕大数据科学和工程横跨信息科学、社会科学、网络科学、系统科学、心理学、经济学等诸多领域的新兴交叉学科正在逐步形成。著名的 O'Reilly 公司断言："数据是下一个'Intel Inside'，未来属于将数据转换成产品的公司和人们[⑥]"。产业界跨国巨头在巨大的经济利益驱使下不断扩大数据处理规模[⑦]，以大数据为核心拥有数据、技术和思维的公司正在构建全新的商业价值链[⑧]。而政府机构也意识到可以从大数据技术中获得有用的信息资源，协助加速科学、工程领域的创新步伐，强化国土安全，转变教育和学习模式，提升对社会经济发展的预测能力。数据规模及数据运用能力已经成为综合国力的重要组成部分[⑨]。

正是在这一认知演变进程中，大数据的资产价值和战略属性逐步呈现，牛津大学的教授维克托·迈尔-舍恩伯格认为，大数据就是"大黄金"，是最具有决定性意义的资源[⑩]。2012 年，在瑞士达沃斯召开的世界经济论坛上，

---

① Gantz J，Reinsel D. 2011 Digital Universe Study：Extracting Value from Chaos[M]. IDC Go-to-Market Services.

② 李国杰，程学旗. 大数据研究：未来科技及经济社会发展的重大战略领域——大数据的研究现状与科学思考[J]. 中国科学院院刊，2012，27（6）：647-657.

③ 李德仁，王树良，李德毅. 空间数据挖掘理论与应用[M]. 北京：科学出版社，2006.

④ Mills M P，Ottino J M. The Coming Tech-led Boom [EB/OL]. [2012-10-12]. www.wsj.com.

⑤ Genovese Y，Prentice S. Pattern-Based Strategy：Getting Value from Big Data. Gartner Group press release，July 2011.

⑥ 胡雄伟，张宝林，李抵飞. 大数据研究与应用综述[J]. 标准科学，2013（10）.

⑦ Agrawal D，Bernstein P，Bertino E，et al. Challenges and Opportunities with Big Data 2011-1[R/OL]//Cyber Center Technical Reports. http://docs.lib.purdue.edu/cctech/1.

⑧ 徐园. 数据资产——大数据、信息资产及媒体变革的思考[J]. 中国传媒科技，2013（21）：40-45.

⑨ 李德升，付伟. 美国推动大数据发展的做法及启示[J]. 金融电子化，2013（6）：37-40.

⑩ 赵国栋，易欢欢，糜万军，等. 大数据时代的历史机遇——产业变革与数据科学[M]. 北京：清华大学出版社，2013.

《大数据，大影响》报告宣称，数据已经成为一种新的经济资产类别，就像货币或黄金一样[①]，而未来数据的作用，将与土地、劳动力和资本一样重要，缺乏数据资源，将如同缺乏能源和矿藏一样，成为制约国家发展的重要战略瓶颈。数据占有和控制成为国家核心资产的理念，正成为各国政府战略布局的重要方向。

2.2 数据资源与国家治理的相关研究

以战略性资源视角考虑大数据的价值正越来越受到发达国家政府和学者的重视。随着互联网技术的不断发展和成熟，大数据技术已成为国家治理的重要工具，在降低社会运行成本、提高经济与社会运行效率、推动政府开放、提高公共决策的预见性和响应性、催生新兴产业、带动经济增长方面发挥着日益重大的作用。如何利用数据资源发掘知识、提升效益、促进创新，使其为国家治理、政府决策服务，最大限度地获得本国整体国家利益等，正随着大数据时代的到来成为国内外学者研究的热点。以下从大数据战略的理论和研究方法、大数据国家战略研究、大数据辅助宏观决策、大数据维护国家安全研究 4 个方面进行阐述。

2.2.1 大数据战略的理论和研究方法

1. 大数据战略的理论

1）关于信息资源和国家竞争力的研究

从理论上讲，国内外学者对信息资源与国家竞争力的关系、信息资源开发利用及基于信息资源的国家竞争力等主题做了大量研究。经济学家从资源

---

① Genovese Y，Prentice S．Pattern-Based Strategy：Getting Value from Big Data．Gartner Group press release，July 2011．

要素竞争即投入的角度将国家竞争力看作对资本资源、人力资源、信息资源等生产要素的竞争能力。基于该观点，国内外学者在信息资源对国家竞争力的促进作用方面开展了大量研究。其观点概括起来主要包括 4 个方面。

①信息资源的开发利用可以有效促进经济增长。信息资源和自然资源、人力资源、资本资源一起在生产过程中相互结合，以一种“合力”形式发挥作用[①]，信息资源通过改进其他资源的素质，提高生产要素的生产率，降低社会成本，增强国家和地区的经济发展能力[②]。②信息资源对国家战略具有重要作用[③]。国家战略决策的制定，即对围绕决策的各种信息资源进行分析和处理及最终决策的过程，信息资源对不确定性的消除恰恰在这个过程中起到重要作用。③信息资源的合理配置可以促进创新活动的开展。赵杨认为，在信息社会中，创新活动的开展离不开信息资源的支撑与保障，信息资源配置活动正逐渐成为支撑国家知识创新和科技、经济、文化发展与社会进步的重要环节[④]。④信息资源在国家政治、安全、社会可持续发展战略中具有举足轻重的作用。肖英认为，信息是一种国家战略资源，充分开发利用信息资源对国家的核心竞争力提升、政治文明建设、国家安全巩固、国民经济和社会可持续发展举足轻重[⑤]；贾君枝认为，信息资源在国家可持续发展战略中的决策支持、信息保障、信息黏合、对自然资源的替代、对人力资源的促进等各种重要作用的充分发挥，使其成为其他领域内可持续发展目标实现的催化剂[⑥]。

综上所述，信息资源是构成国家竞争力的重要因素，其在国家经济、社会、政治、安全等领域的作用日益凸显。配置、开发和利用信息资源，对于提升国家竞争力具有重要的促进作用。

---

① 倪光南. 大数据的发展及应用[J]. 信息技术与标准化，2013，9：3.

② 赖茂生，等. 信息资源开发利用在国家信息化中的核心地位分析[J]. 情报理论与实践，2005，27（6）：566-568.

③ 周达. 信息化——提高国家竞争力的动力[J]. 城市管理与科技，2005，7（3）：107-109.

④ 赵杨. 创新环境下的信息资源配置研究进展与热点问题[J]. 情报理论与实践，2011，34（2）：124-128.

⑤ 肖英. 国家信息资源管理政策研究[J]. 中国科技论坛，2008，2：12-16.

⑥ 贾君枝. 信息资源在国家可持续发展战略中的作用[J]. 情报科学，2006，24（3）：338-341.

2）关于国家信息资源战略体系构建的研究

数字信息资源战略从战略管理的高度来讨论数字信息资源的发展和管理问题，实现数字信息资源的发展目标，建立和扩大竞争优势，从理论上构建信息资源战略体系。学者从数字信息资源战略的组织功能出发进行研究，总结出体系构建需要关注的 3 组特征要素①。一是战略规划主体关系。数字信息资源战略主体之间是一种以合作为主的关系，数字信息资源的战略管理不是任何一个单一组织能够胜任的。为了降低数字信息资源投资的风险，更为了协调在数字信息资源开发利用活动中各方的交叉关系，必须在战略规划阶段采取合作的态度②。二是战略规划组织机构。一般的战略规划是在组织内部完成的，数字信息资源战略规划的制定往往需要多个领域的专家参与，特别是组织外部力量的广泛参与③。三是战略规划的目的。数字信息资源战略规划也承担着双重使命，一方面要满足数字信息资源管理的需要，另一方面数字信息资源也是国家经济发展的重要经济性资源，数字信息资源战略规划必须和国家经济发展总体战略相协调。

国外对数字信息资源战略进行了许多有益的探索，形成了两种主流的数字信息资源战略体系构建模式：一种是由不同的组织机构分别根据组织发展需要，针对数字信息资源开发利用的某些关键环节制定战略，其中战略研究主要集中在信息资源的数字化转换、搜集和存取实现上④；另一种是由政府机构针对当前国家信息资源建设的目标制定一个综合性的数字战略，主要包括内容战略、信息战略、连接战略、团体合作战略、商业改革战略和政府改革战略⑤。

总体而言，国内外学者多认为，国家信息资源战略体系构建应以国家宏观政策的协调性、数字信息资源的类型及其战略目标，以及数字信息资源战略特点为依据，沿着信息资源的特点和需求两条交叉主线来构建并形成完整

① 温斯顿，等．美国国会图书馆：21 世纪数字化发展机遇[J]．图书馆学·信息科学·资料工作，2003（1）：124-129．

② 张兰．数字资源存储管理系统研究[J]．情报理论与实践，2005，28（2）：199-201．

③ Papp J．Quality management in the imaging sciences[M]．Elsevier Health Sciences，2013．

④ 孙建军，柯青．论国家数字信息资源战略体系的构建[J]．中国图书馆学报，2007，33（5）：73-78．

⑤ Margetts H．Information technology in government：Britain and America[M]．Routledge，2012．

的体系结构。

3）大数据战略的相关概念和应用研究

尽管以信息资源为关键词的研究为大数据研究积累了大量重要的工作基础，但是大数据本身所产生的颠覆性变革，以及给经济社会带来的模式转变和影响是远非之前的研究能完全覆盖的。针对大数据的战略研究，很多学者通过研究“数据银行”“数据治国”“大数据战略”等概念来认识大数据时代相关内容的内涵和外延。例如，基于对国际社会大数据发展热潮的分析，刘小刚从资产价值视角提出国家级“数据银行”的概念，对数据资产的交易和流通进行保护，占领国际数据资产制高点①。在“数据治国”理念下，张晓方和朱朝明提出以数据开放启动政府管理创新活动，包括提升信息化管理水平、优化机构设置和办事流程、授权社会组织提供数据服务等具体内容②。陈明奇基于中国和美国大数据研究与开发计划的对比，对大数据战略归纳如下：从国家发展、国家安全、国家信息通信技术产业等领域突破大数据核心技术，通过实际应用带动规模化的商用市场，并获得军事能力、市场优势等多重优势，巩固并强化国家的全面战略优势③。

在大数据应用于国家战略的理论研究方面，研究大数据用于国家战略的相关理论包括基于钱学森倡导的“大情报观念”、基于中国经济社会独特性的“战略突围”构想等。卢胜军等人解析了在赛博空间和大数据双重视角下钱学森“大情报观念”的主要特征和现实意义，指出情报工作的任务是处理海量的数据，对象是纷繁复杂的信息，意义是激活信息的价值，动力是先进的科技技术，基于钱学森倡导提出了大成智慧时代的“大情报观念”④；许正中指出通过数据分析创造价值已经成为大数据时代的趋势，中国要考量现代社会经济的特征，清晰认识到自身的短板，把握公共财政、政府治理、社

---

① 刘小刚．国外大数据产业的发展及启示[J]．金融经济：2013（9）：224-226．

② 张晓方，朱朝明．破除利益之争，以数据开放驱动政府管理创新——美国联邦政府“数据治国”对我国政府管理创新的启示[J]．时代金融，2013（7）．

③ 陈明奇．大数据国家发展战略呼之欲出——中美两国大数据发展战略对比分析[J]．人民论坛，2013（10）：28-29．

④ 卢胜军，王忠军，栗琳．赛博空间与大数据双重视角下的钱学森情报思想[J]．情报理论与实践，2013，36（004）：1-5．

会治理和文化精进 4 个联动，寻找适合中国跨越式发展的战略突围[①]。

2. 大数据战略的研究方法

1）社会科学领域的大数据研究的重要技术方法

任何领域的研究，要成为一门学科，都必须研究共性的问题。数据研究能成为一门学科的前提是，在一个领域发现的数据相互关系和规律具有可推广到其他领域的普适性。抽象出一个领域的共性问题往往需要较长的时间，提炼“数据界”的共性问题还需要一段时间的实践积累。根据数据的来源，大数据可以粗略地分成两大类：一类来自物理世界，另一类来自人类社会。前者主要是科学实验数据或传感数据，后者与人的活动有关系，特别是与互联网有关。这两类数据的处理方式和目标差别较大，不能照搬处理科学实验数据的方法来处理 Web 数据。网络大数据有许多不同于自然科学数据的特点，包括多源异构、交互性、时效性、社会性、突发性和高噪声等，不但非结构化数据多，而且数据的实时性强，大量数据都是随机动态产生的。

一般而言，社会科学的大数据分析，从心理学、经济学、信息科学等不同学科领域共同探讨网络数据的产生、扩散、涌现的基本规律，特别是根据网络数据做经济形势、安全形势、社会群体事件的预测，是建立安全、和谐的网络环境的重大战略需求。与社会科学有关的大数据问题，如舆情分析、情感分析等，许多理论问题过去没有考虑过，现在才刚刚开始研究[②]。就目前而言，网络科学和社会网络分析是非传统数据来源的大数据分析的重要技术和方法论，让社会科学领域的研究人员能够更好地观察到人类社会的复杂行为模式[③]。

2）战略研究的方法论

战略研究是社会科学领域的重要研究范畴。从定义上来看，国家战略是

---

① 许正中．“大数据”时代下的战略突围构想——重新审视中国经济社会独特性[J]．人民论坛，2012，14：13-18．

② 胡雄伟，张宝林，李抵飞．大数据研究与应用综述[J]．标准科学，2013（10）．

③ 沈浩，黄晓兰．大数据助力社会科学研究：挑战与创新[J]．现代传播：中国传媒大学学报，2013（8）：13-18．

综合运用国家战略资源实现国家安全及国际目标的艺术，即一个国家运用自身的各种战略资源和战略手段，包括政治、经济、军事、文化和意识形态等保护并拓展本国整体安全、价值观和国家利益等[①]。从国家战略谋划的角度看，大战略研究一般包括战略形势判断、战略目标选择和战略手段确定等几个方面的内容，鉴于大战略研究的全局性、前瞻性、复杂性等特征，其研究方法也必然是多样化的。

（1）国际比较法。国际比较是比较分析中历史最为悠久的领域，而战略的对抗性特征决定了国家战略研究必须着重进行横向和纵向的比较。国家战略研究最重要的国际比较是国家实力比较，它探究各种相关因素的最大差异程度，以得出总体性推论[②]。国家实力比较是国际上各种矛盾变化的动力，实力比较永远不会固定在一个点上，而国家战略追求的目标之一就是本国处于优势基点，这是进行国家战略研究的立足点之一。

（2）历史研究法。就战略思想的传统而言，战略与历史几乎不可分割，一切战略思想的形成都必须以前人的经验为基础。历史研究不会为战略预言提供答案，但是能够深化判断并促进对当代问题的思考。历史研究不仅丰富了事实，还使后人得以创造或验证通则。历史研究还可以拓宽视野，改进观点，使人逐渐理解看似明显独立的历史事件之间的联系[③]。

（3）定量分析法。从事物量的关系出发，对有关该事物的大量信息进行数量分析，从中找出这些数量之间相互作用的规律与结果，然后对事物的未来发展趋势和状况做出预测和判断，在此基础上做出战略决策。鉴于国家战略资源是国家战略的物质基础，通过采用数量化分析和非数学方式来处理不能量化的因素以进行国家实力比较，是国家战略主要的研究内容[④]。

---

① 门洪华．如何进行大战略研究——兼论中国大战略研究的意义[J]．国际政治研究，2004（4）：33-45．

② 大卫·马什，格里·斯托克．政治科学的理论与方法（第三版）[M]．景跃进，张小劲，欧阳景根，译．北京：中国人民大学出版社，2013．

③ Baylis J，et al．Contemporary Strategy：Theories and Concepts[M]．London：Groom Helm，1987．

④ 于汝波．大思维：解读中国古典战略[M]．北京：军事科学出版社，2001：273．

（4）综合研究法。国家战略研究常用的方法之一。国家战略的总体特性决定了国家战略研究必然是跨学科、跨专业的综合研究，要吸收和借鉴政治学、社会学、管理学、决策学等多种学科知识。国家战略研究需要突破孤立研究国家安全战略的常规做法，从国际社会全局的高度，从大国比较、历史分析等多个角度进行综合剖析，从而确立整体性研究框架①。

然而，从目前的研究进展来看，如何从社会科学视角对大数据这个全新的客体对象进行战略性研究，在方法论上仍然存在着空白，以往的研究方法如国际比较法和历史研究法并不能适用于新兴的大数据研究。相比较而言，定量分析法可以挖掘数据背后的关联关系与因果关系，综合研究法可以凸显数据背后的共性问题——关系网络，但通过“战略形势判断”对大数据的战略资源、国际环境进行战略评估，通过“战略目标选择”选取清晰、明确、可行的大数据发展战略目标，通过“战略手段确定”明确各种战略手段（如政治、经济、文化、教育、科研）以支持战略目标的实现，这一方法能否获得传统研究手段的足够支持，仍缺乏一条清晰可行的技术路径。

2.2.2 大数据国家战略研究

将大数据作为国家科技和产业竞争的战略重点和制高点，顺应社会应用需求和产业发展趋势，推动经济社会各领域的大数据开发与利用，已成为各国政府国家竞争的重要内容。围绕大数据的全面博弈，未来国家层面的竞争力将体现为一国拥有数据的规模、活性，以及解释、运用数据的能力，数字主权将成为继边防、海防、空防之后另一个大国之间争夺的空间②。在这个过程中，发达国家推行大数据战略的措施虽然侧重点有所不同，但是都体现出一些战略制定和布局推进中的共通之处，这些特征包括以下几点。

一是强化顶层合作，注重系统推进。世界上的发达国家在战略制定中重点关注创新能力、军事能力、产业能力、信息能力等方面的竞争力，持续推

① 布卢斯·麦斯基塔，王义桅．国内政治与国际关系[J]．世界经济与政治，2001（8）：64-67.

② 安晖．大数据竞争前沿动态[J]．人民论坛，2013（10）：12-16.

出国家战略计划，注重各部门的协调动作。例如，美国在《大数据研究和发展倡议》的引导下组建了直接向白宫负责的“大数据高级指导小组”，涉及美国国家科学基金会、国防部、国防部高级研究计划局、国立卫生研究院、能源部、地质勘探局 6 个政府部门，政府还倡议企业、科研院校和非营利机构集中资源，共同促进大数据发展，在国家战略层面形成了全体动员格局①。欧盟的开放数据战略从欧盟全局的高度要求成员国共同推动大数据的发展，协调成员国与欧盟的行动战略，推进修改和补充法律、投入资金建立公共信息平台等②。新加坡政府相关部门合力从基础设施、产业链、人才、技术和立法五大方面系统推进大数据建设，弥补了市场缺陷和需求驱动的不足③。

二是向重点项目倾斜，打造局部优势。以大数据为主要驱动力的变革是一项长期而宏大的战略布局，在战略意图实现过程中各国政府有选择地对大数据进行重点投入，力争通过打造局部优势，以点带面快速突破技术和竞争壁垒。例如，2012 年美国政府投入 2 亿美元重点资助大数据分析，以及大数据在医疗、气象和国防等领域的应用④。2011 年前后法国政府以新兴企业、软件制造商、工程师、信息系统设计师等为目标，投入 1 150 万欧元用于支持 7 个投资项目⑤。联合国启动了旨在促进全球经济增长的“全球脉动”战略，重点是预测某些地区的失业率、支出削减或者疾病暴发等现象，利用数字化的早期预警功能来提前指导援助项目⑥。2017 年，瑞典启动国家重点科研计划大数据专项（NFP75），计划投入 2.5 亿瑞士法郎。同年，法国在银行业、生产和加工制造业、公共实体机构等 5 类大数据相关技术方面累积投入 724 亿美元。

---

① 徐园．数据资产——大数据、信息资产及媒体变革的思考[J]．中国传媒科技，2013（21）：40-45.

② 倪光南．大数据的发展及应用[J]．信息技术与标准化，2013，9：3.

③ Papp J．Quality Management in the Imaging Sciences[M]．Elsevier Health Sciences，2013.

④ 徐园．数据资产——大数据、信息资产及媒体变革的思考[J]．中国传媒科技，2013（21）：40-45.

⑤ 赵杨．创新环境下的信息资源配置研究进展与热点问题[J]．情报理论与实践，2011，34（2）：124-128.

⑥ 张影强．将大数据提升为国家战略[J]．中国经济报告，2014（1）：75-78.

三是践行数据公开，发挥数据效益。在基础性工作方面，各国政府认为推动并实践数据公开，对深化数据应用、发挥数据效益可以起到积极作用，因此注重公开整合政府数据，建立公共基础平台。2009 年，美国 Data.gov 正式上线，按原始数据、地理数据和数据工具 3 个门类开放数据。截至 2014 年 4 月，Data.gov 共开放 105 257 个原始数据库[①]。为进一步完善 Data.gov 平台的功能，加入了数据的分级评定、高级搜索、用户交流，以及和社交网站互动等新功能。同时，美国还构建了 OGPL（OpenGov Platform）平台，提供开源的政府平台代码并允许任何城市、组织或者政府机构创建开放站点。英国政府发布新的政府数字化战略，旨在使政府服务实现“默认数字化”，即“数字服务简单方便，任何可以使用的用户都会选择数字化服务，而不能使用的用户也不排除在外”。欧盟的开放数据战略将重点加强在数据处理技术、数据门户网站和科研数据基础设施 3 个方面的投入，旨在让欧洲企业与市民能自由获取欧盟公共管理部门的所有信息，建立一个汇集不同成员国及欧洲机构数据的“泛欧门户”。

四是支持信息通信技术（Information and Communications Technology，ICT）发展，加强产业掌控。各国都十分重视国家的 ICT 产业发展战略，其战略意图是通过突破大数据核心技术并在军事、科研等领域的实际应用，获得军事能力和市场优势。美国力图加速以大数据为主要驱动力的技术变革，选择拥有丰富数据资源和技术优势的互联网信息服务企业，从数据的产生、传输、存储、处理、应用等全生命周期，来提升自己的搜索能力、分享能力、复杂数据深度分析能力，力图在大数据核心技术方面取得重点突破[②]。新加坡政府在新加坡国立大学开设了硕士班，培养数据分析专业人才，推动大数据行业生态的完善，为将新加坡打造成全球数据管理中心谋划布局[③]。西班牙政府支持西班牙电信在欧洲的云服务平台建设，并搭建西班牙、英国、德国和捷克共和国的客户平台，推动大数据在金融服务、电子医疗、云计算等多个领域的应用[④]。

---

① 参考资料：http://catalog.data.gov/dataset.

② 陈明奇. 大数据国家发展战略呼之欲出——中美两国大数据发展战略对比分析[J]. 人民论坛，2013（10）：28-29.

③ Papp J. Quality Management in the Imaging Sciences[M]. Elsevier Health Sciences，2013.

④ 肖英. 国家信息资源管理政策研究[J]. 中国科技论坛，2008，2：12-16.

对我国而言，以美国为代表的发达国家的政府、工业界和学术界对于大数据的重视和具体部署，不仅提供了可供参考的经验和启示，还表明大数据只是刚刚兴起，只要予以重视、合理布局，我国在这个领域就会有很大的创新空间。

2.2.3 大数据辅助宏观决策研究

随着大数据时代的到来，传统的决策行为习惯越来越受到挑战。《时代杂志》断言，“依靠直觉与经验进行决策的优势急剧下降。在商业领域、政治领域及公共服务等领域，大数据决策的时代已经到来”①。在全球经济社会活动中的各部门，“不量化就无法管理”的思想日渐深入人心，越来越多的组织决策是根据数据分析做出的，越来越多的行业正在经历大数据浪潮带来的革命性影响，政府部门也不例外。党的十八届三中全会将“推进国家治理的体系和治理能力现代化”列为全面深化改革的总目标②。大数据作为政府治理现代化的一种技术途径，具有催生管理革命和服务模式创新的独特效果，必将加速政府职能转变和机构改革的进程。

1. 大数据辅助宏观决策的优势

大数据不仅是一种海量的数据状态、一系列先进的信息技术，还是一套科学地认识世界、改造世界的观念与方法。一般来说，决策可以由 3 种方式分别或者混合驱动：直觉、经验和逻辑。虽然有时直觉和经验在决策过程中是无可替代的，但直觉和经验容易产生偏差。用数据说话、让数据做主、化“数”为“据”③④，这种以数据为驱动的宏观决策方法，比传统的决策方法更具优势。陶斯亮认为，以前政府过于强调自身管治的政治职能，弱化和忽

---

① Lohr S. The Age of Big Data[N]. New York Times，2012-02-11.

② 十八届三中全会首提国家治理体系和治理能力现代化[EB/OL]. [2013-11-13]. http://politics.people.com.cn/n/2013/1113/c70731-23528046.html.

③ 王胜开，沈烁，刘冰. 大数据：化“数”为“据”是关键[N]. 中国质量报，2013-11-01.

④ 田晓玲. 大数据时代带来更理性、更可靠的决策[N]. 文汇报，2013-03-11.

视了社会服务职能，造成工作大量越位、缺位、错位，现在必须向服务型政府转型，而大数据可以为这种转型提供突破口。以前的领导干部习惯靠经验、拍脑袋决策，现在公共管理事务日益复杂，仅凭个人感知已经很难全面了解情况，必须学习数据驱动的管理方法，依靠海量的数据搜集和精准的数据分析增强决策的科学性。冯俊认为，以往的建设和发展出现了问题，通常用增量的办法来缓解资源紧张，用集中的运动式治理弥补常规治理的失灵。这些思路都没有突破既有框架，难免陷入“头痛医头，脚痛医脚”的怪圈，我们称之为“第一序改变”。而大数据寻求的是“第二序改变”，它改变的是问题的解决框架，即通过数据化、物联化、智能化搭建一个智慧平台，使有限的资源得到最为合理的配置，使失控的状态变得可控、可预测，使难解的问题迎刃而解[①]。

大数据辅助宏观决策的优势可以概括为以下 3 个方面。一是可以实现全面感知，使政府更有目标和效率。一方面，政府能够全面感知并预测公众所需的各类服务和信息，及时发现需求热点，为公众提供更加智能化的办事、便民服务；另一方面，对公众需求的多维度、多层次分析，把面上的需求判断变为对需求细节的感知，可以使政府服务更精细化。不仅如此，在跟踪决策实施、持续改进公共管理与服务方面，大数据还能全面掌握舆情，全面提供信息反馈，调控与纠偏决策。二是快速响应，有效提升应急管理能力和公众满意度。曾大军、曹志东认为[②]，我国应急管理体系主要采用“预测—应对”模式，主要依赖经验决策、专家咨询、临场会商等传统方法，对于一些前兆不明、难以准确预测、具有严重灾难后果的非常规突发事件，该模式很难适应其对时效性和动态性的要求。针对这一现状，可以通过大数据分析，缩短消防、警察、医疗系统等的救援时间，使得消防车、巡逻队、救护车能够快速到达突发事件现场。三是通过挖掘不同来源、不同格式数据的相关性，为智能决策提供依据。在大数据时代，决策支持系统的基础数据不仅包括结构化数据（像 SQL 那样的传统数据库处理的数据），还包括图形、声音、图

---

① 徐继华，冯启娜，陈贞汝．智慧政府：大数据治国时代的来临[M]．北京：中信出版社，2014．

② 曾大军，曹志东．突发事件态势感知与决策支持的大数据解决方案[J]．中国应急管理，2013（11）．

像、地理位置等半结构化数据（具备标签和标记，但不具备像数据库那样的形式化结构），以及非结构化数据（未经智能处理的无组织数据）[①②]。例如，在2013年4月15日美国波士顿的马拉松赛爆炸案发生后的不到24小时里，美国联邦调查局就搜集到了海量的手机网站日志、短信、社交媒体数据、照片和视频监控录像等不同格式的多样化的数据，试图通过数据分析快速找出嫌疑人。

2. 大数据辅助宏观决策政策与制度研究

1）数据开放视角研究

美国2009年任命的第一任政府首席信息官维维克·昆德拉认为，政府数据作为一项公共资源，应该像天气预报、体育赛事和股票信息一样实时公开。有专家认为，政府只是其所搜集数据的托管人，私营部门和社会对数据的利用会比政府更具创新性，提取政府数据价值最好的办法是允许私营部门和社会大众访问政府数据。美国联邦政府跨部门工作组给美国总统科学技术委员会的报告《利用数据的力量服务科学和社会》指出，数据不会被它所激发的思想和创新消耗，相反，它可以为创新提供无穷的燃料。一小段合适的信息，可以促使创新迈进一大步。一组数据，可能会得到数据需求人难以想象的应用，也可能会在另一个看起来毫不相关的领域得到应用，因为这些创新型的应用，数据的能量将被层层放大[③]。例如，Data.gov上线以后，美国交通部开放了全美航班起飞、到达、延误的数据，有程序员立刻利用这些数据开发了一个航班延误时间分析系统。该系统向全社会免费开放，任何人都可以通过它查询和分析全国各次航班的延误率及机场等候时间。该系统不仅可以帮助旅客找到表现最佳、最符合自己需要的航班，还最大限度地降低了旅客等待时间的不确定性，而且有利于推动航空市场的良性竞争[④]。又如，建

---

① Kim G，Trimi S，Chuang J. 大数据在政府方面的应用[J]. 冯时，译. 中国计算机学会通讯，2014（4）.

② 叶明，谷晨霞. “大数据”时代决策支持系统新发展[J]. 信息安全与技术，2013（8）.

③ Harnessing the Power of Digital Data for Science and Society. Report of the Interagency Working Group on Digital Data to the Committee on Science of the National Science and Technology Council，2009.

④ 参考资料：http://flyontime.us/.

立在 Data.gov 数据基础上的商品召回查询网站，可以使消费者查看商品是否有因质量问题而被召回的记录。因此，开放数据可谓一石三鸟，不仅服务大众、刺激经济，还调动了大众创新，为政府节省了软件开发的开支。在我国，近年来信息公开的进程加快，如国家统计局建立了类似的数据开放网站——国家数据网，但数据的开放和利用机制还需要进一步完善。

2）塑造智能政务模式研究

第一，政府能够从大数据的使用中受益，是因为它在数据占有方面具有天然的优势。政府有专门的统计部门和队伍，并且在政府的日常行政中也积累了各类与社会生活息息相关的数据，政府还可以根据需求要求企业、事业单位、行业协会提供各种数据。因此，政府信息化应该成为国家信息化的“龙头”，政府应该成为大数据时代的领跑者。第二，我国在政府信息资源开发利用和共享方面仍然存在很多问题。我国在政府信息化建设中仍存在着一些体制机制问题，如条块分割，各自为政，公共基础性资源系统建设相对落后，部门间重复投资、各自独立建网，公开性政务信息相互封锁、难以共享，电子政务业务不能协同办理等[①]。而消除“信息孤岛”，增强部门间的协同共享，就需要大数据技术的支撑，需要以数据为驱动的决策方法。第三，智能政务亟须顶层设计。《中国梦与中国经济升级版年度系列报告⑨：把握大数据机遇，升级现代政府形态》指出[②]，大数据支持政府决策在本质上不是技术问题，而是对执政方式进行顶层设计的问题，即在大数据背景下创新政府的互联网治理模式，推进以数据信息为核心的公共服务职能和模式的重构[③]。

3）把关数据质量研究

真实、准确是数据的生命。数据质量的问题是一个涉及数据采集、使用、发布等所有过程的问题，它的重要性毋庸置疑。大数据的倡导者认为，“有

---

① 杜平．国家电子政务外网平台建设与地理空间信息云发展[J]．科学中国人，2011（24）．

② 本刊首席时政观察员．中国梦与中国经济升级版年度系列报告⑨：把握大数据机遇，升级现代政府形态[J]．领导决策信息，2013（24）．

③ 张晓莉．政府智能为政府决策保驾护航[J]．信息化博览，2009（7）．

了足够的数据，数据就可以自己说话”[①]。但事实上，数据质量可能很差。政府如果没有能力获得反映真实情况的数据，就很难使大数据更好地服务于宏观决策。特别是在当前中国经济增速放缓，国际形势严峻、复杂的特殊背景下，更要坚决维护经济数据的真实性、准确性。以大数据应用为抓手，推进经济数据质量提升，有以下两个方法。第一，利用大数据工具改进传统统计方法。将数据的统计工作和互联网大数据挖掘相结合，通过数据挖掘、聚类分析、智能分析建立数据分析和决策模型，通过对数据的比较核对，提升数据质量[②]。第二，利用大数据工具及时发现经济金融违法违规行为。大数据为审核数据的真实性提供了有效的手段，可以设定数据指标，建立关联关系，对数据的真实性进行印证检验，监测经济金融活动中的违规行为。例如，美国加州州政府推行的数据挖掘项目“保险补助双向核对”，及时发现了数据造假和欺诈。又如，中国证券监督管理委员会通过大数据进行线索分析，发现了一批利用未公开信息交易股票、非法牟利的嫌疑账户。

3. 大数据辅助宏观决策的发展趋势及存在的问题

综上所述，大数据本质上是一种提倡技术理性的思路，把社会现象量化，采用数据驱动的方法辅助决策。它强调数据的可计量性，核心是可预测性，目标是可控制性。大数据未来的发展，在技术上将实现更大量、更复杂、更快速、更多样的数据的处理。大数据将会出现新的大数据分析工具，现在用于大数据分析的 Hadoop 技术也将不再独领风骚。在辅助宏观决策上，大数据将会被发掘出在医疗、能源、金融、电信、交通、治安、环境、食品等更多领域中更多的应用，用以打造高效智能、公开透明，以及拥有真实、可靠的高质量数据的政府。而在大数据时代的洪流中，如何提高数据质量，如何寻求数据公开与隐私保护的制衡机制，如何打破数据垄断，都成为未来大数据发展中需要探讨的问题。

---

① 大趋势．美媒：关于“大数据”的五大误解[EB/OL]．[2013-05-17]．http://column.cankaoxiaoxi.com/2013/0517/210377.shtml.

② 潘璠．大数据与中国政府统计[R]．国家统计局统计科学研究所报告，2013.

2.2.4 大数据维护国家安全研究

随着数据爆炸式增长和大数据技术的发展，数据已成为重要的战略资源，经济和社会发展对数据的依赖性越来越强，大数据本身及带来的相关安全问题已成为国家安全不可分割的组成部分。国内外针对大数据与国家安全的研究主要集中在以下方面。

1. 大数据与国家安全的关系研究

1）数据是国家战略资产或资源

麦肯锡公司的报告指出数据是一种生产资料，大数据是下一个创新、竞争、生产力提高的前沿。世界经济论坛的报告认定大数据为新财富，其价值堪比石油。因此，发达国家纷纷将开发利用大数据作为夺取新一轮竞争制高点的重要抓手。王文超、石海明认为，在大数据时代，一国拥有数据的规模、活性及解释运用的能力，将成为综合国力的重要组成部分[①]。吴世忠认为，由于大数据主要来源于大联网、大集中、大移动等信息技术的社会应用，大数据已经成为网络社会的重要战略资源[②]。张晓、韦柳融认为，对大数据资源和大数据技术能力掌握的程度，将决定中国未来的创新空间和国际竞争力，大数据实力的强弱将决定国家软实力的强弱[③]。李广乾认为，信息资源的开发利用能力已经成为国际竞争及国家整体实力的重要方面，应用大数据技术正日益成为信息化建设的主战场[④]。

2）数据主权是国家安全的组成部分

王文超、石海明认为，一个国家在网络空间的数据主权安全已经成为继陆权、海权、空权、天权安全之后的另一个国家安全不可分割的组成部分[①]。吴世忠认为，大数据是社会高度信息化的必然产物，其安全风险是信息安全

---

① 王文超，石海明．捍卫大数据时代的“信息边疆”[N]．解放军报，2014-02-14．

② 吴世忠．大数据时代安全风险及政策选择[J]．瞭望，2013（32）．

③ 张晓，韦柳融．大数据就是软实力[J]．信息化，2013（12）．

④ 李广乾．大数据热闹背后看问题[N]．人民邮电报，2013-04-08．

的组成部分，它将网络空间与现实社会连在一起，将传统安全与非传统安全熔于一炉，将信息安全带入一个全新、复杂和综合的时代①。

2. 大数据对国家安全的影响和挑战研究

1）大数据对国家安全影响的理论分析

国内外学者主要从国家安全重心的转移，以及大数据作为新型社会生产力推动社会发展的作用机理对大数据对国家安全的影响做出解释。美国政治学者塞缪尔·亨廷顿认为，经济活动是国家权力最重要的源泉，在一个主要国家间不大可能发生战争的世界里，经济力量将是决定一国是处于主导或相对优势地位还是从属地位的日益重要的因素②。若普认为，在网络时代，就世界大多数国家而言，国家安全的重心已经由生存安全转向了发展安全③。傅中力等认为，数据通过嵌入以机械和能源为基础的社会生产之中，实现对社会资源及时、有效、准确的配置，这就使大数据成为推动社会发展的新的技术基础，进而成为影响国家安全的重要力量④。杜伟认为，信息时代决策的不可靠性、信息自身的不安全性、网络的脆弱性、攻击者数量的激增、军事战略作用的下降和地理作用的消失等都使国家安全受到严峻的挑战⑤。在大数据环境下，网络生态环境在不经意间发生了巨大变化：无处不在的智能终端、随时在线的网络传输、互动频繁的社交网络，使得网络数据更加难以追踪和甄别，加大了数据管理的难度，从而导致许多道听途说、似是而非、未经核实的消息在网上大肆传播，激化了社会矛盾，催发了群体事件，影响了国家政治社会稳定，给现代社会治理带来新难题。

2）大数据对国家安全的挑战

过分依赖国外的大数据分析技术与平台，难以回避信息泄露风险。有些

---

① 吴世忠．大数据时代安全风险及政策选择[J]．瞭望，2013（32）．

② 江涌．经济全球化背景下的国家经济安全[J]．求是，2007（6）．

③ 若普．相互依赖时代与中国国家安全战略选择[M]．北京：军事科学出版社，2012．

④ 傅中力，张煌，李坡．大数据时代的国家安全与军事战略选择[J]．国防科技，2013，34（2）．

⑤ 杜伟．大数据引发的安全问题及应对措施[EB/OL]．[2015-07-22]．http://wenku.baidu.com/view/b358064305087632301212 79.html．

日常生活信息看似无关紧要，其实也可以从中摸到国家经济和社会脉搏。张允壮、刘戟锋认为，数据在为企业提供公开情报、帮助企业挖掘消费者信息的同时，也埋下了隐私信息外泄、数据信息滥用等有关信息安全的隐患，增加了保密的难度和信息泄露的风险，给国家安全带来挑战[①]。周路菡认为，与传统的军事部署、军事手段相比，依托关键基础设施而展开的大数据技术能够兵不血刃地威胁国家安全[②]。赵粮认为，大数据分析让黑客的攻击更精准，当企业用数据挖掘和数据分析获取商业价值时，黑客也可以利用大数据分析向企业发起攻击[③]。杜伟认为，在大数据时代，国家安全将受到信息战与网络恐怖主义的威胁；此外，大数据也将为网络恐怖主义提供新的资源支持，海量的大数据涉及的方面之广，将有可能让网络恐怖主义的势力侵入人们生活的方方面面[④]。李广乾认为，国家整个产业发展层面缺乏安全，从技术、主导权及产业的深入应用方面的规范，以及管理方面，都存在很多问题，也可能给我们国家的经济产业发展带来隐忧[⑤]。

3. 大数据对情报战的影响研究

刘京娟、黄丹认为，大数据技术拓展了传统情报研究使用的信息分析方法与手段，为情报工作提供更有效的数据处理分析技术和工具，大大提高了数据分析的效率和情报工作的水平[⑥]。卢胜军等认为，情报工作将广泛地存在于赛博空间的系统、网络、节点和交互的人群之中，处理的对象可能扩大到全领域、全范围的信息和某些稍纵即逝的数据。未来情报工作也将迎来更

---

① 张允壮，刘戟锋．大数据时代信息安全的机遇与挑战：以公开信息情报为例[J]．国防科技，2013，34（2）．

② 倪光南．以市场促技术掌控网络生存权[J]．信息安全与通信保密，2013（4）：1．

③ 大数据的安全底线[EB/OL]．[2014-04-06]．http://security.zdnet.com.cn/security_zone/2012/1206/2134721.shtml．

④ 杜伟．大数据引发的安全问题及应对措施[EB/OL]．[2015-07-22]．http://wenku.baidu.com/view/b35806430508763230121279.html．

⑤ 李广乾．当前中国大数据的发展存在五点不足[C]//中国电子商务企业发展报告 2013 暨中色金银客户平台上线启动仪式．北京，2013．

⑥ 刘京娟，黄丹．大数据在信息安全情报研究领域的运用[J]．保密科技技术，2013（9）．

大的变革。在大数据环境下，运用信息技术变革推动情报工作发展是当务之急[①]。马兵认为，从互联网浩如烟海的数据中挖掘信息、判断趋势、提高效益已有实际应用。美国中央情报局通过抓取海量数据来追踪恐怖分子和监控社会情绪。

4．大数据对信息战的影响研究

傅中力等认为，随着互联网逐步发展成为数据网，世界各国对数据的依赖性快速增强，对于数据的开发、利用与保护的竞争也日趋激烈，新的“数据权”既是权力源，又是威胁源，争夺数据的优势成为继制陆权、制海权、制空权之后一种新的制权，大数据正在将国际关系推向一个具有新质的阶段[②]。邬贺铨认为，中国人口居世界首位，将会成为产生数据量最大的国家，但我们对数据保存不够重视，对存储数据的利用率也不高。此外，我国一些部门和机构拥有大量数据却不愿与其他部门共享，导致信息不完整或重复投资[③]。一国所掌控的数据量直接影响其在网络空间的掌控力和信息战的实力，进而影响国家安全。据外媒披露，截至 2012 年年底，全球互联网总数据存储量已达 1.6×10^{11} 亿 TB 以上，并且正以 59%以上的年增长率高速增长[④]。王世伟认为，网络空间及其数据信息是否自主可控、安全可信，直接影响到国民经济的健康运行，以及城市、企业乃至家庭的安全[⑤]。张晓、韦柳融认为，作为世界人口第一大国和经济第二大国，中国在社会经济生活中所产生的数据量极为庞大，但真正存储下来的数据不多。对大数据的利用和存储重视程度不足，使我们的许多数据在很多时候未能发挥作用。

---

① 卢胜军，王忠军，栗琳．赛博空间与大数据双重视角下的钱学森情报思想[J]．情报理论与实践，2013（4）．

② 傅中力，张煌，李坡．大数据时代的国家安全与军事战略选择[J]．国防科技，2013，34（2）．

③ 邬贺铨．大数据时代的机遇与挑战[J]．求是，2013（4）．

④ 赵国利．大数据驱动创新思维[N]．解放军报，2013-11-14．

⑤ 王世伟．警惕大数据安全性[N]．光明日报，2014-04-10．

第 3 章

大数据与国家治理的国际经验

3.1 美国

20 世纪 90 年代以来，随着网络信息技术的发展，全球数据量呈现爆炸式增长。美国作为大数据的发源地，引领着全球大数据战略的发展和变化方向。克林顿政府提出的“信息高速公路”计划是美国政府的一项国策，由此引发了计算机信息技术革命，成就了美国作为全球信息产业强国的霸主地位，为大数据战略的部署奠定了基础。美国在联邦政府的支持下，充分发挥 20 世纪信息高速发展的基础优势，搭建数据开放平台，开展关键技术研究，推动大数据应用，积极结合企业、研究机构等多方资源，逐步推进大数据发展，继续保持其在新信息时代的霸主地位。

1．“信息高速公路”开启美国互联网时代，为其奠定大数据战略发展的基石

1993 年 9 月，美国政府发布了“信息高速公路”计划，又称“国家信息基础设施”计划，由此拉开了信息技术革命的序幕。美国政府发动的这场信息技术革命，使美国完成了由工业时代向信息时代的过渡，建立了以互联网为核心的综合信息服务体系，使社会各方面的运行方式发生巨大转变，人们的沟通、工作和生活方式也有了深刻变革，为美国信息技术的飞速发展奠定了坚实基础，成为美国大数据战略发展的重要基石。

1）构建基于互联网的全域高速信息网络

20 世纪末，美国政府宣布实施“信息高速公路”计划，给出了全美境内高速信息网络的构建计划与时间表，并提出了相应的概念、规划和行动纲领。

“信息高速公路”计划的核心是，建设覆盖全美的宽带高速信息网，建立统一的网络应用与维护标准，整合人才、设备等资源，用高速互联互通的信息网络将美国的全部经济单元整合起来，并借此将各种各样的信息准确、快速地传达至全国。构建“信息高速公路”的目的是，有效开发和利用互联网信息资源。对于大众而言，通过这个计划可以在家中享受娱乐、购物等乐趣；对于企业、各级政府及整个社会而言，信息的高速互联互通会带来更多的便利、产生巨大的利益，是国家发展与繁荣稳定的基础性战略资源。

2）构建美国国家信息基础结构

美国“信息高速公路”计划的目标是政府用 20 年的时间、斥资 4 000 亿美元，搭建国家信息基础结构，使其成为国家发展重点产业的基础。此举旨在构建高水准的“信息高速公路”，为全人类提供即时信息服务的网络架构，实现即时服务。这个计划需要互联互通的信息可以任意流通并保存，需要互联的信息流有足够的带宽，需要家家户户拥有方便使用的互联网进出通道，需要提供服务齐全的高度智能设备来管理整个信息系统，需要制定一整套的方针政策和管理办法。

2．沿“信息高速公路”推出数据开放平台，开展数据公开行动

1）从政府的数据开放做起

2009 年 1 月，美国政府出台文件《透明和开放的政府》，呼吁建立一个透明的、具有参与性的、多方协作的“开放政府”；2019 年 12 月出台文件《开放政府指令》，为各行政部门建设“开放政府”提供了行动指南和行动期限，其政策包括在线发布政府信息、提高政府信息质量、建立开放的政府文化并使之制度化、为“开放政府”创造有利的政策框架等。同年，美国推出 Data.gov 网站，这是美国最重要的政府数据公开平台，也是美国“开放政府”承诺的关键部分。按照数据分类，Data.gov 网站共有原始数据集、联邦数据集管理

工具和地理数据三个门类。初期，Data.gov 网站共开放 19 万余个数据集、超过 38 万项地理数据和原始数据，涵盖气候、农业、教育、能源、医疗、金融等约 50 个门类。与此同时，为方便公民使用、提高数据的透明度，Data.gov 网站开发了众多新功能，如高级搜索、网站互动、数据分级评定等；为使公民可以更易找到和使用资源，Data.gov 网站还开发了政府 API 索引，使政府信息更加公开畅通、服务交付更加方便快捷，成为政府与公民进行沟通的渠道和平台；为使各国开发者可以根据自己的需要使用和修改信息，美国政府将网站进行了开源，在 GitHub 上托管代码，开辟了网络应用界面，发布了上千个应用程序和软件工具，以及包括 FEMA、Lose It 在内的 103 个手机应用插件。

2）推行“我的大数据”倡议，提高数据透明度

2010 年前后，美国政府开展了一系列主题为“我的大数据”的倡议行动计划。通过这些行动计划，美国公民可以更方便地获取个人数据，从而更好地办理私人领域的各种业务和服务。以下列各个计划为代表，美国政府为公民提供了方便快捷的数据获取渠道，提高了数据的透明度。

（1）“蓝纽扣”计划。美国公民可以通过“蓝纽扣”获得个人健康信息，方便进行自身健康管理。已有 3/4 的美国公民通过此计划获取了自身健康信息，并进行健康管理。同时，其他用户也可以利用“蓝纽扣”和信息提供方交换数据信息。

（2）“创建副本”计划。美国国税局于 2014 年建立了“Get Transcript”网站，该网站可为纳税人提供纳税方面的数据。通过该网站，纳税人可以方便快捷地获取个人近 3 年的纳税记录，下载纳税申报单，进行抵押、贷款等活动。

（3）“绿纽扣”计划。该计划由美国电力行业推出，旨在帮助美国各个企业和家庭能够方便地获取能源的使用信息，从而帮助他们节约能源，降低生产、生活成本。“绿纽扣”计划为美国 5 900 万个企业与家庭提供了服务。

3）积极立法，提供数据开放的法律保障

2012 年 2 月，时任美国总统奥巴马签署了《网络环境下消费者数据的隐私保护——在全球数字经济背景下保护隐私和促进创新的政策框架》。该框架

从官方角度正式提出了《消费者隐私权利法案》，并对其立法背景、理念及法案的所有具体内容进行了详尽、深入的介绍。《消费者隐私权利法案》主要规定了以下3个方面的内容。

（1）“告知与同意”框架的强化。

① 个人控制：所有普通美国人有权控制企业对自身信息的收集和使用。

② 透明度：所有普通美国人有权不受约束地获取和使用有关隐私及其安全保障的信息。

③ 情境一致：所有普通美国人有权要求企业获取及使用私人信息的方式和其提供信息时的情境协调一致。企业获取及使用私人信息需要有特定的目的，且必须与消费者的合理预期及其向消费者公开说明的目的相符，并为了实现这些目的而应用和共享数据[①]。

（2）数据存储及数据处理的安全责任。

① 安全：所有普通美国人有权要求自己的个人数据被安全且负责任地处理。收集个人数据的企业要结合企业以往在个人数据方面的做法，对隐私和安全风险进行评估，务必采取适当的安全措施，防范一切可能产生的风险。

② 接入权与准确性：所有普通美国人的个人数据有误时，数据所有人有权提取及修改以可用格式存储的个人数据，企业在使用个人数据时需要确保数据的准确性。

③ 收集控制：所有普通美国人有权合理限制企业对个人数据的收集和保存。

（3）事后问责制。

问责制：所有普通美国人有权将个人数据交给企业处理，以确保企业遵守有关规定。获取个人数据的企业要事先培训雇员，使雇员在合规情况下使用个人数据，并定期评估绩效。企业需要进行全面的内部控制监督，保证在合理范围内使用数据。在问责制下，企业不但需要在内部进行控制和责任追究，而且需要对执法机构和消费者承担外部责任[①]。

---

① 李明．“大数据时代”美国的隐私权保护制度[J]．互联网金融与法律，2014．

2015 年 12 月，奥巴马签署了《2015 年网络安全信息共享法案》，该法案为联邦实体和非联邦实体之间的网络安全建立了自愿共享的网络威胁指标体系和防御措施系统。它要求联邦政府定期公布最佳方案，以进一步保护其网络基础设施；确定联邦政府允许使用的网络威胁指标和防御措施，同时限制信息的披露、保留和使用；授权各实体共享网络威胁指标和防御措施，并提供责任保护。

2019 年 1 月，美国政府于 Data.gov 网站推出 10 周年之际颁布了《开放政府数据法案》，使 Data.gov 网站的“数据公开”由政策变成法律。它要求联邦政府以公开数据的形式在网上发布信息，使用标准化的、机器可读的数据格式公开数据和元数据。此外，该法案要求联邦勤务总署、管理和预算办公室、政府信息服务办公室磋商，建立一个“工具、最佳实践和模式标准的在线知识库”，以促进整个联邦政府的开放数据实践。

3. 一脉延续“信息高速公路”计划，启动“大数据研究和发展”计划

2012 年 3 月，美国政府延续“信息高速公路”计划，发布《大数据研究和发展倡议》，“大数据研究和发展”计划正式启动。该计划由美国国家科学基金会、国防部、国防部高级研究计划局、国立卫生研究院、能源部等政府机构组成，投资额累计高达 2 亿美元，旨在加快大数据的获取、使用、挖掘与开发利用等技术的研发，提高大数据的使用能力。

1）国家科学基金会：加快发展大数据核心技术

美国国家科学基金会联合国立卫生研究院展开大数据研究，进一步加大对大数据的提取、分析，促进核心算法和技术手段的升级，缩短科技成果产出周期，带领国家进入一些全新的研究领域。

2）国防部：利用数据支持决策

美国国防部每年投资 2.5 亿美元左右，在国防部内部实施一系列研究计划，将数据获取和决策支持有机结合，建立可以独立操控并做出决策的自治式系统，加强战斗员、分析师对环境的感知力，使任务流程的认可度大大增强。

3）国防部高级研究计划局：联合国防部开展项目合作，借助大数据辅助决策

美国国防部高级研究计划局开展了X-数据项目（XDATA），计划开发出能够分析海量半结构化数据和非结构化数据的计算技术和软件工具。XDATA项目可提供开源码，支持开源软件工具集，帮助开发组织灵活地开发软件，让用户能够拥有庞大的数据处理能力，并与特定国防应用的任务数据流同步。

美国国防部高级研究计划局与国防部开展项目合作（见表3-1），主要合作内容包括推动大数据辅助决策（主要集中在侦察、网络间谍、情报等方面）、建立自治系统、实现操作与决策的自动化等。

表3-1 美国国防部高级研究计划局与国防部开展的大数据项目

项 目 名 称
多尺度异常检测项目（Anomaly Detection at Multiple Scales）
网络内部威胁项目（Cyber-Insider Threat）
洞察力项目（Insight）
机器读取项目（Machine Reading）
“心灵之眼”项目（Mind’s Eye）
面向任务的弹性云项目（Mission-Oriented Resilient Clouds）
加密数据的编程运算项目（Programming Computation on Encrypted Data）
影像检索与分析项目（Video and Image Retrieval and Analysis Tool）
X-数据项目（XDATA）
数据到决策项目（Data to Decisions）

4）国立卫生研究院：实现千人基因组计划的免费开放

美国国立卫生研究院免费开放人类遗传变异研究数据集，供研究人员自由访问和使用。至2012年7月时，数据量已经达到约200TB。该数据集规模庞大，应用效果突出。

5）能源部：以先进的计算机基础推动科学发现

2013年，美国能源部投资2 500万美元来建设可扩展的数据管理与分析和可视化（SDAV）的研究所，使用超级计算机对数据流进行操作与处理。由于大数据的规模与复杂性不断增长，对新型工具的需求更加迫切，因此能源部斥巨资进行研发，以提供大数据使用的各种新方法。

4. 推出“数据—知识—行动”，推动大数据技术发展和应用

美国政府于 2013 年 11 月提出“数据—知识—行动”计划，进一步细化利用大数据改善国家治理、推动科技创新、提高经济质量、促进经济发展的路径。这是美国向数字化城市、数字化经济、数字化治国及数字化国防转型的重要路径。此外，美国各大互联网信息企业也加入其中，从大数据相关技术和应用等多方面共同推进美国大数据的发展。

1）从数据到知识——大数据计划扩展与延伸

“大数据研究和发展”计划实施的第二年，美国政府积极呼吁各大联邦机构、私人企业、学术单位、州政府、非营利性组织与基金会等，共同发展跨区域大数据创新专案与合作关系。

“大数据研究和发展”计划主要由政策、资源和标准化三部分构成，共享生物医学大数据，开发应用新的分析方法与软件。同时，该计划要求加强对数据科学家、计算机工程师及生物信息学家的专业培训，设立研发中心，以开发一般化方法，解决生物医学分析、计算生物学和医学信息等问题。

2）“数据—知识—行动”——将大数据知识加以应用

白宫科技政策办公室会同美国其他机构，共同合作推动“数据—知识—行动”计划。这个计划的目标是，推动大数据分析技术的应用与支持，增加大数据人力资源的投入，开发、验证、评估大数据关键成果的应用效果，促进各种产业大数据应用在全球的发展，通过大数据获得新的知识见解，并扩展其利用的范围，培育新的发展区域。

政府推动的各项计划，促进了创新应用的发展，对国家经济、公共建设产生了深远的影响。随着新兴科技的快速发展，越来越多生活中的数据，如消费、谈话、社交等，都将被收集、存储、分析与使用，由此衍生了人们对隐私权保护的相关疑虑。究竟哪些数据被政府或私人单位所收集、这些数据又被应用到什么地方，这都是公众所关心的，也是政府面临的一项挑战。

3）结合企业力量，开展大数据关键技术研究

美国能源部、国立卫生研究院等部门先后推出大数据相关项目，加快大数据在国家各层次、各领域的应用及价值开发。信息领域的企业纷纷加入其中，进行大数据关键技术的研究；各大 IT 巨头积极通过并购实现技术整合，相继推出了不同种类、不同用途的大数据相关产品和服务；同时，出现了

Splunk、Clustrix、Junar 等大数据新兴企业，IT 行业相关的新兴技术发展迅速。

谷歌作为大数据时代的开拓者，建立了世界上最快、最强大、最高质量的数据中心，拥有全球 36 个超大型数据中心、上百万台服务器，建立了高分辨率的谷歌地图数据库。谷歌自 2006 年提出云计算概念以来，每年投入约 16 亿美元用于构建云计算数据中心，目前已经拥有 100 多万台云计算服务器。谷歌研发的大数据“三核心”——文件系统、处理算法和分布式数据库，打造了全球大数据开发的主流框架和范式。雅虎和 Apache 软件基金会等机构皆与之合作，通过对谷歌算法思想的拓展，开发了 Hadoop 开源框架。谷歌街景地图、谷歌无人驾驶汽车等虚拟现实产品的推出，均是基于大数据对位置信息的处理的。正是有了这些大数据，谷歌的虚拟现实之路才更加光明。

5. 发布“大数据”白皮书，推动政府职责创新和商业创新

2014 年 5 月，美国公布了全球“大数据”白皮书——《大数据：把握机会，维护价值》，借助大数据技术最大限度地刺激经济增长、降低风险。此外，美国还开展了“公开数据”行动，先后公开联邦政府 50 余个部门和门类的数据，以便商业部门查询与使用，支持创新发展。

1）关注大数据对公民的潜在影响，加强政府数据管理

美国政府“大数据”白皮书中的第五部分“迈向大数据的政策框架”，深入分析了大数据与公民、消费者、隐私权及隐性歧视之间的关系。在实践中，大数据有可能造成与国家法律、社会价值观相背离的情况，故而要将由自动化决策产生的歧视性影响更好地检测、计量、纠正、解决，使公共政策与信息技术的结合具备正当性。大数据虽然可能导致歧视现象发生，但也可用来保障公民的自由。“联邦政府涉及公民权利的机构必须能够识别从大量数据分析中得出的不利于受保护阶级的行为和结果，从而开发出一套解决方案，并研究解决相关的违法现象。评价过程中，每个机构还要考虑到数据的层级、信息汇总的语境、信息对象的人口群体和有关群体的立法期待。政府

部门应与民权组织合作，使用大数据来确保弱势群体可以有平等的对待。”[①]

2）加强隐私保护执法，提升全球互操作性

与此同时，美国联邦政府及各级州政府加强了隐私保护的执法工作，推进了隐私保护方面的国际合作。2012 年，美国政府发布《消费者隐私权利法案》，该法案支持联邦贸易委员会且授予其职权，使其能够为实施行为准则的企业提供更明确的预期。2014 年 2 月，美国政府公布相关立法草案，目的是让消费者更好地保护其在互联网上所留数据的使用、存储和销售，并将 2012 年出台的《消费者隐私权利法案》上升为法律[②]。

3）推广大数据应用，进行商业创新

（1）打造智慧城市。2009 年 9 月，美国艾奥瓦州迪比克市与 IBM 合作建立了全球第一个智慧城市。这座城市是一个由高科技充分武装的 6 万余人的社区。通过采用 IBM 新技术，迪比克市实现了完全数字化，连接了城市的所有资源，通过检测、分析和整合各种数据，智能化地做出响应，服务于市民的需求[③]。

（2）发展电子地图。谷歌采用大数据方法，基于新的计算机算法，将计算机计算与细致的人工计算相结合，为用户提供更加准确、翔实的地图信息。2014 年 11 月，谷歌发布集成 Material Design 的新版谷歌地图。Material Design 使用了更明亮的颜色和动画，是一个在多个设备和平台提供一致体验的基础架构。当用户打开 Android 或 iOS 上的谷歌地图时，可以看到明亮的色彩和全新的设计。新外观是为了反映现实世界的表面和阴影。谷歌地图有新的现实感、层次和按钮设置，以帮助用户明确点击哪里可以方便地获得方向、推荐和图像。

2012 年以来，苹果也连续对地图应用进行升级优化，现任 CEO 库克表示，在地图达到“令人难以置信的高标准”之前不会停止对该应用的调整，而地图升级优化的下一步就是提供室内数据。2015 年 6 月，TomTom 和苹果

① 木怀琴．美国政府的大数据之策[J]．文化纵横，2014（3）：12-12.

② 李明．“大数据时代”美国的隐私权保护制度[J]．互联网金融与法律，2014.

③ 陈柳钦．智慧城市：全球城市发展新热点[J]．全球科技经济瞭望，2011（1）：8-16.

重新签署了地图协议，所以苹果可能会在未来几年提供自家的数据系统。2015 年 6 月，苹果地图还增加了 7 个国际性都市的 3D Flyover 模式支持，该模式允许用户查看相关城市的 3D 渲染图。这些城市的 3D Flyover 模式不仅能在 iOS 8 以上设备的地图应用中得到支持，也能在 OS X Yosemite 的 Maps 应用中得到支持。

6. 发布《联邦大数据研发战略计划》，为联邦机构大数据项目提供战略指导

2016 年 5 月 23 日，美国政府发布《联邦大数据研发战略计划》，作为 2012 年《大数据研究和发展倡议》的延续和补充。该计划旨在构建数据驱动战略体系，基于大数据分析、信息提取及发现和做出决策的能力，激发联邦机构和整个国家的新潜能，加速科学发现和创新进程，并培育 21 世纪下一代科学家和工程师，促进经济增长。该计划由七大战略组成，主题分别聚焦新型技术、数据质量、基础设施、共享价值、隐私安全、人才培养和加强合作，涉及 15 个联邦机构，为各联邦机构确定与大数据相关的计划和投资提出指导意见，拟建成有活力的国家大数据创新生态系统。

7. 发布《联邦数据战略和 2020 年行动计划》，将数据作为战略资源开发

2019 年 12 月，美国白宫管理和预算办公室发布《联邦数据战略和 2020 年行动计划》，该计划反映出美国对数据的关注由技术转向资产，“将数据作为战略资源开发”成为核心目标。

1）确立了政府范围内的框架原则

在伦理层面，政府机构应基于基本道德规范，评估联邦数据应用实践对公众的影响，确保它服务于公共利益；采取合理的数据安全措施，保护个人隐私，确保适当访问和使用数据；提高透明度，阐明联邦数据应用的目的和用途，建立公众信任。在意识层面，政府机构要确保相关性，保护数据的质量、完整性和可理解性；充分使用现有数据并预期未来用途，注重塑造数据间的互操作性；提高及时响应能力，改进数据收集、分析和传播方式。在文化层面，政府机构应加强数据能力培训，促进与数据有关的学习，确保学习的持续性和协作性；培养数据领导者，分配职责，审核数据实践，建立问责制。

2）确立了 40 项具体数据管理实践

40 项具体数据管理实践可分为 3 个层面：一是建立重视数据并促进数据共享的文化，如通过数据指导决策、评估公众对联邦数据的价值和信任感知、促进各个机构间的数据流通等；二是保护数据，如保护数据的完整性、确保流通数据的真实性、确保数据存储的安全性、允许修改数据、提高数据的透明度等；三是探索有效使用数据的方案，如提高数据管理与分析能力、促进数据访问的多样化路径等。

3.2 欧盟及其成员国

3.2.1 欧盟

欧盟及其成员国分别制定了符合自身发展的大数据战略，将大数据研究及数据挖掘形成的价值作为未来知识经济的核心，利用大数据研究获取交通运输、健康安全及高新技术制造等行业的新机遇。提高大数据研究和数据挖掘能力有助于欧盟服务业自由转型，提供更多的创新型信息产品和服务；依靠大数据挖掘与分析，可以进行定制型服务，降低制造业成本，从而提高经济利润率。欧盟在大数据方面开展的主要工作包括研究数据价值链战略因素、鼓励大数据和开放数据领域的研究和创新活动、拉动大数据在各领域的应用、加强立法等。

1．研究数据价值链战略因素，实现数据的最大价值

欧盟委员会出台“数据价值链战略”计划，以实现数据价值最大化，特别是针对所谓的“大数据”，重点建立以数据为中心的连贯一致的欧洲数据生态系统，使数据价值链的每个阶段都可以创造出有价值的数据。数据价值链是指在数据的生命周期内，数据产生、验证及进一步加工后，以新的创新型产品和服务的形式出现的利用和再利用的过程。“数据价值链战略”计划遵循的主要原则是“高质量数据的广泛获得性”。该计划的重点是，建立连贯一致的欧洲数据生态系统，推动围绕数据的研究和创新，采用数据服务及产品，采取具体的行动，提高数据价值提取的框架条件，包括基本的能力、基础的设施和标准、有利的政策和法规环境。当前，它正在一个单一的战略框架下制定一系列关键行动，以解决与大量数据价值链和价值创造有关的交叉问题。

1）加快数据开放，建立欧洲开放的数据平台

2010 年年初，欧盟委员会公布“欧盟 2020 战略”。该战略认为，加强创新潜力要以最优的方式配置资源，配置资源的最佳方式就是将大数据和开放共享的数据作为就业和经济增长的核心支柱。为完成该战略的目标，2010 年 11 月，欧盟委员会向欧洲议会提交了《开放数据：创新、增长和透明治理的引擎》报告，该报告明确提出要以开放共享的数据为核心，为欧盟制定大数据战略。2011 年 6 月，欧盟建立“开放数据门户”（Public Data.eu），2011 年 12 月 12 日正式推进这一战略。

2012 年年初，欧盟委员会为推动成员国之间的科学数据沟通，开放共享了各国的科学出版物，并主动开放了“地平线 2020”数据访问试点项目。同时，成员国受到欧盟委员会的鼓励，采取协调一致的开放获取行动，以加强对科学数据开放获取有关研究和活动的资助，从而构建欧洲的数据开放研究领域①。欧盟委员会投入 4 500 万欧元建设支持科学数据开放共享和长期保存的基础设施，并与各个相关利益团体就科学数据开放共享和长期保存工作进行对话，开展共享政策的制定工作，探索科学数据开放共享和长期保存的有效途径，支持相应的基础设施建设。2013 年 1 月，欧盟建立“欧盟开放数据门户”（European Union Open Data Portal）；2013 年 12 月 25 日，欧盟委员会宣布推出试点，开放公共资金研究数据。2014—2015 年，欧盟涉及开放数据研究试点中关键领域的项目经费高达 30 亿欧元。

2014 年 7 月，欧盟委员会发布招标文件拟部署一个欧盟开放数据核心平台，提供泛欧开放数据门户及相关服务。该计划由“连接欧洲设施项目”资助，用于改善对欧洲可再利用的公共数据资产的获取，增加公开的公共数据

---

① 曹凌．大数据创新：欧盟开放数据战略研究[J]．情报理论与实践，2013（4）：118-122.

资产的数量，提供更多的基于公共数据资产的服务与产品，支持开放数据门户的可持续性发展。2015 年 11 月，欧盟委员会正式启动“欧洲数据门户”（European Data Portal）测试版。

2）修改指令与立法，减少数据开放障碍

欧洲现有制度使开放数据依然存在各种障碍，其中法律框架障碍明显。为此，欧盟的开放数据战略围绕 3 个方面进行修订与补充：一是创建对信息二次利用的法律框架，再利用指令进行公共部门信息的修订；二是运用金融手段和工具，支持数据的开放与共享，并在此基础上建立全欧洲经济数据门户；三是推动各个成员国间的协调与经验的交流，为数据的开放与共享提供平台。通过法律和政策的安排，减少执行过程中的障碍及不确定性，以确保战略目标的实现。

为促进欧盟成员国间、部门间数据的共享，2020 年 2 月，欧盟发布《欧洲数据战略》，为跨部门、跨行业的数据存取和使用提供了策略和框架。该战略提出构建欧洲数据共同空间治理的立法框架（2020 年第 4 季度），细化《高价值数据集实施法案》（2021 年第 1 季度），推进数字经济领域相关立法工作。

3）加大资金投入，促进数字基础设施建设

为实现 2020 年战略目标，欧盟委员会提供了大量的资金支持，决定在大数据利用方面，10 年之内投入资金 40 亿欧元，主要在数据处理、数据利用与挖掘方面提供资金，如“第七框架”计划、“地平线 2020”计划等。同时，建立数据门户网站，加强科研数据基础设施建设的资金支持，启动“连接欧洲设施项目”，以权益和债务证券及补助相结合的形式推动数字化基础设施建设。

2．鼓励大数据和开放数据领域的研究和创新活动，重视关键技术发展

欧盟委员会资助大数据和开放数据领域的研究和创新活动，支持与大数据相关的研究和创新项目，通过“地平线 2020”计划、“第七框架”计划、“科研基础设施资金”计划等，促进大数据处理与应用的标准、准则的制定；开展开放数据竞赛，促进民间资本进入。2016 年以来，欧盟也在不断加大对 5G 技术的研究和投资。

1）发展本土云计算产业，释放云计算服务潜力

欧盟国家的云计算的发展与美国相比较为滞后。为了快速发展欧盟内部云计算产业，2012 年 9 月，欧盟委员会通过了“挖掘欧洲云计算服务潜力”的战略；同年 10 月，欧盟委员会向欧洲议会和欧盟理事会提交了“云计算发展战略及三大关键行动”的建议，计划通过两年的努力，将欧盟打造为云计算服务领域的前沿领跑者，为欧盟的云起飞战略夯实基础。2013 年 6 月，欧洲议会通过“发展战略的关键基础设施——面向全球网络安全”的决议，将云计算纳入关键信息基础设施范畴，加大对云计算的监管力度。目前，欧盟已成立 6 个战略实施工作小组，具体涉及云标准协调、服务标准协议、认证计划、行为守则、专家研究小组和云伙伴关系。

2014 年夏天，欧盟委员会一致认为，云计算是推动欧洲经济发展和就业增长的核心领域，欧洲需要一个统一的云计算市场、易于理解的政策和云计算标准来释放云计算技术潜能。2014 年 6 月，欧盟委员会开始测试具体的云计算指导方针的相关文件，该文件意在帮助用户节省云计算技术开支和增加对该技术的信任。“2015 年 3 月，欧盟委员会信息理事会发布了一项为期两年的项目计划，涉及约 2 500 台虚拟计算机和 2 500TB 的存储空间，用来建设欧盟首个云服务项目。”①

2020 年 2 月，欧盟发布《欧洲数据战略》，计划于 2021—2027 年投资一个有关欧洲数据空间和联合云基础设施的高影响力项目。该项目将资助基础设施、数据共享工具、体系结构和治理机制的建设，以推动数据共享和人工智能生态系统的繁荣发展。它将以高效能和可信赖的边缘和云基础设施（IaaS 基础设施即服务、PaaS 平台即服务和 SaaS 软件即服务）为基础，明确跨行业数据和公共数据的获取和使用问题，满足欧盟各行业的特定需求。预计各成员国和行业将与欧盟委员会共同投资该项目，总资金达到 40 亿～60 亿欧元。

① 欧盟发布首个云服务项目招标计划[EB/OL]．[2015-03-04]．https://world.huanqiu.com/article/9CaKrnJIoGN.

2）重举高性能计算大旗，推进千万亿次计算的发展

欧盟“第七框架”计划和“地平线 2020”计划，主要研究和发展的是可扩展高性能计算系统，如 micro-server/form-factor 数据中心等。2010 年，欧盟及其成员国委托 IDC 与欧洲超级计算实验室合作，通过合作研究，推进千万亿次计算在欧洲的发展。“高性能计算已经紧紧地与科学、经济的地位联系在一起”，基于这种想法，IDC 和这些专家们将做出有关全球超级计算投资的比较性报告，研究各种架构高性能计算中心的部署设置，以及计算机行业发展对欧盟经济和社会的影响。

2012 年 2 月，欧盟委员会推出了一项旨在扭转欧盟在高性能计算领域的研发和应用能力下降的局面的计划。欧盟提高了对超级计算机的投入力度，增加了近 6 亿欧元的资金，用于研发更高性能的计算机。欧盟委员会副主席兼数字化议程委员尼莉·克洛斯表示，高性能计算能够推动欧洲产业的发展和创造就业，加大对高性能计算的投资力度也有助于促进创新、改善人民生活、提高欧洲在该领域的竞争力。97%基于高性能计算的企业认为，高性能计算的发展对于企业的生存、创新和竞争力至关重要①。

3）携手国际合作伙伴，推进欧盟 5G 研究

5G 标准的制定是一个热门话题，目前呼声最高的是欧洲的爱立信及中国的华为和中兴，有最大影响力的是欧洲的爱立信。因此，欧盟已确定让爱立信作为欧盟新一期移动互联网领域的项目负责人，领导 5G 的研究和开发。该项目将开发 5G 无线系统的整体设计及 5G 发展路线图，并在 5G-PPP 的项目中发挥至关重要的协调作用，同时汇集关键厂商以共同推进 5G 系统架构的发展。

（1）吸引中国的华为投入资金与技术。2015 年 7 月 1 日，欧盟移动互联网领域 5G 项目的第一阶段正式启动，标志着欧盟 5G 的研究达到了一个新的里程碑。该项目采用公私合作的模式，预期民间资本投资达 35 亿欧元，同时欧盟政府投资 7 亿欧元。该项目加强了欧洲的 5G 研究与全球协作，其构建的无线通信基础设施将面向 2020 年信息社会。5G-PPP 的性能目标包括

① 国际科技信息[J]．中国科技信息，2012（2）：7-13．

增加 1 000 倍的网络容量，降低 90%的能耗，提供安全、可靠及零等待的业务体验等。中国的华为作为 5G-PPP 的关键贡献成员，参与了该项目框架 19 个项目中的 5 个核心项目。华为作为 5G-PPP 基础设施协会的董事会成员，在该项目一开始就走在了 5G 技术的最前沿。华为利用其全球的平台资源，充分发挥其技术储备与创新能力，并与欧盟合作，共同推进项目的研究与运作。

2017 年，华为正式加入 5G-PPP 第二阶段 5G 架构研究联盟（5G-MoNArch），与业界联手共同研发 5G 移动通信网络架构及相关解决方案。在该联盟中，华为针对网络架构的灵活性和可编程性的诉求，主导了基于网络切片的 5G 网络架构设计。除 5G-MoNArch 外，华为也积极参与多个 5G-PPP 第二阶段项目，包括 5G 车联网创新研究项目、5G 新空口覆盖边缘端到端体验优化项目、5G 融合网络和计算资源的可编程基础设施项目、5G 网络服务和应用规范化研究和验证平台项目等①。

（2）与日本签署共同开发 5G 技术协议。2015 年 6 月，欧盟和日本签署协议，计划共同开发 5G 技术，并在未来两年内投资 1 200 万欧元开展 5G 相关项目，促进云端、物联网和大数据平台的研发。欧盟已于早些时候与韩国签署 5G 合作协议，同时正在与包括中国在内的其他国家开展更为密切的合作。根据目前协议的条款规定，欧盟与日本将开发 5G 的全球性定义，包括宽泛的定义、关键功能和目标时间表。2016 年 9 月 14 日，欧盟正式公布了 5G 计划。合作双方还将共同制定 5G 全球标准，确定可在全球协调使用的无线电频段范围，以满足 5G 对更多频谱的要求。此外，双方还将确定未来的 5G 应用和生态系统，涉及的领域包括互联汽车、电子医疗或高品质的视频内容分发。2019 年 3 月，日本宣布与欧洲进行产学官合作，启动“后 5G”联合研究。联合研究主要由日本早稻田大学教授川西哲也主导，欧洲的大学、日本电气股份有限公司和德国电信公司等将参与其中。

① https://www.huawei.com/cn/news/2017/9/Huawei-Joins-5G-MoNArch.

3. 拉动大数据在各领域的应用，打造新的经济增长点

2014 年 7 月，欧盟委员会指出，各成员国面对信息技术的发展，应采取措施积极应对，主动迎接大数据时代。欧盟委员会认为，大数据已经在各领域产生影响，未来与全球大数据有关的经济市场需求将超过 160 亿美元，产生大量相关就业岗位。近些年，欧盟委员会十分重视推动大数据的发展和应用，以帮助其占据更多的市场份额，加快大数据产业化及市场化的进程，把大数据打造为新的经济增长点。

1）改变传统治理模式，降低公共部门成本

大数据受追捧，主要是因为它可以有效地降低精细化管理的成本。首先，大数据技术的广泛应用将激活低利用率的社会日常运行数据，有效地分类、存储和加工各种非结构化和半结构化的数据，同时降低管理所需信息采集的成本。其次，这些数据的使用极大地改变了政府传统的治理模式和治理工具，可以降低管理成本。麦肯锡的研究报告表明，政府部门利用大数据能大幅地提高生产力及工作效能，还能有效地降低管理成本。运用大数据可使政府部门减少两成左右的行政开支，在之后的 10 年中每年创造 1 500 亿～3 000 亿欧元的新价值。

在线公共服务对提高成本效益、提升企业的服务质量至关重要。欧盟委员会将启动针对企业和公民“只有一次”的试点项目，探索欧盟范围内电子安全解决方案的可能性。把“只有一次”项目扩展到跨境交易领域，可以提高数字化单一市场的效率。公共采购约占欧盟国内生产总值的 19%，在欧盟范围内推广电子采购预计每年能节省 500 亿欧元。2014 年的政府采购改革方案预计，到 2018 年 10 月，欧盟将过渡到完全电子采购阶段。欧盟委员会预计，在数字技术基础设施建设方面，将带动 500 亿欧元的公共和私人投资，达到所有用户最低网速达 30Mbit/s、部分用户网速达 100Mbit/s 的目标要求。在数字服务方面，电子身份证、电子政务、电子病历（见图 3-1）、欧盟数字图书馆、在线法庭、在线海关等项目都将获得欧盟的资金补助。

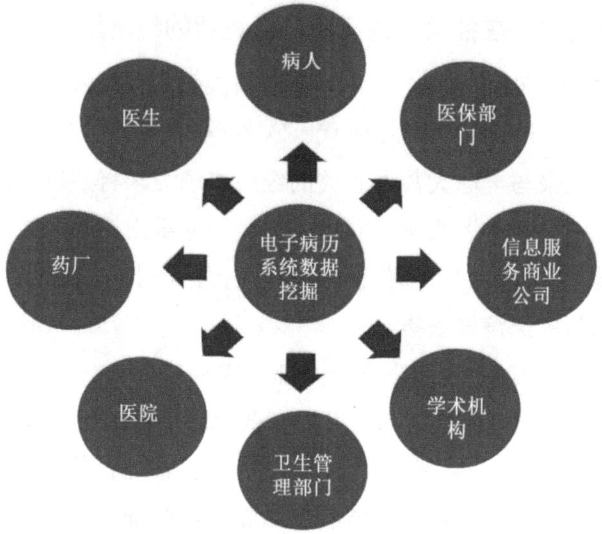

图 3-1　大数据下的电子病历

欧盟委员会提出“新型电子政务 2016—2020 年行动计划”，主要内容包括 4 个方面：①到 2017 年，使企业注册登记互联互通成为现实；②在 2016 年发起“只有一次”成员国试点项目；③扩展和整合欧洲各个国家的门户网站，建立“单一数字网关”，创建对公民和企业友好的用户信息系统；④成员国向全面电子采购和互通互用的电子签名转化。

2）扩大相关市场规模，创造就业岗位

大数据、云计算和物联网的发展使欧盟在全球大数据领域保持了很强的竞争力。大数据的研究与挖掘被视为经济社会全面发展、创新的催化剂，对于中小企业和初创企业来讲更是如此。大数据研究是“开放科学”的一部分，它和高性能计算一起改变了人们从事研究和知识共享的方式。大数据行业以每年 40%的速度扩张，是 IT 市场扩张速度的 7 倍。近些年，在欧美国家营业收入超过 10 亿美元的企业中，一半以上制定了大数据战略，其中 20%以上的企业每年在大数据战略上的投入超过 1 亿美元。

2013 年，欧盟委员会推出“数字就业”计划，通过投资约 100 万欧元，与企业达成协议，共同应对欧盟 IT 人才紧缺问题，帮助欧洲经济重归正轨。该计划对减少欧洲失业人数具有重要作用。

3）促进大数据与其他技术融合发展，塑造欧洲数字未来

2020 年 2 月，欧盟委员会启动了新的数据战略“塑造欧洲数字未来”，并发布了《数字未来报告》《人工智能白皮书》《欧洲数据战略》3 份政策文件作为该战略的指引。

《数字未来报告》旨在推动欧洲数字化进程，减少欧盟对关键技术的依赖，维护欧洲的技术能力。该报告提出 3 个关键目标：促进公平竞争的经济、推动开放民主和发展可持续社会。

《人工智能白皮书》针对新监管框架的合规性、强制性和治理方面提出建议，包括使用前的资格评估和测试、对于人工智能应用程序的检查和认证。例如，潜在地检查在开发阶段使用的算法和数据集；提出可能调整欧盟产品安全和责任的立法，以及可能专门针对人工智能的立法，以便使欧盟的法律框架适应当前和未来的技术和商业发展。

《欧洲数据战略》致力于构建数据经济的综合性方法，扩大整个欧盟单一市场对于数据、数据赋能产品和服务的使用和需求，包括释放数据潜力、创造有吸引力的政策环境、使欧洲的规则和高效的执法机制达到预期效果三大愿景。

2020 年 3 月，欧盟委员会发布《欧洲新工业战略》，提出欧盟的工业数字化转型战略部署，旨在保护欧洲的技术和数字主权，使欧洲成为全球数字领导者。该战略提出欧洲应加快在人工智能、5G、数据和元数据分析等领域的研究和资金投入；制定一个公共数据管理框架，允许企业创建、收集和使用相关数据；尽快开展 6G 网络的研究与资金投入，以成为下一代通信技术的领跑者。

4. 加强立法，保护个人数据权利

早在 1995 年，欧盟就出台了《欧盟数据保护指令》（Data Protection Directive，DPD），该指令要求所有欧盟成员国针对数据保护立法，确保个人数据得到有效保护。为了统一欧盟各成员国对个人数据的保护，确保监管机构在欧盟范围内开展跨区域合作，欧盟推出《通用数据保护条例》（General Data Protection Regulation，GDPR）。GDPR 要求企业重点保护个人数据，对企业在数据的控制和处理过程中的隐私保护和技术合规性提出了更高的要

求和挑战。GDPR 在 2012 年已发布初稿，2014 年受到欧洲议会的表决支持。2015 年，欧盟委员会、欧洲议会和欧盟部长理事会“三方会谈”就 GDPR 达成一致。2016 年 4 月，欧盟正式通过《通用数据保护条例》，该条例于 2018 年 5 月生效，取代了 1995 年的《欧盟数据保护指令》（DPD）。

与 DPD 相比，GDPR 的变化主要体现在以下几个方面。

1）适用范围扩大

GDPR 几乎涵盖全球所有跨境互联网服务提供商，不仅适用于欧盟内与用户数据相关的所有企业，也适用于欧盟内与服务提供相关或与数据主体监控相关的企业。

2）细化数据主体的权利保护

GDPR 赋予数据对象更广泛的、更详细的、更具操作性的权利，内容包括但不限于对数据的知情权、修改权、注销权、限制处理权、可移植性决定权、拒绝处理权等。

3）限制规范数据控制者与处理者的行为

GDPR 要求数据控制者必须向数据主体披露其享有的与数据有关的权利，在收集和处理数据时须得到数据主体的授权；要求数据处理者详细记录数据处理活动，定期就数据安全问题等向监管机构报告。

从 GDPR 的实施情况看，2018 年 9 月，奥地利数据保护机构（DSB）开出了首张 GDPR 罚单，对违规的企业罚款 4 800 欧元；2019 年 1 月，法国国家互联网信息中心（CNIL）以违反 GDPR 为由，对谷歌处以 5 000 万欧元的罚款。截至 2019 年，欧盟接到社会各界相关投诉约 95 000 起。

3.2.2 欧盟成员国

欧盟成员国积极发展大数据业务。2014 年 7 月，欧盟委员会提出，大数据在公众生活各领域均大有可为，未来将采取若干措施发展大数据业务。同时，欧盟各国积极响应欧盟委员会的呼吁，紧跟欧盟委员会的大数据战略发展，结合本国情况，进行了有针对性的战略部署。

1．德国：让大数据与“工业 4.0”产生协同效应

德国是世界经济强国，GDP 始终保持在全球前四的位置。同时，德国在欧盟中也是高度重视信息化建设、信息化程度较高的国家之一。“工业 4.0”战略是德国支持工业领域新一代革命性技术的研发创新、巩固全球制造业龙头地位和抢占第四次工业革命先机的国家战略。为更加从容地面对高速发展的信息社会新挑战、捍卫其在大数据时代的领先地位，自 2013 年以来，德国陆续出台了一系列政策。2014 年 8 月，德国政府提出《数字议程（2014—2017）》，指出在变革中稳步推动 3 个重要进程，包括“网络普及”“网络安全”“数字经济发展”，旨在使德国成为国际上具有竞争力的“数字强国”。2016 年，德国经济与能源部发布《数字化战略 2025》，旨在确保德国在关键领域的竞争力和行业地位领先欧洲乃至世界。2019 年 2 月，德国经济与能源部发布《德国工业战略 2030》，指出唯有把未来关键领域发展起来，其核心工业领域的传统优势才能维持，必须专注人工智能领域的企业、研究和政策，缩小关键技术的竞争差距，建立自己的数据主权，充分利用新关键技术的经济潜力。

1）互联网基础设施较好，为大数据发展提供了良好的基础

20 世纪末，德国加大对互联网基础设施建设的投资力度，成果显著。1999 年出台了《21 世纪信息社会的创新与工作机遇》行动纲领，明确了 3 个目标：开发传输速度更快的互联网基础设施，实施“全民享有互联网”项目，帮助平常不与互联网接触的弱势群体上网[①]。对于信息社会的新挑战，德国确定的首要也是最重要的任务就是，加强互联网基础设施的建设。2009 年 2 月，德国政府发布全域内“宽带战略”，进一步提高德国宽带网速，使之成为高速、富有竞争力的网络。2010 年，德国政府出台《德国 ICT 战略：数字德国 2015》，提出促进数字基础设施和网络的发展，以满足未来需要。2010 年 7 月，德国《高技术战略 2020》提出“以互联网服务促经济发展”。2014 年 10 月，德国经济与能源部启动“智慧数据——来自数据的创新”项目，该项目涵盖并串联了重要的基础技术和标准，为大数据发展奠定了坚实基础，如德

① 马丽．大数据时代的德国信息化战略[N]．学习时报，2014-11-15．

国经济与能源部发起的“THESEUS”“可信任的云”“工业 4.0”，以及电动汽车、E-Energy 等项目。2014 年 8 月，德国政府出台《数字议程（2014—2017）》，要在 2018 年前普及高速宽带。

德国互联网基础设施一直处于世界领先地位。2018 年，全球互联网渗透率平均水平仅 57%，德国高达 96%，与瑞典并列世界第三。由此看出，德国在网络基础设施建设方面一直走在时代前列，为大数据的发展奠定了基础。

2）以数据开放促进科学决策与社会创新

政府现代化治理体系的建设，需要对大数据进行挖掘，获取详细、全面的信息，推动更加科学化的决策及更加精细化的管理。德国政府利用高水平的信息化技术手段，运用大型基础数据库及地方数据库建设的成果，有效利用政府治理中的数据资源为公众服务，做出科学决策。2003 年，德国政府推出了“德国在线”计划，基于公众的需求，整合电子政务，加大基础数据库、地方数据库的建设力度，加强大量、分散的信息资源的有效整合，为公众提供更好的数据服务；同时，借助应用软件对大量的数据进行分析，为德国政府和各州政府提供更多有价值的信息，辅助政府进行科学决策。2013 年年初，德国科学组织联盟开启第二期的“数字信息”计划，其基本内容包括开放共享和收集存储科研数据、取消用于科研目的的科研数据信息的访问限制、永久保存数字出版物。德国政府数据开放战略的发布，有效地推动了社会创新，提升了数据资源的创造价值。2014 年 9 月，德国政府发布《数字化管理 2020》，列举了联邦政府实现数字化管理的关键任务和领域，涵盖了数字化申报、基于统一电子身份证的身份认证服务、统一政府采购平台、电子文件管理、政府信息公开等多个方面。2015 年年初，德国数据管理、查询和再利用的官方门户网站 GovData 正式上线，2018 年该网站进行了改版升级，成为各级政府的核心“开放数据门户网站”。截至 2020 年 12 月，GovData 已成功采集、筛选和整合数据集 39 374 项。

3）做好数据保护和信息安全的立法工作

德国在大力推动信息化建设、重视数据保护和信息安全的同时，加大在大数据相关立法方面的工作力度。德国的数据保护法律体系比较完备，是“欧洲信息安全的典范”。2009 年，德国政府修订了关于数据保护的专门法案——《联邦数据保护法》。该法案自实施以来，促使德国境内更多企业开始对客户信息实施更高水平的保护措施，提高信息的保密性和安全性。与此同时，德国也通过一系列具体行动加强大数据时代的信息安全。

2015 年 7 月，德国联邦参议院通过 IT 安全法案，要求德国的关键基础设施机构和企业必须执行新的安全信息规定。德国的政府机构及大型企业的邮件系统早已开始使用邮件的加密技术，一般的电邮用户之后也使用了加密技术，为发送的信息保驾护航，并且这些信息都保存在了德国的数据中心中。在大数据时代，德国积极强化信息安全建设，推动加密技术本土化。

4）“工业 4.0”与传统制造业的数字化转型升级

2011 年，德国在汉诺威工业博览会上首次提出了“工业 4.0”的概念，其内涵包括产业高度智能化、生产线和产品物联网。德国政府于 2013 年郑重在《高技术战略 2020》中加入了“工业 4.0”战略。该战略显示，工业革命有四个阶段，信息技术与电子的革命属于第三次工业革命，倘若德国能广泛地把服务网与物联网在制造业领域中进行实践，并在智能工厂中促进物质和数字两个系统的合理交融，就能够抢先抓住第四次工业革命的机会，以提高德国在国际上的竞争地位。“确保德国制造业的未来”是德国“工业 4.0”战略的宣传语，该战略使德国将工业化的进程和信息化的时代特性融会贯通[①]。

2. 法国：发展并实践创新性解决方案，促进大数据的发展

法国是欧盟三驾马车（德国、英国、法国，现英国已“脱欧”）之一，其国家级信息化战略提出的时间较早。通过实施信息化战略，法国互联网经济迅速发展。近年来，随着移动数据终端及人工智能技术水平的不断提升，法国的大数据产业也逐渐发展起来。为推进法国大数据的进一步发展，法国政府在扶持新型企业、培养工程师和信息系统设计师等方面，进行了大量的资本投资。2013 年，法国出台的《数字化路线图》显示，政府将全力推进高新技术战略的发展。2013 年 4 月，为了支持 7 个未来投资项目，法国政府投入了 1 150 万欧元，这是法国政府重视大数据领域发展的又一证明。

1）启动 ODPM 项目，挖掘公共数据的价值

2011 年 7 月，法国政府启动 ODPM 项目，旨在充分发挥公共数据在移

① 马丽．大数据时代的德国信息化战略[N]．学习时报，2014-11-15．

动端的作用。该项目包括有关民生的各个领域，如交通、旅游、文化、环境等，居住在法国的欧洲公民可无偿地应用移动客户端，使用法国共享的数据信息，应用程序操作简便。这种大数据服务模式在给大众带来便利的同时，也为私人企业提供了很多商机。为使公众下载、自由查询公共数据更加便捷，法国政府于 2011 年 12 月发布了名为 Data.gouv.fr 的线上信息共享平台，其中包含信息数据 35 000 组，并由政府部门设置专员进行统计、收集和更新。2014 年 4 月，法国加入“开放政府联盟”，以促进政府机关、民间组织和个人参与数据开放。

2）投入专项资金，全力支持大数据的发展

法国政府表示，大数据技术是未来国家全力支持的战略性高新技术之一，政府将投入专项资金大力推动大数据的发展。2013 年发布的《数字化路线图》也指出，国家将大力支持大数据等 5 项战略性高新技术的发展。2013 年，法国政府公布的《未来十年投资计划》显示，将为国家重点关注的数字、经济、科研等领域投入 22 亿欧元专项资金。同时，法国的软件编辑联盟也投入 3 亿欧元资金，以促进大数据的发展。

3）利用大数据促进服务业的发展

为适应信息化时代互联网金融发展的需求，法国金融业与银行业通过提供高水平的数字技术，向客户提供多样化的金融或非金融的产品与服务，提高客户体验满意度。各机构运用大数据技术综合分析数据和银行信息，根据客户的消费活动及习惯，分析与处理客户需求，借助各种信息渠道合理利用社交网络，与客户建立实时联系，为不同的客户需求制定个性化的服务，并合理收取一定的费用。

4）推动数据公开，维护数据安全

2015 年 7 月，法国政府发布《2015—2017 年国家行动计划》，阐述了政府公开数据的责任和数据资源共享的要求。同年 12 月，发布第 2015—1779 号法令，规定了免费使用公共部门信息及进行价值再创造的条件。2016 年，法国政府出台《数字共和国》，该法案包括保障互联网用户使用数据的权利并保护个人数据隐私、确保互联网用户能够免费获得自己的数据、设置互联网接入的最低门槛等。

2018 年 11 月，法国《个人数据保护法》生效，该法扩大了责任主体的范围，既包括在法国境内的数据控制者和运营商，又包括为公民提供商品和服务时，使用和处理个人数据的境外单位和个人。同时，该法也扩大了法律义务的范围，扩展了数据控制者和运营商的审查义务，明确了职能管理部门，赋予了法国国家信息和自由委员会管理和监督的职责与权力。

3.3 英国

为了知道国家或政府到底创造了什么，英国政府建立了“英国数据银行”，旨在将英国打造成世界上第一个完全公开政府数据的国家，并努力成为国际上的典范。同时，英国政府深度探索数据在经济社会中的创新能力，开拓数据在推动经济发展方面的能力。可以说，英国是大数据的积极拥抱者。

1. 走在世界前列的数据公开战略

早在 2009 年，英国财政部就注册了推特官方账号，将涉及政府开销等财政方面的相关数据及时公布到网上。截至目前，英国的各大政府机关都已经将相关数据在网上公布，英国财政部也会每年公布一份公共开支指南，任何人都可以通过互联网查阅到相关的材料。为了便于公众理解和判断，英国政府还建立了“数据英国”的网站，将公众关心的数据，如政府开支、财务报告等整理、汇总并发布到互联网上，具体阐述其中的热点议题和重要开支，同时对于公众的意见及时进行反馈。根据德勤公司的报告，2010 年以来，英国政府开放数据网站总访问量同比领先于法国和美国的同类网站（Data.gov），这表明公众对政府公开的数据越来越感兴趣。自 2011 年起，英国政府每两年发布《英国开放政府国家行动计划》，该计划将设定未来两年具体的政府数据开放事宜，明确每项承诺牵头实施的部门及可采取的具体措施。2019 年 5 月，英国政府发布《英国开放政府国家行动计划（2019—2021）》，提出开放财政拨款数据、合同数据、自然资源数据等 8 项承诺，旨在促进政府采购、财政拨款过程的透明化，提高公共数据的质量。

除此之外，英国政府于 2012 年 5 月投入 10 万英镑，建立了全球首个开放式数据研究所（The Open Data Institute，ODI）。ODI 是非营利性组织，“将把人们感兴趣的所有数据融会贯通在一起，各个领域在产生各种数据的同时，又可以来利用这些数据。”①

2015 年，英国启动“政府即平台”战略，旨在创建一套可共享的组件、服务设计、平台、数据等，供每个政府部门在网上使用。通过提供更多的可重复利用的政府平台和组件，鼓励政府部门将更多的精力放在更好地设计以用户为中心的服务上，避免重复开发。2017 年，英国政府发布《政府转型战略（2017—2020）》，旨在推动政府部门业务转型、培养数字人才、优化数字工具和流程及创建共享平台和组件。2017 年 3 月，英国政府出台《英国数字战略》，详细阐述了英国脱欧后将如何打造世界级数字经济，并为未来如何实施数字转型制订了全面的计划。2017 年 4 月，英国政府通过《数字经济法（2017）》，规定了出于何种目的、哪些数据可以共享，并且提出措施保障数据共享，以确保公民的隐私数据得到保护。

英国数字战略及数字政府相关政策如表 3-2 所示。

表 3-2　英国数字战略及数字政府相关政策

时　间	名　称	发布机构
2009 年 6 月	《数字英国》	商业、创新和技能部（BIS） 文化、媒体和体育部（DCMS）
2010 年 4 月	《数字经济法（2010）》	英国议会
2012 年 11 月	《政府数字战略》	内阁办公室
2013 年 6 月	《信息经济战略》	英国政府
2013 年 12 月	《政府助力数字化路径》	内阁办公室、政府数字服务机构
2014 年 4 月	《政府数字包容战略》	内阁办公室、政府数字服务机构
2015 年 2 月	《数字经济战略（2015—2018）》	创新英国
2017 年 2 月	《政府转型战略（2017—2020）》	内阁办公室、政府数字服务机构
2017 年 3 月	《英国数字战略》	文化、媒体和体育部（DCMS）
2017 年 4 月	《数字经济法（2017）》	英国王室
2017 年 10 月	《数字技能合作伙伴》	文化、媒体和体育部（DCMS）
2018 年 1 月	《数字宪章》	文化、媒体和体育部（DCMS）
2018 年 1 月	《DFID 数字战略 2018—2020 年：在数字世界中保持发展》	国际发展部（DFID）

资料来源：腾讯研究院

① 英国：大数据的积极拥抱者[EB/OL]．[2017-04-03]．https://developer.aliyun.com/article/75106．

2. 突出重点，巨额投资

2013 年 1 月，英国商业、创新和技能部声称，将投资 6 亿英镑开发 8 类高新技术。其中，发展大数据技术的支持资金达到 1.89 亿英镑。有材料显示，2008 年经济危机以来，英国国民经济始终没有企稳向好，仍处于经济紧缩阶段。在这种背景下，英国政府斥巨资支持高新技术的发展，对大数据的支持态度显而易见。2013 年 8 月，英国政府发布的《英国农业技术战略》指出，为了将农业科技商业化，今后英国对农业技术的投资将集中在大数据上。英国技术战略委员会将协助执行战略，同时投资高达 6 000 万英镑，以推动高新技术的发展。第一家“农业技术创新中心”是在该战略的指导下成立的，它聚焦于大数据技术，努力使英国成为世界农业科技强国。

3. 大数据发展实践过程取得初步成效

英国积极拥抱大数据的实践已取得初步成效。相关报告显示，通过高效利用公共大数据技术，英国政府每年可节省约 330 亿英镑，相当于英国人均每年节省约 500 英镑。基于大数据服务，优化政府的运行结构、推动公共机构的生产力可以为英国政府节省 130 亿～220 亿英镑；减少或杜绝福利体系中的诈骗行为和错误指数可以为英国政府节省 10 亿～30 亿英镑；减少或杜绝逃税漏税的行为可以为英国政府节省 20 亿～80 亿英镑。2017 年，《英国数字战略》提出，把数字部门的经济贡献值从 2015 年的 1 180 亿英镑提高到 2025 年的 2 000 亿英镑。

3.4 俄罗斯

俄罗斯一直以来都将重返和跻身世界强国作为首要战略目标，围绕这个目标，俄罗斯出台了多项与信息化、信息安全相关的法规、政策和措施。2014—2019 年，俄罗斯开展了多次“特别网络演习”及“断网演练”，测试俄罗斯网络与国际网络的紧密程度，推动俄内网能够独立自主地平稳运行。近年来，借助互联网迅猛发展的势头，俄罗斯政府对大数据等信息技术产业越来越重视。2013 年，时任俄罗斯总理梅德韦杰夫签署的《2018 年前信息技术产业发展规划》，是俄罗斯在未来几年巩固和发展 IT 产业的“路线图”。俄罗斯在 2014 年通过颁布一系列措施加强了对互联网的管控，如政府多措并举，积极推动大数据发展，在立法建制、培养人才、国际合作等方面进行了一系列有益的尝试和有针对性的实践。

1. 发展和改善互联网基础设施建设，保障大数据底层框架

长久以来，俄罗斯政府长期实施“放任式”的发展策略。21 世纪，俄罗斯 IT 市场持续呈现迅速和稳步增长的趋势，在工程和计算领域积累了巨大的潜能；同时，俄罗斯巨大的市场潜力为俄罗斯发展信息技术产业奠定了良好的基础。近年来，俄罗斯政府机构的大力支持，成为 IT 基础设施市场增长的主要动力。加强信息技术产业基础设施建设，是俄罗斯发展信息技术产业的路线方针中的重要举措，具有重要意义，为大数据的发展提供了重要的底层框架。

1）推广互联网的使用，加强信息技术的普及

互联网在俄罗斯发展迅猛。自 1994 年 4 月正式注册.RU 国家顶级域名以来，俄罗斯互联网应用快速发展，网络的使用率和普及率持续走高，2003 年达 10%、2007 年达 20%。截至 2019 年年底，俄罗斯互联网的普及率达 76%，互联网用户达 1.1 亿人，超过 75%的互联网用户位于城市，超过 85%的互联网用户每天使用互联网，每天平均上网时间达 6 小时 30 分。在充分享受了网络和信息化发展带来的好处之后，俄罗斯也清楚地认识到互联网对国家政治、经济、军事、外交、文化等各个方面的重要作用和深远影响，开始将大数据战略纳入议事日程，并不断完善和落实。

俄罗斯的宽带速度位居全球中等水平，2011 年圣彼得堡和莫斯科两个城市的平均网速为 16.5Mbit/s，而其他地区的平均网速为 6.4Mbit/s。根据 FTTH（施工组织计划）欧洲委员会公布的数据，2012 年，俄罗斯光纤到楼的用户数量占全部用户数量的 12%左右，光纤到户的用户数量占全部用户数量的 1%左右。除此之外，凭借其优越的地理条件和丰富的自然资源，俄罗斯数据中心市场发展迅速。早在 2010 年，俄罗斯商用数据中心的机房面积就已达到 29 000m^2，数据中心服务的开支规模超过 1.6 亿美元，机架服务器的总数也

达到 97 000 台。根据《2019 年俄罗斯互联网发展趋势报告》，得益于移动互联网的高速发展，俄罗斯每百万人拥有的安全服务器数量由 2015 年的 321 台增长至 2018 年的 5 191 台。在电信领域，2019 年，俄罗斯通信服务市场规模约 2 000 亿元，全年智能手机出货量约 3 300 万部，华为、三星市场份额占比超过 60%。俄罗斯手机移动网络平均下载速度为 10.7Mbit/s，在全球主要国家中排名较落后（2019 年全球手机移动网络平均下载速度为 27.44Mbit/s）。

2）政府提供 IT 市场的增长动力，以建设和发展互联网的基础设施

2013 年，俄罗斯政府机构投资是其 IT 市场发展的主要因素。俄罗斯卫生信息系统建设、住宅信息系统建设、地理信息系统建设及奥林匹克运动会基础设施建设构成了超大型 IT 基础设施建设项目。彼时，细分市场出现了智能基础设施建设综合项目这个全新的领域。全球移动通信系统协会（Global System for Mobile Communication Association，GSMA）发布的《2019 年俄罗斯与独联体移动经济报告》显示，俄罗斯将在 5G 服务商业化方面领先独立国家联合体（Commonwealth of Independent States，CIS），预计运营商将于 2019—2025 年间在移动基础设施上投资 390 亿美元，其中 70%以上将用于 5G[①]。市场研究机构 iKS-Consulting 公司 2019 年调查数据显示，俄罗斯联邦和地区政府每年将额外投资 2 000 万美元用于开发数据中心和云计算基础设施[②]。

3）保障互联网在俄的稳定和安全，营造大数据发展的良好环境

在网络重要性日益加强的现代社会，俄罗斯一贯注重网络安全问题。俄罗斯频繁遭受网络突发事件、网络窃密、网络攻击的侵害。从俄罗斯联邦安全局的统计数据中可以看出，联邦委员会、国家杜马、总统办公厅网站每天遭受的黑客攻击达 10 000 余次[③]。如何保障互联网在俄的稳定和安全、营造

① GSMA：2019 年俄罗斯与独联体移动经济报告[EB/OL]. [2019-12-24]. http://www.199it.com/archives/948158.html.

② 俄罗斯数据中心市场价值将在 2019 年同比增长近 27%[EB/OL]. [2019-12-13]. http://www.fjzol.com/tele/20191213/25360.html.

③ 谢亚宏. 俄罗斯维护网络安全不遗余力[N]. 人民日报，2013-08-21.

大数据发展的良好环境，是俄罗斯联邦安全局的重要工作。

2014 年 10 月，俄罗斯总统普京于俄罗斯联邦国家安全委员会会议上提出，要保障俄罗斯全域内互联网的稳定和安全，为大数据的发展创造良好的环境。会议的主题是保护和改善俄罗斯全域内的信息资源和通信网络，保障互联网在俄罗斯全域内的稳定运行，从而灵活应对信息领域内威胁国家安全的行为。俄罗斯当局根据会议精神，于 2014 年组织了跨部门的相关培训。2014 年，俄罗斯开展“特别网络演习”，以评估国家网络安全及与国际网络联系的紧密度。2015 年 5 月，俄罗斯与中国共同签署了《中华人民共和国政府和俄罗斯联邦政府关于在保障国际信息安全领域合作协定》。俄罗斯在协定中表示将致力于创建安全、和平、开放、合作的国际信息环境，建立透明、民主、多边的国际互联网治理体系。2017 年，俄罗斯再次开展“特别网络演习”，结果发现，在国际域名服务器出现问题时，俄罗斯的备份域名服务器能够保持 RuNet 正常运行。2019 年 5 月，普京签署《主权网络法》，要求通信部门建立机制，保障在俄内网受到网络攻击时能切断与国际互联网的连接并独立运行。2019 年 12 月，俄罗斯拨款 200 亿卢布开展“断网演练”，切断俄罗斯境内网络与国际互联网的连接，测试俄罗斯自建的国家互联网基础设施。

2．加强互联网管理体系建设，提高数据的安全性

1）提高网络监管力度，加强网络监控

作为欧洲互联网用户最多的国家，维护自身的国家网络利益、遏制网络恐怖主义和犯罪行为对国家安全的巨大威胁、加强网络安全监管，已成为俄罗斯迫在眉睫的重大议题。2016 年以来，俄罗斯始终加强对互联网的监管力度，不断完善其网络监控体系，以此作为维护国家安全的核心手段之一。

自 2014 年 8 月起，在俄罗斯的公共场所使用 Wi-Fi 上网时，必须进行身份认证，此举旨在加强网络监管，保障信息安全。2014 年 9 月，俄罗斯联邦国家安全委员会讨论了有关加强网络安全的措施，其中包括制订应对外界阻断与俄互联网连接的行动计划、国家通信部门可能接手成为互联网域名的管

理部门等。同时，为了确保其能够应付冬奥会期间观赛游客带来的额外通信流量，俄罗斯官方将监控互联网信息的网络监控 SORM①系统不断升级，强制所有电话和互联网服务提供商必须安装，从而建立了冬奥会历史上最全面的监控网络。2016 年，SORM-3 新增了适用于俄罗斯所有互联网服务提供商的分类监管功能。此外，为了保证俄罗斯军方数据的绝对安全，俄罗斯将打造“多业务传输网络”的封闭式数字信息交换系统。在该网络中，俄方将在北极铺设专用光纤以确保搜索引擎的独立运转。

2）完善互联网法案，保障数据安全

数据安全问题是全球各国发展大数据时面临的难题。网络的自由传播是一把双刃剑，在了解其有利一面的同时，也要明确因法律约束而可能出现的负面影响。俄罗斯将数据安全纳入了社会治理范畴，加强了网络的法制化管理，强化了网络传播的“责任”，以确保数据安全长效机制的建立。

信息立法是信息发展和数据安全的重要保证，自 20 世纪 90 年代起，俄罗斯政府就出台了一系列与信息化建设相关的法律法规。2014 年 5 月，普京签署了旨在规范网络空间秩序的《知名博主新规则法》，随后，俄罗斯还专门成立了专项工作小组，在半年内完善相关法律，防止法律解释出现歧义。2014 年 7 月，俄罗斯议会通过了一项新的有关互联网的法案，该法案于 2016 年 9 月 1 日生效，要求所有收集、存储俄罗斯公民数据的互联网企业都有责任把数据存储到俄罗斯的服务器上。此前，很多俄罗斯公民都将在线的个人数据存储到其他国家的服务器上，尤其是美国，因此该法案被视为俄罗斯近期加强数据安全的系列法案之一，旨在保障国家数据安全。2015 年 1 月 1 日，由普京签署并实施的《俄联邦关键网络基础设施安全》草案及相关修正案提出，要建立国家网络安全防护系统，提供数据安全保障。2018 年 1 月，《俄罗斯联邦关键信息基础设施安全法》生效，旨在保障关键信息基础设施在面临计算机攻击时能保持稳定运行。2019 年 11 月，俄罗斯《主权互联网法》生效，该法规定当本国网络的安全性、稳定性受到威胁时，监管机构可主动

① SORM 是俄罗斯监控的技术基础设施，其历史可以追溯到 1995 年，从 SORM-1（捕获电话和手机通信）和 SORM-2（拦截互联网流量，1999 年），发展到如今的 SORM-3。

“断网”，切断本国网络与全球网络的连接。为保证本国网络安全、稳定和自主可控的运行，要求创建 RuNet 本国互联网、本国域名系统和自主地址解析系统。目前，俄罗斯的国家域名系统还在建设中，《主权互联网法》中有关国家域名系统的规定将推迟到 2021 年 1 月 1 日实施。

3）宣传本国网络管理主张，加快数据信息本土化

《俄联邦关键网络基础设施安全》草案及相关修正案于 2013 年 8 月由俄罗斯联邦政府在网上公布。在新的网络安全背景下，颁布《俄联邦关键网络基础设施安全》对关键部门信息系统强化安全起着至关重要的保护作用。草案提出的建议主要有 3 条：一是建立国家网络安全防护系统，二是建立联邦级计算机事故协调中心，三是加大对相关责任人和违法者的处罚力度。

俄罗斯国防部已于 2013 年 3 月组建了网络司令部，在网络力量组织结构上逐步形成“三驾马车”的模式，军队、内务和安全下属三大系统的网络力量分别完成各自的任务。因职责不明确、定位不清楚而导致的内耗和浪费得以减少，俄罗斯网络力量的使用效率逐步提高。

俄罗斯央行宣布于 2015 年 4 月 1 日正式上线俄罗斯联邦国家支付卡系统（National System of Payment Cards，NSPC）。这个新系统将在俄罗斯国内运转，负责处理所有国内银行卡支付业务，成为和国际支付系统 VISA 和 MasterCard 等对接的出口，这意味着俄罗斯至此已拥有自己独立的银行卡支付系统。为尽快在全国建立和运行 NSPC，俄罗斯央行成立了新的部门和组织，同时新建两个灾备数据中心来承载此系统的正常运营。由于 NSPC 将负责处理全国的银行卡支付业务及线上交易业务，因此数据中心的可靠性对于此系统的成功运营至关重要。

3. 全方位加强信息技术产业发展，促进 IT 市场繁荣

1）聚集多方资金，打造俄罗斯“硅谷”

俄罗斯“硅谷”——斯科尔科沃科技园于 2012 年 3 月投入运行，该科技园是斯科尔科沃创新中心的重要组成部分。生物医学、航空通信、能源节约、核能及信息科学与技术是该创新中心研究的主要领域。

斯科尔科沃创新中心位于莫斯科郊外，占地约 300 公顷。俄罗斯希望将其打造成一个现代、豪华的莫斯科卫星城，成为创新企业的孵化器。2013 年

8 月，为了进一步建设创新中心的硬件、营造创新氛围及发展研究机构，俄罗斯政府提出于 2020 年之前给创新中心投资 5 020 亿卢布。截至 2014 年，许多知名跨国公司如 IBM、Cisco、Microsoft 等都入驻了该创新中心。

斯科尔科沃创新中心同中国的合作也十分密切。《关于合作开发建设中俄丝绸之路高科技产业园的合作备忘录》于 2014 年由中国陕西省政府与该创新中心的相关机构共同签署。该项目遵从“走出去，引进来”的方针，采取分别在中俄两国建立园区的模式，推动两国公司扩大投资至对方国家。2015 年 4 月，俄罗斯政府旗下斯科尔科沃基金会与来自中国的赛伯乐投资集团签署协议，建立中俄联合孵化公司、机器人技术中心及 2 亿美元规模的风险投资基金会。斯科尔科沃基金会创新副总裁表示，“我们与中国公司的合作始于 2013 年，双方在此期间签署了很多协议，为双方成功合作搭建了法律框架。”2017 年 12 月，中俄双方达成“俄中高科技中心”在斯科尔科沃科技园成立项目的合作框架，“俄中高科技中心”的面积将达到 5 万平方米，一期投资额约为 5 000 万美元。

2）积极建设信息技术产业平台，高度重视信息技术发展

尽管俄罗斯在很多科技领域占据了全球制高点，但其信息技术产业对国外存在较大依赖的“短板”始终困扰着俄罗斯。考虑到信息技术与军事、金融、公共管理、能源等领域有着密不可分的联系，是大数据发展的关键，是保障国家信息安全的重要支撑，俄罗斯高度重视国内信息技术产业的发展，把信息化建设列为科学技术发展的优先方向。

普京于 2013 年 11 月正式批准《2014—2020 年信息技术产业发展战略及 2025 年远景规划》，标志着信息技术已正式成为俄罗斯发展“创新型”经济的新引擎。2014 年 6 月，普京出席了由互联网创新发展基金举办的“俄罗斯互联网企业论坛”，与 Yandex、Mail.ru、Ozon.ru 等顶尖互联网企业的代表举行了会谈。会谈中，普京听取了俄罗斯互联网企业的意见和建议，并对部分企业提出的问题进行了解答。2017 年 7 月，俄联邦政府批准《俄罗斯联邦数字经济规划》，要求提升本国关键信息基础设施自主可控水平，以应对西方国家的制裁。

3）加强技术人才储备和培养，重点扶持操作系统和云计算

目前，俄罗斯从事 IT 产业的人数占全国总人数的比例为 1.4%，与发达国家约 5%的指标还有不小差距。此外，其 IT 程序员工作岗位空缺接近 20 万个。人才流失和技术人才培养的不足导致俄罗斯科研实力及科技创新能力有所下降。减少人才流失和加大技术人才培养力度成为政府对信息技术产业重点关注的问题。另外，为壮大和发展软件产业，使俄罗斯在软件研发领域居于世界前列，政府下决心发展国家软件平台，包括云计算、操作系统和数据库。

人才储备和培养是俄罗斯发展大数据战略的一个重点方向。俄罗斯政府正式批准的《2018 年前信息技术产业发展规划》中提出，要加大技术人才培养力度，减少人才流失。俄罗斯 Mail.ru 企业依靠自己的力量，在俄罗斯的大学里成立了科技园区，培养专业的技术人才。据 2015 年 8 月俄罗斯商务咨询网站报道，俄罗斯政府为 IT 产业制定的战略任务是用国产软件取代国外软件，并在中期培养至少 100 万名 IT 专业人才。俄罗斯劳动力市场综合分析显示，近年来，地区 IT 产业得到联邦预算的大力资助。2019 年 10 月，普京签署通过《2030 年前国家人工智能发展战略》，该战略包括在人工智能领域进行科学研究、提升信息和计算资源的可用性及完善人工智能领域人才培养体系等。该战略要求建立国家人工智能培训教育体系，提高社会人工智能认知水平，为培养人工智能专家做出努力。同时，还要求在教学计划中引入数据分析、编程等模块，鼓励人工智能行业企业参与教育活动，吸引人工智能专家来俄工作等。

俄罗斯于 2010 年发布了《信息社会发展规划（2011—2020 年）》，明确建立信息社会项目的一个主要任务是发展国家软件平台，并于 2011—2012 年拨款 4.9 亿卢布给该项目。2018 年 2 月，俄罗斯“数字化经济”非营利性自主组织信息基础设施工作组同意建立 5G 网络的投资计划。计划 5 年内，俄罗斯运营商将斥资 3 000 亿卢布发展 5G 通信。2018 年 3 月，俄罗斯政府拨款 30 亿卢布用于俄罗斯信息基础设施建设和网络信息安全等领域，发展本国数字化经济。

3.5 其他国家

3.5.1 日本

日本在过去的几十年里，曾出现过经济长期低迷、国际地位下降的现象，加之社会老龄化问题严重、社会保险费用日益增加和社会基础设施老化等诸多问题，导致日本政府步履维艰。为扭转这一状况，保持日本经济持续健康增长，日本政府决定大力发展 IT 产业，特别是大数据和云计算，以促进经济发展。为发展大数据技术，日本政府提出了“提升日本竞争力，大数据应用不可或缺”的观点。日本的大数据战略讲求务实性，以应用开发为主，特别在与能源、医疗、交通、农业等传统行业的结合方面，开发和应用都可圈可点。

1. 大数据是日本政府“新 IT 战略”的核心

日本政府于 2013 年 6 月公布了《创建最尖端 IT 国家宣言》，全面解释了 2013—2020 年日本的“新 IT 战略”，其核心是提高大数据及公共数据的开放度。该宣言的目标是让日本成为“可以充分使用 IT 产业技术并达到全球最高水平”的社会。

1）不断加大政府数据公开力度

2012 年 6 月，日本政府相关部门公布了《电子政务开放数据战略（草案）》，这是政府数据公开的重要一步。该草案明确提出政府各部门和地方各部门的公开数据可以被公众浏览。政府将通过标准化技术进一步公开统计、灾害、测量信息等，从而方便公众获取。2012 年 7 月，日本政府发布《开放政府数据战略》，旨在推动政府数据的开放及公共数据的利用。2013 年 6 月，发布《开放数据推动发展蓝图》，指出要利用好大数据、公共数据技术推动新的服务，提出推动数据开放中一些待解决的议题。2013 年 6 月，发布《促进政府部门或机关推动数据再利用的基本方针》，强调通过开放数据来推动创新研发，通过公私合作实现公共服务，以及提高政府的透明度和公信力。

2013 年 1 月，日本开放数据 METI 网站上线，同年 12 月，日本上线了 Beta 版政府数据开放平台，该平台包含 21 个政府与 567 个团体发布的数据。

2014 年，日本开放数据网站（Data.go.jp）进一步完善，包含中央政府、地方政府、行政机关等多方面的数据目录清单。2015 年，日本推出“Kasumigaseki 云”和“地方政府云”，促进政府信息资源的标准化，使日本的公共部门和私人部门能够合作处理政府文件，在线应用程序的开发使公众可以通过移动设备访问政府网站。

日本在《个人信息保护法》等法律基础方面落后于欧美国家。日本政府希望不仅要利用好匿名化技术，并且应制定一系列合理的活用大数据的规则，还应对日本的《个人信息保护法》进行修改。2013 年，日本的“新 IT 战略”也提出，政府应尽早建立跨部门的信息检索网站，方便企业获得大量的信息资源。在个人信息保护、隐私保护等问题上，日本政府将针对法律措施的必要性等成立研究机构，开展研究，制定基本方针。

2）以务实的应用开发为主，进行应用创新

2012 年 7 月，日本政府发布《面向 2020 年的 ICT 综合战略》，表示要成为“世界最高水准的广泛运用信息通信技术的社会”。2015 年 5 月，日本政府决定在东京都设立研发机构，暂时定名为“人工智能研究中心”，从世界各地吸引科技人才，重点发展人工智能相关技术。日本提出要在前期投资 10 亿日元用于研究项目，希望短期内有所成就，为企业注入新的技术和产品，缩小和欧美国家或地区的差距。2018 年 6 月，日本发布《综合创新战略》，加强对人工智能的支持，要求确保在 2025 年之前每年培养和录用几十万名 IT 精英，其中顶级 IT 人才要达到几万名，确保在 2032 年之前使全部学生具备 IT 能力；要求在 3 年内建立数据合作基础，在 5 年内正式投入运转，实现人工智能解析数据。

3）加强网络防御，保障数据安全

2015 年，日本政府召开“网络安全战略总部”大会。与会代表讨论了导致本国社保企业信息泄露的因素和为了防止信息再次泄露而应采取的对策，修改了针对抵抗网络攻击的方案——《网络安全战略》。为了减少黑客的入侵，该方案指出，政府机构可以把用来处理机密信息的信息系统和网络分开。日本“新 IT 战略”还指出，日本会积极参与维护安全且自由的网络所必需的国际标准的制定。2017 年 5 月，新修订的《个人信息保护法》实行，对个人信息的定义、保护方针、措施及国家和地方团体的职责等方面进行了修订。

2．利用数据主导地位，推动大数据市场发展

1）政府主导，推动构建信息社会

日本“新 IT 战略”主要包括以下几个方面。

（1）共享公开数据。2014 年开始居民可共享中央各部门和地方各部门的公开数据。

（2）扩大大数据的使用范围。提高对个人数据的应用和流通性，并确定活用个人数据的规则。

（3）实现农业智能化并提高其数据利用水平。从农业现场获取相关数据和技术，长期积累并对其进行分析。若农业经营者可以共享这些成果，就可以使农业达到知识产业化。

（4）建立医疗信息网络。2016 年之前，依据门诊资料及处方笺，制定区域和企业的居民健康管理战略；2018 年之前，让医疗网络系统的建立变得更加普遍，从而使护理、医疗和居民生活支持服务等机构可以共享医疗信息。

（5）应用大数据技术对社会基础设施进行维护管理。2020 年之前，对全国 20%的重要基础设施，使用传感器进行监测并完成检修。

（6）对国家和地方的政府信息系统进行改革。2018 年之前，减少一半的政府信息系统；2021 年之前，降低全国政府信息系统云计算化运行成本，并加速当地政府信息系统云计算化步伐①。

2019 年 6 月，日本政府发布《IT 新战略》，要求把设置于全国的约 20.8 万个交通信号灯作为第五代（5G）移动通信系统基站的设置场所使用。计划最晚到 2020 年年底在所有都道府县开通 5G 服务，到 2025 年年底完成在信号灯设置基站的工作②。

2）把握大数据投资方向，保持市场增长

日本矢野经济研究所预测，2020 年日本大数据相关行业的规模预计超过 10 000 亿日元。从该研究所的报告中可以看出，日本大数据的市场规模从 2011

---

① 分析：日本大数据产业发展状况及未来发展趋势[EB/OL]．[2014-10-27]．http://www.100ec.cn/detail--6206701.html．

② 日本内阁敲定 IT 新战略 利用交通信号灯建 5G 基站[EB/OL]．[2019-06-17]．http://www.mofcom.gov.cn/article/i/dxfw/cj/201906/20190602873167.shtml．

年的 1 900 亿日元升至 2012 年的 2 000 亿日元，同比增长约 5 个百分点。纵观日本大数据行业的投资方向可以发现，目前其总额多于一半的数据都利用在新产品开发、关联 IT 投资和产品销售上。

3.5.2 韩国

韩国网络宽带建设及应用在全球领先。然而，在大数据方面，韩国同大部分亚洲国家一样属于跟随者。在大数据方面，韩国在打造智慧城市和硬件、创建数据中心等方面表现出色。

1. 大数据从基础设施起步

2013 年 2 月，韩国政府推出的创新型经济结构，提出大力发展信息科技的方针，并以此作为经济发展的新增长点。

1）加强基础设施建设，净化互联网环境

2013 年 9 月，韩国提出要建立服务于学校、企业、国民的大数据中心，使每个人都能获取并分析大数据，从而让科研和业务中的问题可以被更好地处理。该大数据中心位于韩国国家信息社会局大楼内，通过连接政府数据平台的网络平台，民众可以共享其中的公共信息，如国家统计信息等。有消息称，韩国近几年增加了约 1/3 的数据中心基础设施，总数超过 100 处①。

韩国产业用电的价格低廉、网络设施完备，而且还对数据中心基础设施的电费实行优惠政策，所以韩国的电费要比日本少 40%左右，而且电力供给稳定，相对较低的气温对于数据中心的运行及维护更加有利。因此，韩国的数据中心在满足自身需求之余，对于附近国家还有较强的吸引力。例如，日立制作所提出要运用在日本积累的数据为韩国提供技术支持服务，并且通过韩国 LG 集团的数据中心基础设施为韩国和日本的企业提供云服务。2018 年，韩国在“世界财富论坛”评选的世界各地区网速排行榜中居世界第一（26.3Mbit/s）。其实，早在 20 世纪末，韩国就将建设优质网络上升为国家战

① 韩国：大数据从基础设施起步[EB/OL]．[2017-04-03]．https://developer.aliyun.com/article/75115.

略，鼓励网络运营商将宽带接入每一个家庭、学校、政府办公室，实现“光纤到户”，并提供财政补贴和政策扶持，先后投入数 10 亿美元建设光纤主干线网络，基础网络设施也在政府的推动下快速建设。

2）开放公用资料，建设数字政府

韩国政府相关部门于 2014 年 12 月底发表了《国家优先开放资料的开放计划》，让民众可以自由选择需要开放的资料类别。由大学生、开发者等各领域民众所遴选出来的 36 项国家优先开放资料将在 2015 年之后的两年间，陆续上传至公共平台供民众使用。其中，与民众实际生活息息相关的十大公共领域信息则会优先在 2015 年开放。韩国政府开放资料的目的是希望能借助开放的资料为民众提供更加便利的生活，并建立一套完整的创业体系。

3）加强信息安全与隐私保护立法

韩国大数据发展面临信息安全与隐私保护立法等关键问题。2011 年，韩国政府颁布《个人信息保护法》。2013 年，韩国政府对个人信息领域的限制进行修订，促进大数据产业的发展，并制定兼顾个人信息保护的数据共享标准。与此同时，韩国政府计划将国家公共服务渐渐过渡到移动设备中，对个人开放共享国家公共数据。近几年，为了给民众打造一个完整传送数据的环境，并方便各种操作水平的民众随时获取服务，韩国开放了 300 种国家数据，并充分发挥移动技术在提供服务、个性化处理时不受地点限制等优势，对接收的数据进行人性化处理[①]。2020 年 1 月，为了促进大数据的发展，扩大可收集、使用的个人信息的范围，韩国政府通过了重新修订的“数据三法”，即《个人信息保护法》《信用信息法》《信息通信网法》。

2．提出“智慧首尔 2015”计划，挖掘大数据的经济价值

2011 年，首尔政府提出了“智慧首尔 2015”计划，旨在将首尔打造为全球使用智能技术最方便的城市，提供可以与民众相互交流的智能行政服务，建设能够适应未来生活的基础设施，使首尔成为拥有创造力的智慧型经济都市。为此，首尔政府投资研发了一系列 App，其中最有代表性的就是“智

① 韩国：大数据从基础设施起步[EB/OL]．[2017-04-03]．https://developer.aliyun.com/article/75115．

慧首尔地图”。该应用能够方便地查询图书馆、无障碍设施、健康餐饮店、首尔市免费无线网络热点等位置和行政信息。

“智慧首尔 2015”计划提出，具有社会价值和经济价值的重要国家资产就是公共数据，由此打造了“首尔共享数据广场”，推动了信息技术和公共服务产业的发展和进步。目前，“首尔共享数据广场”包含 33 个数据库、880 个数据集，为用户提供包括各地区天气预报、停车位、公共交通路线、巴士到站时间、育儿服务及餐厅推荐等生活各个方面的十大类公共领域信息，还配有地图、数据、网络链接和图表等[①]。

3. 突出监管重要性，促进关键技术云计算的发展

为了利用发展云计算，抢占信息技术的下一个制高点，韩国政府紧急出台了一系列相关举措。政府部门委托韩国云服务协会认证云服务。《云计算发展与用户保护法》将云计算纳入了增值服务并进行管理。同时，该法要求在国内提供云服务的企业要向政府提交一份报告，并以此作为提供服务的条件之一。

韩国政府历来重视信息产业的发展和信息技术的推广应用。为了削减软、硬件开支，降低能源成本，早在 2009 年 12 月，韩国政府就出台了《搞活云计算综合计划》，提出要在 5 年内投资 6 146 亿韩元，大力支持云计算技术的研发，通过完善政府采购政策促进云计算产业的发展。2013 年，为了支持一些难以进行大规模投资的中小型云计算相关企业，韩国政府在政府综合计算机中心内引入了云系统，成立了大型云检测中心。2014 年，韩国政府废除了政府部门云服务采购限制的政策，旨在刺激云服务市场，允许私企为公共服务部门提供云服务。

4. 发布战略方针与发展计划，促进人工智能与大数据发展

2018 年 2 月，韩国政府发布《第四期科学技术基本计划（2018—2022）》，旨在对韩国 5 年内科技的发展做出战略规划。2019 年 1 月，韩国科学技术信息通信部发布《数据与人工智能经济激活计划（2019—2023 年）》，提出数据

① 顾洪文．韩国大数据从基础设施起步[N]．中国信息报，2014．

市场投资规模从 2018 年的 14 万亿韩元达到 2023 年的 30 万亿韩元，人工智能独角兽企业由 2018 年的 0 个到 2023 年的 10 个，并培养 1 万名专业人才。该计划制定了“三大战略九项任务”，包括激活数据全周期价值链、构建世界水平的人工智能创新生态系统、实现数据与人工智能的深度融合等。

3.5.3 新加坡

新加坡政府认为，数据价值巨大，本身就有成为未来“流通货币”的可能性。为了获取数据的最大价值，新加坡政府提出要将新加坡打造成全球数据管理中心，进而与企业合作，将数据的潜在价值转化为可见的商业利润。

1. 大力投资基础设施，打造数据管理枢纽

新加坡上网速度非常快，网络普及度位于全球前列，是全球十大高速网络架构之一，也是世界上的数据管理枢纽，汇集了东南亚超过 50%的中立运营商数据中心和商业数据托管[①]。很多国际上在 IT 领域特别有名的企业如谷歌、PayPal 等都在新加坡设立了自己的数据中心。新加坡信息通信媒体发展管理局表示将从 2021 年 1 月起推出两个独立的 5G 网络，在 2022 年年底前建成至少覆盖半个新加坡的 5G 网络，并在 2025 年年底前建成覆盖整个新加坡的 5G 网络。2020 年 6 月，新加坡电信（Singtel）及星和（StarHub）与第一通（M1）组成的联营企业被指定为新加坡两个全国性 5G 网络的主要供应商。除了新加坡本土的电信企业，中国企业也力图参与新加坡的 5G 建设。作为全球三大 5G 通信设备厂商之一的华为，投入超过 1 000 万美元打造了新加坡首个 5G 人工智能创新实验室。

2. 提供便利的政府在线服务

新加坡电子政府采取了“企业、市民及政府”的合作模式，企业和市民可以随时随地访问 1 600 项政府在线服务。市民须牢记一个密码才能享受电

① 蔡舒．国外先进信息技术应用实例[J]．杭州科技，2014（4）：51-56.

子政府相关服务，如便捷地在网上查询交通出行信息、办理住房申请和税务申报等。企业也拥有统一的与各政府机构进行互动的唯一身份识别码，可以在线办理商务许可服务、工作许可服务，还能通过电子商务中心查询和参与政府招标与采购项目等。新加坡早在 2006 年就推出了“智能城市 2015 计划”，要求大力发展通信基础设施，实现政府转型，将新加坡建设成以信息驱动的全球化都市和智能化国度①。2014 年，新加坡推出了“智慧国家 2025 计划”，力图建设覆盖整个国家的数据连接、收集和分析的操作系统与基础设施，根据大数据对市民的需求进行预测、分析、计算，提供更优质的政府服务。新加坡政府也相继推出 Sing Pass、One Inbox、One Service、My Info 等服务，为市民提供便利。Sing Pass 相当于新加坡政府网上通行证，通过它市民可以登录新加坡所有政府网站，享受个人服务；通过 One Inbox，市民可以收到所有政府部门发来的邮件，避免查询不同部门邮件的烦琐。2016 年，新加坡政府推出 My Info 国家数据库，市民自愿上传个人数据，包括姓名、身份证号码、手机号码、地址等个人信息，以供私人企业和政府机关使用。

新加坡“智慧国家”的演进历程如表 3-3 所示。

表 3-3 新加坡“智慧国家”的演进历程

时间	计划名称	主要举措	目的
1980—1985 年	国家计算机计划	行政事务电脑化、办公自动化、办公无纸化	用信息技术提升公共服务能力
1986—1991 年	国家信息技术计划	将政府系统延伸到整个社会	打造“一站式”服务
1992—1999 年	IT2000 计划	建设覆盖全国的高速宽带多媒体网络（Singapore One）、政府为市民提供 24 小时在线服务	将新加坡建设成智慧岛
2000—2006 年	信息通信 21 世纪计划	提升信息通信的人力资源及资本、建设信息通信产业集群与枢纽、创造市民和企业使用信息技术的环境等	将新加坡建设成全球通信之都

① 赵媛. “智慧国”办青奥 ICT 耀狮城[N]. 人民邮电，2010-08-24.

续表

时　间	计 划 名 称	主 要 举 措	目　的
2006—2015 年	智能城市 2015 计划	采取四项重要战略将各项服务的整合由政府内部向政府外部延伸	将新加坡建设成以信息驱动的全球化都市和智能化国度
2014—2025 年	智慧国家 2025 计划	建设覆盖整个国家的数据连接、收集和分析的操作系统与基础设施，预测、分析、计算市民需求	建立无缝流畅、以市民为中心的整体型政府

3．积极推进数据公开，加强公共部门的数据保护

2011 年 6 月启用的 Data.gov.sg 是新加坡政府分享公开数据的平台，截至 2020 年 11 月，通过该平台可访问 70 个公共机构的公共数据集，并且已经创建了 100 多个应用程序使用政府的公开数据。2012 年，为了防范对国内数据和源于境外的个人数据的滥用行为，新加坡政府出台了《个人数据保护法》。2018 年 2 月，新加坡通过了《网络安全法》，旨在强制或授权采取措施，以防控网络安全威胁与网络安全事件，监管关键信息基础设施的所有者及网络安全服务的提供者，建立网络安全防御机制。2019 年 3 月，新加坡成立公共部门数据安全审查委员会，其工作涵盖 3 个方面：①明确政府、服务供应商和第三方在保护个人数据时应尽的职责；②提出政府对公众数据保护及事故的应对措施、流程；③制订长远的行动计划，落实委员会工作。2019 年 6 月，新加坡个人数据保护机构发布《可信数据共享框架》，规范共享数据的方法并确保合规，促进数据共享。该框架包括数据共享战略、法律监管要求、技术和组织能力与运营性数据共享要求。近年来，新加坡致力于推进数据公开。例如，对于基于位置服务的企业，新加坡土地管理局提供了开放的数据平台；为了鼓励企业及个人开发应用软件，以提高公共交通的效率，新加坡陆路交通管理局将交通数据开放共享。

4．重视商业应用创新

2013 年起，新加坡启动一整套针对零售企业的商业分析共享服务。2013 年 7 月，政府相关部门宣布将与 3 家横跨卫生保健业、制造业及广告媒体业的全球企业发起“数据创新挑战”，进而向其他领域推进。新加坡政府宣布

将推出一个全新互动网站，提供新加坡劳动力市场相关的官方统计数据。雇主和雇员都可以使用该网站上的工具，把其所在组织的工资、福利待遇及员工流动率等指标，与全国或行业规范进行比较。大数据分析需要用到复杂的软件来评估多个来源的相互关联的信息，从而形成客户档案，或者解决特定的商业问题。在技术研发上，EMC 公司在新加坡设有大数据分析实验室，Dell、Intel 和 Revolution Analytics 等企业也都在新加坡开设了大数据创新中心，提供针对亚洲市场的大数据和预测分析创新的解决方案开发的支持。如今，新加坡信息通信研究院与百度在东盟自然语言技术开发领域进行了合作。新加坡高性能计算研究所通过对人们第一印象的建模研究及社会认知分析，帮助企业可以更好地了解亚洲消费者。

5．拓宽上网渠道，缩小数字鸿沟

新加坡是世界上互联网和移动终端普及率较高的国家之一，超过 90%的市民都有至少一部可以上网的智能终端[①]。2005 年，新加坡建立“公民联络中心”，配备免费上网工具及技术人员，为高龄、低收入人群等提供上网服务。2017 年，新加坡计划对“公民联络中心”进行升级，更新上网设备，改善上网界面。与此同时，政府加强对用户的互联网技能培训，并为低收入等弱势群体提供培训补贴，从而缩小数字鸿沟。

3.5.4 澳大利亚

澳大利亚政府旨在利用大数据的分析系统来提高政府公共服务的质量，提供更优质的服务。为此，澳大利亚政府着力发展大数据运用、提升工作效率、提高政府服务能力，并希望在这些方面处于全球领先地位。

1．重视大数据发展，提高公共服务质量

2013 年 8 月，澳大利亚政府信息管理办公室发布《公共服务大数据

① 马亮．新加坡推进“互联网+政务服务”的经验与启示[J]．电子政务，2017（11）：48-54．

战略》。为了促进公共行业通过大数据分析来进行服务改革、制定更好的公共政策、保护公民的隐私，从而使澳大利亚在该领域处于全球领先地位，该战略把“从设计着手保护隐私、数据属于国有资产、保证程序透明度与数据完整性、共享资源和技术、与学界和业界合作、强化开放共享数据”6 条原则作为核心内容①。

澳大利亚政府首席信息官说：“政府要通过大数据分析系统提高公共服务质量，以此增加更多的服务种类，并为公共服务提供更好的指导政策。澳大利亚政府希望本国在利用大数据分析上提高效率，并与其他政策和技术协同，为公共服务领域带来变革，并能领先于全球其他国家。”②

2020 年 2 月，澳大利亚竞争与消费者委员会发布了《消费者数据权利规则》，旨在增强企业访问消费者数据的高效性和便利性，以及授予第三方获得信息的合规性，从而提高企业对消费者数据的使用效率。

2. 积极利用开放数据，加快宽带和数据中心的建设

澳大利亚政府对政府数据的开放与共享持积极态度，努力践行政府数据开放承诺，为个人和企业提供方便查询与搜索政府数据的服务，建设 Data.gov.au 网站。该网站为澳大利亚政府信息目录的开放数据平台，网站用户能够在该网站上进行简单的搜索、浏览，查看有关澳大利亚政府及地区政府的公共数据。与此同时，政府还鼓励所有的用户更新工具和应用，以此从数据信息中获益。2010 年，澳大利亚政府通过了“超级国家宽带网络工程”，该工程的目标是将光纤电缆通到各家各户。

2013 年年初，澳大利亚研究理事会发布了一项新的开放获取政策，该政策明确指出，凡是受其资助的研究项目所产出的所有出版物，都要在出版日期后的一年之内存储到开放获取的机构知识库里。同时，该政策还规定，无论该论文是何时公开的或是否能公开获取，出版物的原数据都要在论文被出版物接收之后立即提交到机构知识库，专著或期刊论文同样要在发表后立即提交到机构知识库；知识库的管理者必须确保在期刊版权转让协议的日期内

---

① 李小芳，陈欢．大数据战役一触即发 各国争相发力[J]．广播电视信息，2014（2）：22-24.

② 刘兰，闫永君．澳大利亚公共服务大数据战略研究[J]．图书馆学研究，2014（5）.

的专著或期刊论文是可用的。若许可协议或版权转让不允许专著（或论文）在出版后的一年之内可用，就要在这个时间之后尽快使其可用；若期刊不允许论文可用，则必须在提交的终期报告中给出说明①。2013 年 8 月，澳大利亚政府信息管理办公室发布《公共服务大数据战略》；2019 年 9 月，澳大利亚发布《数据共享与公开立法改革讨论文件》。该文件提出了新的公共部门数据共享机制，包括建立新的数据共享框架、建立透明和责任机制、建立“认证+执法”双重监督机制等。

3．提出网络安全战略，着手维护网络安全

2016 年 4 月，澳大利亚颁布《网络安全战略 2016》，并提供 2.3 亿美元支持，希望在 2020 年之前实施 33 项行动计划，以提高澳大利亚的网络安全维护能力。该战略颁布后，澳大利亚在网络安全方面取得进展：设立澳大利亚网络安全中心；建立 7×24 小时的“环球观察”（Global Watch）机制；推出 Cyber.gov.au 网站作为网络安全的一站式解决方案；推出澳大利亚网络安全发展网络、澳大利亚贸易委员会推出创客登陆计划（Landing Pad Programme）；投资资金用于支持网络安全联合研发中心等。

2020 年 8 月，澳大利亚颁布《网络安全战略 2020》，要求在未来 10 年投资 16.7 亿美元建立新的网络安全机制，提出在国家紧急状态下保护关键基础设施、加快事件响应流程等举措，提升整体安全防护和响应能力。

---

① 雨前．澳大利亚力推公共服务大数据战略[J]．中国信息报，2014．

应用篇

第 4 章

大数据与政府治理

党的十八届三中全会提出，要推进国家治理体系和治理能力现代化。国家治理体系和治理能力现代化的基础是政府治理能力的现代化。党的十八届五中全会提出，要实施“国家大数据战略”，大数据战略正式上升为国家战略。国务院《促进大数据发展行动纲要》指出，数据已经成为国家基础性战略资源，大数据成为提升政府治理能力的新途径。大数据成为推动经济转型的新动力，互联网成为大数据时代政府施政的重要平台，大数据在推动政府数据共享、提高政府数据分析的整体能力和水平方面发挥着重要作用，并且为处理复杂社会问题提供了高效的新手段。

我们应当积极转变政府职能，将大数据战略与政府治理有机结合起来。以大数据深化政务应用，推动建立“用数据说话，用数据决策，用数据管理，用数据创新”的管理机制，辅助科学决策。通过电子政务系统促进大数据与政府关键要素职能的深度融合，从而促进政府管理理念的创新和社会治理模式的改进，推动建设法治政府、廉洁政府、创新政府、服务型政府，提升政府现代化治理能力，使之与社会主义市场经济体制和中国特色社会主义事业发展相适应。

4.1 以大数据应用提高政府决策的科学化和智能化水平

4.1.1 大数据有助于提升决策的智能化水平

随着大数据时代的到来，传统的决策行为习惯越来越受到挑战。大数据的特点在于数据量大、类型多、更新速度快，而政府在拥有数据方面具有天然的优势，掌握着经济社会各个领域各种类型的数据①。因此，政府更容易从大数据的使用中受益，这种受益的体现之一就是大数据可以提升政府决策的智能化水平。一方面，大数据可以使政府更广泛地获取各方面的信息，并通过挖掘不同来源、不同格式的数据的相关性，为智能决策提供更加全面、客观的依据。另一方面，大数据可以将纷繁复杂的多源异构数据快速处理成具有决策价值的有效信息。这一点在应急管理中具有特别重要的意义，因为应急管理的挑战主要来自信息不完备和时间压力大，而大数据可以实现高度不确定性和高时间压力下的快速分析和决策，有效提升应急管理能力和公众满意度。利用大数据，可以实时地对海量数据进行分布式数据挖掘，极大地缩短制定应急决策的时间，快速部署有关措施。

案例一　美国每日网上价格指数

CPI（Consumer Price Index）是居民消费价格指数，是一个反映居民家庭一般所购买的消费商品和服务的价格水平变动情况的宏观经济指标。它是度量一组代表性消费商品及服务项目的价格水平随时间变动的相对数，用来反映居民家庭购买的消费商品及服务的价格水平的变动情况。

① 邬贺铨．大数据时代的机遇与挑战[J]．求是，2013（4）：47-49．

CPI 是政府经济决策的重要目标指数，CPI 的变化趋势影响着政府重大的经济决策。但 CPI 有一个比较明显的缺陷，即它是一个滞后性指标，无法显示当前的价格指数变化。

美国麻省理工学院有一个名叫“每日网上价格指数”的项目，依靠网络大数据，较好地解决了原有价格披露体系的滞后性的问题。麻省理工学院利用学术研究方法，每天从网上获取 50 多万条商品价格和数据信息，并进行指数化计算。因为获取的数据量巨大，是美国政府同期收集的数据的 5 倍，且其价格信息均取自网上，省去了人工走访和统计的费用，故成本较低。该项目依靠相关的计算模型，通过获取的价格信息，可以得到每日网上价格指数（Daily Online Price Index），进而反映月度和年度的通货膨胀程度。该指数基本覆盖了所有类别和所有零售商销售的商品的平均价格。

官方公布的月度膨胀数字一般有一周的滞后期，而每天更新的“每日网上价格指数”的滞后期仅为两三天，这一优势使得研究人员和政策制定者能够先于官方统计数据判断价格涨幅形势和变化趋势，为预测通胀趋势提供可靠的实时信息。在 2008 年的经济危机中，“每日网上价格指数”在雷曼兄弟公司倒闭时很快显示出价格下降的趋势，而官方统计的 CPI 在两个月后才显示出下降的趋势。

与此相对应，阿里巴巴公司基于淘宝网、天猫、支付宝等平台的数据，编制了“淘宝指数”和“淘宝价格指数”，为我国应用网络数据进行 CPI 统计与预测提供了一个较好的解决方案。国家统计局上海调查总队进行了 CPI 统计网络试点工作，效果较好。

4.1.2 大数据有助于提高决策质量

高质量的决策依赖于真实情况的反映。如果政府不能获得反映真实情况的数据，就很难更好地做出决策。但是，在现实生活中，往往各种信息相互混杂、真假难辨，为科学决策带来很多困难。利用大数据工具，可以设定数据指标，建立关联关系，用智能化辅助人工决策，并对大数据本身的真实性进行印证和检验，从而快速发现异常，减少处理虚假信息带来的额外成本。比如，2001 年美国加州州政府推行的数据挖掘项目“保险补助双向核对”，将医疗保险和医疗补助两个项目的数据进行核实、比对，通过计算机算法，检测出相互矛盾的支付记录，发现数据造假行为①。又比如，在证券交易过程中，证监会通过调取监察系统中的有关数据，对证券交易活动进行实时动态监控和统计分析，发现利用未公开信息交易股票非法牟利的嫌疑账户②。再比如，在生态环境治理方面，由于每一项生态治理措施在治理生态系统时都必须要考虑它对其他系统的影响，所以通过利用大数据技术，全天候不间断地对环境变化情况进行监测、对收集的监测数据进行可视化演示，并模拟构建环境模型和治理方案，评价不同的治理和人员干预对环境的各种影响，以保证环境治理方案的有效性和适用性。

4.1.3 大数据促使协同决策更加便利

协同决策是现代社会治理与传统社会治理最大的区别之一。在复杂社会问题的管理决策中，针对同一个问题，往往需要多个部门、组织甚至个人同时参与。如果缺少协同，就会导致各部门之间决策目标不一致，决策所需信息掌握不及时或者存在偏差，甚至导致决策矛盾和冲突。大数据可以为协同决策提供很大的帮助。第一，大数据可以为相关部门建立信息共享平台，通过信息交流、数据共享帮助相关部门及时、准确、全面地获得决策所需信息。第二，通过大数据技术、服务和应用，可以整合社会各方资源，依托互联网、物联网和移动互联网实现高效多元的协同模式。第三，大数据可以促进各参与主体主动优化自身管理，支持整体的协同决策。通过大数据，各参与主体能够更清晰地理解决策目标，看到自身行为在决策中的作用和差距，从而促使其自发地调整相关行为，为顺利实现总决策目标创造更好的条件。比如，在市场监管中，通过对监管对象信息的公开和将相关信息与信

① 徐子沛．大数据：正在到来的数据革命，以及它如何改变政府、商业与我们的生活[M]．桂林：广西师范大学出版社，2013：75.

② 大数据渐成金融稽查利器，设数百指标进行监控分析[EB/OL]．新华网．http://news.xinhuanet.com/fortune/2014-06/10/c_126600208.htm，2014-06-10.

用体系进行关联，促使各市场主体自觉地调整其经营行为，实现依法经营和诚信经营。

案例二　大数据在人口统计中的应用

人口统计是指按照一定的目的，有计划、有组织地调查、搜集有关人口资料，整理、汇总人口数据，综合分析人口现状、变动及其与社会经济发展之间的关系，揭示人口发展变化规律的整个工作过程，是国家管理和社会管理的一项重要基础工作。查清近 10 年来的人口数量、结构和分布等方面的变化情况，对科学制订国民经济和社会发展规划、统筹安排人民物质和文化生活、实施可持续发展战略和构建社会主义和谐社会，具有重大的现实意义和深远的历史意义。

信息化的发展和大数据的产生为人口统计提供了新的思路。在国际上，联合国与一家名为 Jane 的公司合作的移动电话调查项目，旨在改变传统的家庭调查方式，它在全球范围内通过短信发送实时信息。通过其独有的网络，Jane 公司超过 20 亿的移动电话用户都选择了回答调查问题以换取少量的通话时间。因此，它是建立在套餐付费以外的模式上的，分析人员通过网络接口，包括互动（视觉）分析工具访问人口数据（包括经济状况、性别、年龄、识字率等信息）①。当然，基于移动电话的调查，有时缺乏数据准确性。

在我国东部沿海地区，对人口实施网络动态化无缝管理，为人口普查和抽样统计提供了便利。比如，无锡市在人口统计中，依托全员人口个案信息资源，整合公安、民政、教育、劳动等部门的数据，及时互通，实现资源共享，增强协同决策能力，提高了人口统计质量，也提高了政府工作效率。

4.1.4　大数据有助于提高政府决策效率

大数据还善于通过相关性分析快速发现社会事务的未来变化趋势。在

① 联合国报告，BIG DATA for Development：Challenges & Opportunities[R]．2012-5.

面对复杂的社会问题时，政府决策的出发点通常是利民的，但由于缺乏数据依据，其结果往往缺乏效率，不能达到一定的公众满意度。将大数据的思维运用到政府管理决策中，能够使政府快速掌握相关情况，预测公众需求，缩短社会治理的响应时间，甚至实现提前预警，从而达到治理目标定位准确、治理政策和治理方式及手段更加符合客观现实、治理进程和治理成效更加满足社会期待的目的，实现政府决策的精准化，有效提升政府决策的效率。比如，北京市交通委员会分析了近几年 9 月路面车辆的出行数据，发布了 9 月拥堵日历，提前预测了 9 个重点拥堵日，并规划了校园周边及主干道、大型活动场馆周边道路等交通管理重点区域。这些措施有效缓解了 9 月的交通拥堵情况，取得了良好的成效。

案例三　全国投资项目在线审批监管平台

全国投资项目在线审批监管平台依托国家电子政务外网建设在线平台，构建纵横联动协管体系，实现了平台与国家发展和改革委员会、工业和信息化部、水利部、自然资源部、生态环境部、交通运输部、国家卫生健康委员会等 60 个中央部门的横向联通，与 31 个省（自治区、直辖市）、新疆生产建设兵团及 5 个计划单列市的地方平台的纵向贯通。同时平台利用依托国家电子政务外网建设的国家数据共享交换平台，实现与中国政府网、全国信用信息共享平台、全国公共资源交易平台以及各部门相关业务系统的对接。自 2017 年 2 月平台正式运行以来，处理交换项目信息、审批事项办理信息等相关信息共计 1.12 亿余条，日均超过 8.8 万条，已逐步构建了与各部门、各相关系统间常态化的数据共享和业务协同机制。2020 年，通过平台申报的项目约 115.1 万个，办理审批事项约 173.6 万个，办结信息约 122.4 万项。（资料来源：国家信息中心）

4.2 以大数据应用推进政府简政放权

4.2.1 大数据战略思维推进政府简政放权

用户思维是大数据思维的重要表现，它的重点不是政府或者企业做了什么，而是用户感受到了什么，这种“用户至上”的思维，对很多传统行业有着颠覆性的冲击。同样的思维也能运用于政府管理工作。政府的“用户”是人民大众、各类企业，以及经济社会发展中的各种市场主体。以往去政府部门办事，不少人感慨“办事难”。如果政府部门能够采用互联网思维，遵循“用户至上”的理念，将大大促进政府部门简政放权，真正实现便民利民。在2015年首次国务院常务会议上，国务院总理李克强曾提出结合互联网思维的创新模式，从制度建设上破解“审批难”的首个议题，强调政府在行政审批改革中需要有胆量和气魄，实行“限时办理”，严格“规范办理”，坚持“透明办理”，推进“网上办理”。在形式上规范，从流程上改进，注重内涵，简化手续，节约时间，减少奔波，在提高政府部门办事效率的同时，真正实现便民利民。政府部门可通过创新行政审批方式，取消一些中间环节，推出某种形式的“网上直销”，将相关数据适当地对外开放，让公众更多地参与到政府服务的过程中来，减少烦琐的服务流程。这既能实现行政效能的最大化，又能让老百姓办起事来又好、又快、又方便。2015年7月国务院办公厅发布的《国务院办公厅关于运用大数据加强对市场主体服务和监管的若干意见》指出，充分运用大数据的先进理念、技术和资源，是提升国家竞争力的战略选择，是提升政府服务和监管能力的必然要求，有利于顺利推进简政放权，实现放管结合，切实转变政府职能。大数据在政务上的运用能够减少政府对资源的直接配置，推动和发挥市场配置资源的基础性作用，依据市场规则、市场价格、市场竞争实现效益最大化和效率最优化，进而推动经济发展和社会进步。

案例四　国家发展和改革委员会政务服务大厅

2015年1月1日，国家发展和改革委员会政务服务大厅正式运行。国家发展和改革委员会通过建立政务服务大厅，覆盖所有行政审批事项，将行政事项的办理、审批、监控在网上开展，将过去分散在各个业务司局的行政审批事项集中到政务大厅统一管理，通过集中收件、统一答复，实现政务公开、阳光审批、透明服务，切实提升公共服务能力。政务服务大厅目前已成为国家发展和改革委员会深化行政审批制度改革，全力推进简政放权、放管结合、优化服务的一个窗口。各种行政审批手续的透明化、标准化、程序化，在很大程度上避免和限制了人为因素在各种审批事项中的作用。国家发展和改革委员会政务服务大厅作为简政放权、优化服务的重要载体，打造了主动服务、亲民便民的良好形象。国家发展和改革委员会通过建设政务服务大厅，不仅缩短了行政审批事项的办理时间，减少了申请人的来访次数，同时也加强了对审批责任部门和责任人的监管与约束，规范了审批权力的实际应用，切实做到了简政放权和优化服务双向并举。国家发展和改革委员会还积极丰富、拓展政务服务大厅的功能，开通了政务服务大厅微信平台，开发了行政许可事项申报系统，并实现了政务服务大厅与投资项目在线审批监管平台、12 358 全国价格举报信息管理系统的有机衔接，以及与信用信息共享平台的融合发展。在国家发展和改革委员会进行的投资项目在线审批监管平台的建设中，中央层面“横向联通”平台已经运行，16 个国务院部门接入，在线申报、平台赋码、信息共享，实现了审批核准制度改革乃至投资管理体制改革的 2.0 版，并在 2016 年年底实现 3.0 版，与地方“纵向贯通”，提供网上项目登记、办理、监管“一条龙”服务，实现“一次受理、一并办理、限时办结、依法监管、全程监察”，从而建立透明、规范、高效的投资项目纵横联动、协同监管新模式。这是利用互联网、大数据公开透明化行政审批流程的一次革命，也是提升政府基础公共服务能力的新渠道[①]。

4.2.2 大数据应用推进政府阳光执政

社交网络新媒体的出现，打通了政府和企业、个人间的信息通路，极大

---

① 资料来源：国家发展和改革委员会网站 http://www.ndrc.gov.cn/gzdt/201509/t20150916_751202.html.

地提升了政府在基于互联网社交网络形成的协同共享系统中的社会治理能力和公共服务能力。新媒体时代的政府网站，集政务微信、政务微博、政务App于一体。《2015年上半年全国政务新媒体综合影响力报告》的数据显示，截至2015年6月30日，我国已有28.4万个政务微博认证账号，累计覆盖人数达45亿人以上，政务微博发布量达1 147.7万余条，转发评论量达1.4亿条；已有3.54万个政务微信公众账号，推送内容超过221万次，推送微信文章达到2 000余万次，累计阅读量超过14.3亿次。政务新媒体的发展应用，不仅营造了良好的舆论环境，同时通过微博、微信的线上线下互动，加强了政府部门与群众的密切联系，提高了政府部门的公信力，对政务信息公开和政策宣传起到了良好的促进作用。这将使公众对公众事务的掌握达到前所未有的程度，对政府做出决策的依据、实施效果等清楚感知。这一方面激励了政府提升自身决策的科学性，另一方面通过公众的广泛参与，汇集了更多智慧，帮助政府提高阳光决策、民主决策和公众参与的水平。

大数据的运用可以满足社交网络新媒体对政府阳光执政的需求。大数据注重数据开放，通过数据的公开，一方面促进了社会治理的公开透明，强化了社会监督，另一方面为社会组织和个人挖掘数据价值、调整自身行为、进行协调配合和参与社会管理提供了极大的便利，提高了国家治理的共同参与度和治理效能。大数据平台的出现，将政府的各种政务行为置于阳光之下，将关心某一政治、经济或社会问题的公众聚合到一个社区，提升了公众的参与意识，让公众对政府工作的各个环节以及政府决策的相关程序进行监督，增强了公众对政府的信任度，在使国家治理更加公开透明的同时，也让政府和公众在重大问题决策中的合作成为可能。

4.2.3 大数据应用推进政府信息共享

政府信息是政府科学决策的基本依据，是各级政府及部门履行社会管理与公共服务职能的核心资源。政府掌握了社会各领域大量的有用数据，但在当前我国部分地区和部分领域的信息化建设中，“信息孤岛”现象依然大量存在，政府各部门间的数据没能实现有效整合，使得大量的信息资源不能共享，未能充分发挥应有作用，不仅让诸多改革举措受困其中，也引发了数据库重复建设等浪费现象。然而，随着大数据的迅猛发展，政府的管理模式将发生极大的改变。政府树立大数据意识，将云计算、物联网和大数据技术在政府领域广泛渗透[①]，理清各部门在数据管理及共享方面的权利和义务，借助政府数据共享平台进一步加大政务信息资源共享规模，积极推进政府信息系统以及公共数据开放共享，防范信息孤岛现象出现，提高决策的科学性，提升政府协调办公效率，提高为民服务的能力和水平，打造“服务型政府”。以大数据为支撑，建立多维度的、立体的政府公共服务体系，推动信息公开、数据开放共享，为政府职能转型奠定基础。

案例五　全国信用信息共享平台

全国信用信息共享平台依托国家电子政务外网建设，横向联通 94 个中央部门，纵向贯通 31 个省、自治区、直辖市和新疆生产建设兵团，并实现与 77 个社会信用机构互联互通及信息共享。平台累计归集信用信息达 618.42 亿条，累计推送数据 1 313.64 亿条，提供接口实时查询/核验服务 21.36 亿次，为推进建立联合惩戒与守信激励机制，促进信用体系建设等提供重要支撑。（资料来源：国家信息中心）

4.3 以大数据应用更好地提供公共服务和保障民生

4.3.1 推进数据开放，促进创新应用

大数据是人们获得新的认知、创造新的价值的源泉[②]。国务院会议提出，依法实施政府信息公开是建设现代政府，提高政府公信力和保障公众知情权、参与权、监督权的重要举措。美国联邦政府报告《利用数据的力量服务

① 倪光南．以云计算为工具，深挖大数据宝库[N]．中国信息化周报，2013-08-19.

② 维克托·迈尔-舍恩伯格，肯尼思·库克耶．大数据时代[M]．盛杨燕，周涛译．杭州：浙江人民出版社，2012.

科学和社会》指出，“数据没有被它所激发的思想和创新消耗，相反，它可为创新提供相当多的燃料。很小一部分信息，可以促使创新迈进一大步”。大数据使得信息趋于平民化，数据不再只是政府相关工作人员可以获取的资源。数据的开放使得普通民众和企业可以调取所需信息进行数据分析，增强了政府服务的公众参与度。政府信息公开有助于打破信息壁垒，有利于企业和公众更大程度地利用政府数据。通过政府、企业和公众的共同参与，有效地实现自我服务和开展创新应用，从而建立全新的、更为便捷的政府公共服务体系。通过政务平台有效及时地公开政府信息成为国家治理中提供公共服务的一个更有活力的途径。英国政府建立了政府公开数据网站，将政府开支、财务报告等数据整理、汇总并发布在网站上，建立了世界上首个开放式数据研究所（The Open Data Institute，ODI），旨在通过对数据的商业潜力进行分析，为英国各机构和企业的创新发展提供技术支持。在美国，在联邦政府数据公开网站上线以后，软件程序员利用美国交通部的开放信息获得全美航班起飞、延误和到达的数据，并向全社会免费开放。这个系统的全面开放，帮助客户找到了最适合自己的航班，有效缩短了客户等待的时间。通过数据公开平台，政府为数据使用者、技术人员和应用开发者创造了一个良好的创新环境。由于推进政府关键数据的开放，企业和民间的创新队伍迅速壮大，创新的软件和服务大量涌现。

4.3.2 建设信息设施，改善基础公共服务

通过互联网大数据平台，政府能够主动感知和预测社会的各类服务和信息需求，及时捕捉需求热点，为公众提供更加智能化的便民服务。利用数据工具和智能终端设备对公众需求进行多层次分析，可以强化对需求细节的感知，使政府服务更精细化和更具针对性。政府部门可通过融合互联网、宽带移动通信等各种信息技术，充分考虑公共区、商务区、居住区的不同需求，发展社区政务、智慧社区服务、安全管理等智慧应用系统，提供智慧化便民服务，有效提升公众对政府的满意度。比如，北京市人民政府的“12345”便民电话中心利用 Oracle Exadata 数据云服务器建立了北京市非紧急救助服务综合受理调度平台，该平台可以整合全市的便民呼叫服务，以解决公众的

各类诉求与求助，听取公众的建议，为公众提供更加便捷化和智慧化的公共服务。上海市建立了国内首个政府数据服务网，并率先实行政府数据资源向社会开放，将包括医院床位、候诊人数、道路交通、停车场库等出自 28 个市级政府部门的 190 项数据资源免费向全民开放。另外，政府部门通过建设“互联网+交通”，可以建立智慧化的城市交通管理和服务系统，实现交通信息的充分共享、路况的实时监控及动态管理，全面提升管理水平，确保交通运输畅通安全①。

大数据来源于数据管理系统的存储数据、网络和移动终端的用户原创数据以及传感器的自动生成数据，记录了社会事件的发生和发展，体现了社会各类主体对社会管理和社会问题的反应与互动，为社会治理提供了更加真实、全面、及时的客观事实和民情民意。互联网大数据在交通、空气监测等方面具有不可估量的作用。通过将社交网络、路况监测、城市摄像头、位置信息等协同处理，对复杂多样的异构数据进行管理和融合，可以发现城市中的交通异常，并分析交通异常产生的原因，使得交通拥堵得到提前疏导。通过公共交通系统的智能化，公众可以随时随地用手机查阅交通工具的到达时间。

4.3.3 通过智能化应用，有效保障公共安全

利用互联网思维，政府部门可以实现安全防范、数据与监管过程的可视化以及监管过程的智能化和自动化，有效升级传统的安全生态，协助有关部门提供公共安全服务。在互联网思维的基础上结合大数据思维，通过数据采集、分析处理和应用的一体化，政府有关部门可以建立一个公共安全生态系统，提升安全事项的应对和处置能力。密歇根大学曾在网上发布报告指出，研究人员正在用“超级计算机和大量数据”来协助警方定位那些最易受到不法分子侵扰的区域，从而创建了一张波士顿犯罪高发区域的“热点图”。同时，利用互联网大数据可以预测危机和风险，进而预测诸如突发事件、自然灾难及传染疾病等的发生，为线上线下的联合治理赢得了主动。目前越来越

① 王少华等．智慧交通系统关键技术研究[J]．测绘空间地理信息，2013（S1）：88-91．

多的国家将警务系统与大数据联系起来，如美国的 Compstat 警务管理模式和英国的 NIM（国家情报模式）等，这些信息化的警务系统通过各部门间的数据共享，整合全国的公安情报信息，利用充足的数据进行分析，及时获取犯罪信息并预测犯罪行为，降低了犯罪率。

4.4 结论与建议

互联网的普及和发展使得近几年来社会上的数据量激增，数据已成为国家基础性战略资源。大数据思维的应用将使全球各个领域发生变革，关系到国家的经济发展、社会稳定和国家安全。世界上越来越多的国家已开始将大数据纳入国家战略层面，并相继出台大数据战略性文件，这不仅仅是因为大数据包含了海量数据，更是因为人们的生活观念和思维方式都受到了大数据潜移默化的影响。我国拥有丰富的数据资源，互联网和移动互联网用户的规模居世界前列，政府要想提高决策的科学性，就必须将大数据思维和技术引入政府治理领域，建立统一高效的现代化政府服务体系。我国要实现通过大数据深化应用推进政府治理现代化的目的，可从以下 5 个方面着手。

1. 完善大数据应用的立法工作

政府数据具有特殊性，既关系个人隐私，又关乎国家安全，大数据的应用可以有效拓展政府数据的使用范围，提高数据资源的使用效率，但同时也增加了数据面临的安全威胁，所以政府必须建立健全大数据在政府工作中的立法工作，为大数据应用提供法律保障。

第一，推进立法、执法工作，对于大数据应用过程中涉及国家安全、金融安全、商业机密和个人隐私的问题，制定专门的法律条款进行约束，依法从严从重打击利用大数据技术破坏和威胁网络信息安全的违法犯罪行为。

第二，规范大数据在政府工作中使用的程序，明确在数据搜集、数据处理和数据公开等各个阶段的具体措施，为大数据使用提供切实可行的操作方法。

2. 加强国家层面的战略统筹

海量的数据资源是大数据应用的前提，大数据在政府工作中使用的要求更为严格，只有从国家层面制订大数据的发展规划，部署大数据的发展战略，才能统筹全国的政府信息资源，提高数据的使用效率，充分发挥大数据在政府治理中的作用。

第一，制定未来 5～10 年我国大数据发展的国家战略，明确我国大数据发展的战略目标、方针、行动计划和保障措施，从国家层面确立大数据未来的发展规划。

第二，设立专项计划，促进大数据的创新发展和试点示范，创新大数据技术，使我国拥有自主的大数据产权，总结试点的经验，然后在全国范围内推广。

3. 大力推进政府数据开放

大数据的使用要求中央政府和地方政府之间、政府各部门之间要加强信息资源开放和共享的力度，增强部门之间的协调性。

第一，建立健全政府信息资源的管理机制，建立专门负责大数据在政府治理方面应用的部门或机构，统筹协调全国的政府信息资源，为理顺大数据在政府方面的应用提供保障。

第二，政府要加快大数据资源公开和共享平台的建设，创建全国性的高质量大数据平台，要制定严格的规章制度为平台上的数据、公众服务和创新应用提供数据保障。

4. 加大专业人才培养力度

大数据在政府治理中的应用对人才提出了更高的要求，如何有效地进行海量且更为复杂的数据处理也是政府面临的重要课题。

第一，建立多层次、多类型的大数据人才培养机制，鼓励高校开设专门的课程，培养大数据领域的法律人才、创新人才、大数据科学家、工程师和企业家。

第二，加强高校和企业之间的人才交流与合作，理论和实践并重，大数据理论和实用技能并重，培养具有创新能力的创新型人才。

大数据在政府治理中的使用要求政府培养更多具有计算机技术、统计技术等多种技能的复合型人才，只有拥有更多的专业人才，政府的大数据应用之路才能走得更加顺畅。

5. 平衡数据安全和数据共享之间的关系

大数据在政府治理中的应用需要大量的数据开放和共享，但同时也使信息资源面临更多的安全威胁。在大数据应用中，如何平衡数据开放共享和保障数据安全之间的关系是政府面临的一大挑战。

第一，数据安全是进行数据开放和共享的前提条件。只有在保障数据安全、公民隐私安全和国家信息安全的条件下，才能进行数据共享，才能使用大数据技术来推动政府治理的现代化。

第二，数据的开放共享是大数据在政府治理应用中的必由之路。政府治理的现代化要求政府信息资源充分共享，在此基础上才能使用大数据技术。数据共享已经成为提升政府服务能力、提高政府工作效率的必要手段。

只有在切实保障数据安全的情况下实现数据资源的充分共享，才能推动大数据在政府治理中的应用，为政府治理的现代化发展助力。

第 5 章

大数据与经济治理

5.1 决策与数据息息相关

决策尤其是科学决策，离不开信息和数据的支撑。在大数据时代，信息来源多元化，数据来源渠道广泛，对决策的科学性、时效性要求更高，同时数据也为制定高效、科学的决策提供了方法和基础。

5.1.1 数据、信息与决策

1. 信息是决策的基本前提条件

决策指的是，为实现特定目标，根据客观可能性，在获取一定信息和经验的基础上，利用一定的工具、技巧和方法，在对影响目标实现的诸因素进行分析、计算和判断后，对未来行动做出决定的过程①。决策是在不同层次

① 王德青，李东，李喜凤. 有色金属矿山投资开发决策研究[J]. 国土与自然资源研究，2011（2）：71-72.

的社会系统中，组织、管理所必然经历的过程。

决策过程属于系统。决策既然是决定，必然涉及思维过程。中国传统哲学观中的思维和行为方式往往是二元的，如《道德经》中的善恶、美丑、长短、高下、前后、刚柔。而如今的世界则需要立体的、动态的、网络的思维方式，系统论符合这种哲学观。如果把世界上所有的存在划分为物质与精神世界，宇宙、自然、人类社会则属于物质与精神世界这个复杂巨系统[①]，决策过程当然也属于系统的一种。系统观改变人类决策的思维方式，使决策注重整体性，做到高屋建瓴、纵观全局。相较于传统方法，如笛卡尔的分析方法论，系统论能够反映事物之间的联系和相互作用，能够胜任对复杂问题的研究[②]。

决策系统是一种典型的控制系统。系统观作为一种指导思想，为决策提供了一般模式、结构和规律，但具体的决策过程离不开控制。控制是指为了改善某些受控对象的功能或发展，需要获得并使用信息，以这种信息为基础而选出的、施于该对象上的作用[③]。决策系统在本质上与工程的、生物的系统是一样的，都需要利用信息反馈来说明成效与标准之差，并采取纠正措施，使系统保持预定的目标状态[④]。简而言之，信息反馈通过控制系统输出信息，再反馈作用结果，并影响信息的再输出，起到控制决策的作用，以达到预期目的。

综上所述，决策的基础是信息。任何信息传递都是为了控制，而所有对

---

① 系统分为简单系统和巨系统两大类。如果组成系统的子系统数量比较少，它们之间的关系比较单纯，则称为简单系统；如果子系统数量非常多，如成千上万，则称作巨系统。如果巨系统中子系统种类不太多（几种、几十种），且它们之间的关联关系又比较简单，那么这种巨系统就称作简单巨系统；如果子系统种类很多并有层次结构，它们之间的关联关系又很复杂，那么这种巨系统就是复杂巨系统，如果这个系统是开放的，那么就称作开放的复杂巨系统（Open Complex Giant Systems）。例如社会系统，组成社会系统的元素是人。由于人的意识作用，系统元素之间的关系不仅复杂而且带有很大的不确定性，这是迄今为止最复杂的系统。

② 一般把事物分解成若干部分，抽象出最简单的因素，然后再以部分的性质去说明复杂事物。

③ 汤玲．中小企业内部会计控制建设问题研究[J]．现代商贸工业，2010（24）：249-250.

④ 苏云成．控制论与出资人的财富监督[J]．经济研究参考，2012（18）：31-33.

决策的控制都要通过信息反馈来实现[①]。信息反馈是决策中一个极其重要的步骤。在开放的环境下，任何一个系统只有不断地与外界交换能量、物质、信息，才能实现有效控制。

2. 数据是信息的具体表现形式

信息是客观事物状态和运动特征的一种普遍形式，泛指人类社会传播的一切内容。美国数学家、信息论的创始人香农对信息的定义是：信息是确定性的增加。按照信息论的观点，信息是事件发生的不确定性度量[②③]。如上所述，在一切控制系统中，信息是一种普遍联系的形式。人通过获得、识别自然界和社会的不同信息来区别不同事物，从而认识和改造世界[④]。

数据是信息的具体表现形式。数据和信息之间是相互联系的。数据是反映客观事物属性的记录，是信息的具体表现形式。数据经过加工处理之后，就成为信息；而信息需要经过数字化转变成数据才能存储和传输[⑤]。从信息论的角度看，描述信源的数据是信息和数据冗余之和，信息可以简单理解为数据中包含的有用内容。

5.1.2 数据对政府决策的影响

政府决策是决策的一种，政府承担国家管理和社会服务的职能，其决策系统是一个复杂巨系统。信息与数据对政府决策系统具有重要的支持作用。

---

① 卢婧，曹莉莉．混沌理论视角下原生家庭影响力探析[J]．齐齐哈尔大学学报：哲学社会科学版，2011（1）：71-74．

② 信息论是运用概率论与数理统计的方法研究信息、信息熵、通信系统、数据传输、密码学、数据压缩等问题的应用数学学科。

③ 信息论假设在宇宙爆炸前只有信息存在，一个决定因素导致了信息子的偶然规则排布，一部分信息子转化为能量（信息子转化为能量是有一定条件的，只有在宇宙爆炸前或初期才能实现），能量再在一定条件下转化为物质，并继续转化，最终形成了我们现在的宇宙。因此，信息子的有序排布是事件发生的根本原因，物质摩擦碰撞是事件发生的直接原因，而能量的传递是事件发生的必要条件。

④ 辜夕娟．汉语中“信”的多个义项及文化内涵[J]．云南广播电视大学学报，2011（1）：54-56．

⑤ 词条解释来自中国通信学会。

在中国，利用数据进行管理的理念从战国时代便已有。人口、资源、土地、财产等统计数字，皆为各朝代的重要管理数据。商代大量的甲骨文存留品作为中国古代最早的“数据仓库”，记载了丰富的经济、政治、文化信息。历朝历代统治的基础就是对国家数据信息的掌控程度以及利用这些信息来提高政府治理水平。已发现的汉简曾记录，每一户中的人口、男女老少，以及拥有的资产数据，都详细统计，而且不论是居延边塞，还是荆州内郡，格式一致[①]。周代的九赋对九式、秦汉上计制度、大唐预算制度等都有详细的数据管理方略。唐代的《元和国计簿》是世界上较早的统计词典和统计分析工具，当时的人们就是运用这本词典去实证分析经济、社会、文化的发展形势。比如，通过兵民比例来分析百姓税收负担程度，从而对决策者提出建议，其相当于现今的财政供养人口压力测量。我国古代还有一本算法著作是《五曹算经》，它运用数据分析方法进行政府管理。此外，中国历史上诸多理财专家或改革家都很重视数字化管理，比如，唐代刘晏的财政改革十分注重数据信息利用，他在各地建立统计队伍和数学模型来巩固“常平仓”制度等。这些都说明了中国历史上有运用财政数据进行管理的传统。

在西方，著名的管理学家、统计学家爱德华兹·戴明曾说：“除了上帝，任何人都必须用数据来说话。”美籍华裔著名历史学家黄仁宇[②]归纳世界各国的发展历程，发现“资本主义社会是一种现代化的社会，它能够将整个社会以数目字管理，即以事实为基础、以数据为核心的精确管理。”1854 年伦敦暴发霍乱，10 天内有 500 人死去，但比死亡更加让人恐慌的是未知，人们不知道霍乱的源头、感染渠道和分布情况。当时的流行病专家 John Snow 在地图上用黑杠标注死亡案例，最终地图“开口说话”，显示大街上的水井是传染源，这使政府意识到城市地下水系统的重要性并采取切实行动。1855 年，在克里米亚战争中，伟大的南丁格尔作为一位护

---

① 许倬云．资讯时代需要“大数据”[J]．中国企业家，2012（15）：116．

② 黄仁宇（英文名：Ray Huang，1918—2000），湖南长沙人，曾赴美求学，密歇根大学历史系博士，历史学家。

士，用数据图表的方式展示了那些可预防疾病导致的惊人死亡数字，从而说服将军们把大量的钱财投资在医院和医疗设施上，而不是枪炮弹药上。在西方国家实施治理的过程中，非常注重“智库”建设。19 世纪便已出现的“智库”是西方国家研究公共政策的专业机构，其职能是为决策者提供决策参考和问题解决方案。智库在给出专业决策意见之前都进行大量调研，获取翔实的数据。这些参考依据充分体现了西方社会分工的精细化和决策的科学化。

1. 数据对政治决策的影响

政治决策指政府或政党等政治管理主体对政治生活的重大问题确定或选择行动方案的过程，是对政治生活的方向、目标、原则、方法和步骤进行抉择的过程。

有关国家和社会整体利益的重大决定和一般决定的形成与实施是一个动态的过程。一般程序是：①确定目标；②信息的收集和处理；③设计方案；④评估；⑤选择方案；⑥实施与反馈。

在上述过程中，信息的收集与处理阶段、确定目标阶段、评估阶段、实施与反馈阶段均需要大量数据加以支撑。政治目标作为一定时期内国家、政党的政治活动纲领，需要对国内各阶层和利益群体的经济、政治状况进行深刻了解，需要对时代特点进行深入研究，需要对国内外历史和现实经验与教训进行系统总结。这些需求是建立在真实且广泛的数据信息基础之上的，通过利用技术性手段（如模拟法、数学法、作业法）进行方案评估。决策方案一经确定，则立即付诸实施。决策者一方面要为决策的顺利实施创造条件，另一方面应根据决策实施中的反馈信息，对决策做相应的调整或修正，使决策更加符合实际情况，反馈信息多以统计数据的形式展现。

客观的数据信息避免了依靠少数情报和个人判断的主观错误。当然，国际形势纷繁复杂，只有使用数据信息及数据技术进行的决策，才能使视野更为开阔、细节更为真实丰富、速度更为快捷。

2．数据对经济决策的影响

政府经济决策是指国家行政机关配置、调控经济资源和建立经济交易规则的行政行为。在中国，政府经济决策是各级政府行使行政权的方式之一，是经济建设成败的关键。

2001 年，国务院办公厅颁发了电子政务建设指导性规则，明确提出了电子政务“三网一库”的应用模式，其中“一库”是指建立“综合经济数据仓库”，以经济相关数据为主，侧重于包括统计信息在内的各厅局、部门信息资源的汇接、加工、发布、开发，能够满足政府管理决策和社会各界对经济信息的需求，服务于经济行政主管部门的管理信息系统和决策支持系统。

充分利用综合经济数据仓库，能够提高当前政府对经济信息资源开发的能力和信息共享水平。利用该经济数据仓库，国民宏观经济分析、固定资产投资分析、产业经济结构分析、外资外债分析、政策法规分析、财政金融分析、人口就业状况分析、全国及各省经济分析、世界经济分析等能够帮助政府相关经济管理部门更好地了解区域经济发展水平，挖掘经济活动规律。在区域发展研究中，产业经济结构分析有助于政府相关管理人员分析产业发展的总体优劣势，了解各行业发展的特点，对区域企业规模经济进行定性与定量的优势比较，预测就业人数等。利用该经济数据仓库，可以为政府的宏观调控提供更为丰富和更深层次的数据信息，为社会发展计划提供更为详细、准确的数据和方案，为区域的企业提供更为丰富的经济信息和市场信息，提高经济效益。

3．数据对军事决策的影响

军事决策指的是在未来作战或其他军事行动中，通过科学分析，判断军事方向、军事目标、军事原则、军事手段等，选择和确定最优军事方案的过程。军事决策直接决定战争的成败。随着信息化时代的到来，信息在军队中的地位和作用大大提高。数据信息技术有助于军事决策人员从海量信息中获取知识、规则、模式，在更高层次上支持军事决策，如提供科学、优化、智能决策等。

在信息化战争中，军事决策不仅具有政治性、强对抗性、高风险性，还具有以下三个特点。

（1）时效性越来越强。当今社会，高效率技术在战场上得到广泛应用，军队组织指挥和作战行动的节奏明显加快，军事斗争不能延误时机，行动起来更加神速等，这些促使军事决策的时效性大幅提升[①]。

（2）信息量越来越大。随着以信息技术为核心的军事改革的深入和发展，信息已经成为影响战争全局极其重要的资源和力量。信息渗透到战场的各个角落，涉及战场环境、敌我双方武器装备对比、编制体制、作战理论、兵力部署、作战行动、火力运用等诸多因素。巨大的信息量对军事决策提出了更高、更特殊的要求。

（3）信息不确定性越来越高。军事决策人员所面临的信息存在各种不确定性，主要来自军事决策人员的主观认识与客观实际之间存在的差异。事件发生的随机性，人类知识的不完全、不可靠、不精确和不一致，以及自然语言中存在的模糊性和歧义性，都反映了这种差异，带来了不确定性。如果无视或不能科学处理不确定性信息，将无法做出正确的决策[②]。

4. 数据对外交决策的影响

外交决策追求的理想目标是预测国际关系的现象和趋势。获取更多国际数据可以提高对国际关系预测的准确性，因此外交决策需要建立在充分的数据分析和动态感知的基础之上。

数据可以提高外交决策的准确性。数据分析可以辅助决策者在纯理性的环境中获得外交决策情势图景，避免官僚主义和特殊利益集团的干扰，辅助决策者做出正确的形势评估和决策判断。单凭决策者的个人经验和智慧，决策质量难以保证。

数据可以改善外交管理系统，提高预防危机的水平。外交决策部门在日常外事管理上面花费的时间较多，在外交政策的制定过程中，通过数据分析洞悉碎片化数据之间的内在联系。外交决策部门和各个领域的专家团队通过共同平台充分交换数据信息、交流观点、发现问题、解决问题、消除分歧、

① 孔莉莎，刘闻．浅谈数据挖掘技术与军事决策支持[J]．装备制造技术，2009（10）：117-118．

② 林洪文，杨绍清．基于知识发现技术的海战场态势分析[J]．舰船电子工程，2012（4）：16-17．

达成共识，以此提高外交决策机构的协同创新能力。

5. 数据对社会管理决策的影响

社会管理是社会的管理主体（政府、社会组织等）运用多种资源和手段，为了实现人最大限度的自由和发展，促进社会系统协调运转，对客体（人）参与的社会系统、社会生活的不同领域以及社会发展的各个环节，进行规范、组织、协调、控制、监督和服务的过程，其目的是满足社会成员生存和发展的基本需求，解决社会问题，提高人民生活质量，本质是以人为中心的管理和服务①。

利用数据信息可以促进社会管理决策的创新。通过对数据的收集和整理，管理部门能够有针对性地制定决策。数据处理与分析技术可以帮助社会管理者找到数据之间的关联性，提高政府部门的协同能力与办事效率，让社会管理更精准。从这一点来看，数据不仅为社会管理者提供了强大的工具，还从根本上改变了社会管理的思路，从“经验治理”转向“科学治理”。比如，通过分析某一地区公厕每天的使用频率，可以迅速判断出这一地区的流动人口的数量变化。即使“风马牛不相及”的数据，经过处理后也可以为社会管理决策提供支持。比如，整合城市等高线和孤寡老人的住址的数据，一旦遇到暴雨内涝，就能预先关注可能漏雨的老人家庭，及时帮助需要救护的老人。

完善数据信息和自动驾驶功能，将会彻底改变交通决策的面貌。随着私家车的数量增多，交通堵塞越发严重，结果浪费时间、金钱和能源。手持设备、车辆和道路上的分布式传感器则可以提供实时交通数据信息。利用这些数据信息，有助于减少交通堵塞，使驾驶更安全。

数据公开可以加强公民与政府间的信任，有助于增强国家在危机来临之际的凝聚力。2003 年 4 月底，SARS 冠状病毒蔓延，中共中央、国务院采取了一系列重要措施，明确提出要以对人民高度负责的态度，准确掌握疫情，及时发现、报告和公布疫情，杜绝缓报、漏报和瞒报现象。尤其是从 4 月 21

① 唐钧．社会管理：疏浚还是堙堵[J]．开放导报，2012（3）：7-12．

日开始，将原来的 5 天公布一次疫情改为每天公布一次，“非典”防治情况出现良性转折，公民生命权与知情权被置于同等重要位置①。中国政府的做法确保了信息公开，及时、准确、完整地阐明利害，实现了在透明化的前提下尽可能地调动一切积极因素，将这次疫情的危害降到最低程度。在这场没有硝烟的战争中，也正是因为政府公开信息，使民众对政府的信任感增强，各行各业从业人员的职业道德和社会责任感升华到一个前所未有的高度，才赢得了对抗 SARS 疫情的胜利。

5.1.3 党历来重视数据支撑决策

新中国成立以来，历届党中央都重视运用数据做决策，将数据作为决策的重要支撑。

毛泽东很多著名思想都反映了对科学决策的高度重视。1930 年 5 月，毛泽东同志在《反对本本主义》中，最早提出了“没有调查就没有发言权”。这个著名的论断被称为“调查研究思想”，对于提高党的决策科学化水平，具有十分重要的意义。调查研究的思想内容十分丰富，其中很重要一方面是体现了依照数据做决策的重要性。通过强调党员领导干部作为调查研究的主体，必须不断自我更新，表明决策者必须不断获取新的信息；通过强调克服和防止主观主义，注重向人民群众学习，表明决策者必须深入调查，掌握客观真实的信息。

2012 年 12 月，习近平总书记在参观腾讯公司时说：“互联网在社会管理方面有较大作用，我们怎么去适应它？我看到你们做的工作都是很重要的，比如在这样的海量信息中，你们占有了最充分的数据，然后可以做出最客观、精准的分析。这方面对政府提供的建议是很有价值的。”在大数据时代，世界各国更加依赖于数据，国家竞争的焦点已经从对资本、土地、人口、资源的争夺转向了对大数据的争夺。2016 年 2 月，习近平总书记在中央网络安全和信息化领导小组第一次会议上指出：“网络信息是跨国界流动的，信息流

---

① 方亮．滴水见阳光——中国公共危机管理的发展[J]．公关世界，2009（16）．

引领技术流、资金流、人才流，信息资源日益成为重要生产要素和社会财富，信息掌握的多寡成为国家软实力和竞争力的重要标志。”未来国家竞争力将部分体现为其拥有数据的规模、活性以及解释、运用数据的能力，数字主权将成为大国博弈的新空间。这些表明，党中央高度重视大数据对决策的现实意义。只有把握数据的核心价值，才能提高决策的正确性和全面覆盖性。

2015 年 6 月，国务院总理李克强在考察北京·贵阳大数据应用展示中心时说：“把执法权力关进‘数据铁笼’，让失信市场行为无处遁形，权力运行处处留痕，为政府决策提供第一手科学依据，实现‘人在干，云在算’。”2014 年 7 月，李克强总理在考察山东浪潮集团时指出：“不管是推动政府的简政放权，放管结合，还是推进新型工业化、城镇化、农业现代化，都要依靠大数据、云计算。所以，它应该是大势所趋，是一个潮流。”有了大数据，政府决策的基础转变为海量的“全体数据”，不再是少量的“样本数据”。政府在大数据的指导下，推动相关数据完全共享，更多地依赖数据做出决策，不再以有限的个案为基础，可以实现“用数据说话”的全新决策。

5.2 经济决策对数据的需求

数据作为知识经济时代的重要生产要素，影响着政府决策的方方面面。对经济而言，数据就像土地、石油和资本一样，是经济运行中的基础资源。对各国的经济政策制定者而言，各项经济指标和数据的重要性不言而喻。决策者必须密切关注国内外多维度、长周期、全方位的经济指标和数据。

5.2.1 国际数据与国内数据

1. 国际数据与经济决策

2020 年，新冠肺炎疫情对全球经济产业深远影响，2020 年 10 月，国际货币基金组织发布《全球经济展望》，预计 2020 年全球经济将萎缩 4.4%，2021

年全球经济有望恢复到 2019 年的水平。根据当前新冠病毒疫苗研发的积极进展，2020 年 12 月，经济合作与发展组织发布的世界经济展望报告预计，2020 年全球经济将萎缩 4.2%，2021 年将增长 4.2%。为应对复杂的国际经济环境，提高宏观决策水平是应对海内外挑战的基本前提。作为判断经济形势最基本的统计数据，国际经济数据不仅关系到市场的研究水平，更将影响决策层政策的有效性。

美国作为经济大国，受新冠肺炎疫情的影响，2020 年 3 月，美国股市 10 天内“熔断”4 次，国际原油期货价格一度跌至负区间，股票、债券、外汇及大宗商品市场持续震荡。面对上述种种影响，决策者需要采取应对措施。比如，采取灵活的货币政策，保持经济平稳增长；推进人民币汇率形成机制改革；加强跨境资本流动性监管；适当调整外汇储备投资策略；加强国际合作等。

此外，国际经济指标影响经济决策的制定。继“一带一路”、建设亚洲基础设施投资银行等倡议之后，国家力推国际产能合作，为中国企业“走出去”减负添力、保驾护航，国际经济指标对中国经济政策、战略决策有着极为重要的指示作用。国际原油价格的波动将会对各国宏观经济产生影响。尽管我们对在原油价格与一国 GDP 之间是否存在一定关系并不肯定，但在原油价格与经济体总体价格水平之间的确可以找到长期稳定的关系。因此原油价格数据对一国的产业政策和货币政策将产生一定影响，只有与相关经济政策密切衔接，才能尽量减轻国际原油价格大幅变动带来的不良影响。

2. 国内数据与经济决策

国内经济数据是国家经济决策最直接的依据。中国既是人口大国，也是经济大国，人口数量和经济总量均居世界前列。这样一台庞大的经济体的平稳健康运行，必须由全面、准确的统计数据做支撑。经济是过热还是过冷，银根是收紧还是放松，产能是过剩还是不足，统计所产生的每一个数据都反映着国民经济运行跳跃的“脉搏”。宏观调控的方向和力度必须从各组数据中寻找坐标和轨迹。这些数据见证了经济的发展，记录了历史，也将影响未来经济的走势。

对国内经济数据的监控可以保证重大经济决策的有效实施。目前，国内各省政府制定了适合本地区发展的战略规划，但由于缺乏具体的指标体系，具体实施效果难以得到真实评判。一些省份通过各类经济数据指标应用促进本地区发展战略的有效实施，比如，广西壮族自治区通过建立统计监测报告制度，组织力量，及时、准确、全面地收集重大战略决策实施进程中的统计监测数据，确保各项重大战略决策的贯彻落实。

5.2.2 宏观数据与微观数据

1. 宏观数据与经济决策

宏观数据为经济决策提供依据。在瞬息万变、纷繁复杂的经济活动中，要保持冷静和正确，一刻都离不开准确的统计数据。通过对市场供求总体情况变化的分析，如对国民收入与人口增长、居民购买力趋势、生产资料和消费资料需求趋势等进行资料收集、加工来预测发展趋势，减少不确定因素，保证制定的宏观经济决策科学合理、切实可行，从而对整个国民经济的发展起到稳定、促进和保障作用。以国内生产总值（GDP）与失业率为例。

（1）国内生产总值是制定经济决策的指南针。GDP 大幅增长，表明该国经济蓬勃发展，国民收入增加，消费能力也随之增强。中央银行将有可能提高利率，紧缩货币供应，国内经济表现良好及利率的上升会增强该国货币的吸引力。反之，如果一国的 GDP 出现负增长，则表明该国经济处于疲软或衰退状态，消费能力下降[①]。中央银行将可能减息以刺激经济再度增长，利率下降加上经济表现不振，该国货币的吸引力也就随之减弱[②]。

（2）失业率是反映经济决策的晴雨表。如果不在精确完善的失业数据的基础上调控经济，就如同在预测天气时不测量空气湿度和不使用湿度指标一样。真实的失业状况可以帮助政府及时掌握经济运行的真实面貌，及时发现潜在的风险，通过逆周期性的调控去熨平经济波动周期，保持经济平稳运行。

---

① 林春艳，孟雨薇，王晓靖．基于泡沫理论的中国股市风险研究[J]．技术经济，2011（8）：106-112．

② 刁伟．基于模糊随机利率的小额贷款风险模型研究[J]．北方经贸，2014（5）：178-179．

对不同年龄阶段的劳动力的失业数据进行全面、详细的统计，可以间接反映人口结构变化对经济发展的影响，有利于决策者及时发现人口政策的问题并采取相应措施。而失真的失业率数据则不利于资源的优化配置，导致劳资双方不能正确地认识和预期劳动力市场供求的变化，从而影响双方在博弈中的选择，造成形势一定的扭曲。比如，一些地方报道“招工荒”，企业就可能会高估劳动力成本，但也许“招工荒”只是局部现象，实际的严重程度被夸大了；大量媒体报道“就业难”，大学毕业生可能就会低估自身的市场价值，进而影响其薪酬。只有建立权威的失业率数据基础，各方才会有一个可信任的基准，从而改善市场主体的决策。

2. 微观数据与经济决策

微观数据是个体化数据，包括个人、家庭或企业的信息，如个别企业的生产、销售、交换的价格等。微观并不是指数据总量，而是指数据的来源。如今，仅靠宏观数据不足以准确、深入地分析经济问题，或做出正确决策。

微观数据对经济决策是不可或缺的。微观数据有助于决策者精细化认识经济体细部特征，提高经济决策的细节性；有助于决策者识别隐藏在数据中的复杂关系，提高经济决策的灵活性；有助于决策者发现宏观数据使用中存在的问题，提高经济决策的准确性。

经济运行蕴藏着海量微观数据。2014 年 12 月 16 日，我国公布了第三次全国经济普查的主要数据。此次普查取之于民，主要对服务业、战略性新兴产业和小微企业的发展状况进行了查实，了解各单位的基本情况，全面更新了覆盖国民经济各行业的基本单位名录库、基础信息数据库和统计电子地理信息系统[①]。此次经济普查将民众身边的微观数据更加具体、全面地体现出来，反馈给有关的决策部门，使其能够对国情、国力有更加深入、准确的认识，进而有利于未来制定正确的经济政策。此外，经济普查对现有的宏观统计数据起到了很好的完善和补充作用，对目前一些通过宏观数据得出的结论

① 张岩．经济普查摸家底[J]．中国报道，2013（7）：46．

进行了修正。微观数据不仅能助力国家的经济决策者，对普通民众来说，也大有用途。比如，一个青年想创业，通常会试水一些小微企业，因为在创业之初就进入大型的制造行业的可能性很小。小微企业主要分布在什么行业，其经济情况如何，各地区之间服务的区别，以及其和产业之间的联系等这些问题将对创业青年的决策产生很大影响。

5.2.3 历史数据与当前数据

1. 历史数据与经济决策

数据记录历史，历史昭示未来。我国许多著名科学家的历史知识都很丰富。比如，气象学家竺可桢在研究了我国史志、方志、古诗、游记，掌握了中国古代气候变迁之后，发表了《中国近五千年来气候变迁的初步研究》这篇著名论文[①]。同样，利用历史数据，可以快速洞察历史经济学方面的知识与理论，进而将历史经验服务于当今的经济决策。

当前，经济学理论逐步完善和细化。现有的公式、方程、模型、数据、计量方式等，在很大程度上有助于经济决策，使之更加理性、具体和严密。但是，这种决策方法缺失历史视野。缺失历史视野，所关注的问题和得出的结论就会显得单薄，所使用的论据就欠妥当，所隐含的假设就会失真。没有真实的前提基础，纵使推导严密、逻辑清晰，也无法得出正确有效的结论。因此，经济决策不能没有历史视野，分析问题不能简单化和表面化，不能为了应用某些理论而误读现实。为了弥补历史视野的缺失，可以研究经济历史数据，在现有基础上进一步开拓，从而为经济决策提供另一种思路。

2. 当前数据与经济决策

通过历史数据可以掌握历史发展规律，学习制定经济决策的经验，而当前数据对经济决策来说同样重要。当前数据具备时效性，时效性影响着决策

---

① 苏全有．我国图书馆史研究能带来什么？[J]．新世纪图书馆，2010（2）：3-5.

的生效时间，决定了决策在哪段时间内有效[①]。比如，作为行业龙头，以生产挖掘机等重型机械闻名的三一重工，经过 7 年多的积累，形成了 5 000 多个类别、每天 2 亿条、超过 40TB 的大数据资源，数据代表性远超过统计抽样，具备“指数条件”。国家行政学院教授汪玉凯指出，过去经济供给端的数据，主要依靠企业上报给地方政府，地方政府汇总后上报中央政府，数据在层层报送中容易出现扭曲，时效也严重滞后。而实时数据能真正反映出经济的状况，让政府调控更加精准。引入大数据思维，是国家治理理念的飞跃。尽管“挖掘机指数”只是观察中国经济的一个微观侧面，但也体现了中央政府经济调控思路的变化。2015 年，在全面深化改革的关键阶段，“互联网+”产生更加垂直、真实的决策依据，政策发力更加精准，大大增强了调控措施的时效度。

社会是一个复杂巨系统，经济决策往往需要多方面数据做支撑，需要在制度、意识形态、国家、组织、人口、政治、自然资源、地理环境、技术、文化等方面开展深入研究。经济环境瞬息万变，各种数据仅在一定时间内对决策具有价值。因此，当前数据对经济决策的重要性毋庸置疑。特别是随着数据处理技术的迅猛发展，当前数据的可开发性和可应用性大大提高。

5.2.4 传统统计数据与新时代大数据

1. 传统统计数据与经济决策

经济决策离不开经济分析，经济分析是在数学分析、概率统计学等数学知识的基础上，利用一定的模型对数据进行分析，将结果量化。经济分析方法使经济决策趋于理性、具体和严密，成为主流分析方法。一般而言，经济分析需要将数据预处理，以满足特定的格式要求，从而服务于传统行业决策。

---

① 周冬梅. 浅谈高中历史课堂教学的时效性与实效性[J]. 新课程：中学版，2012（12）：92-93.

2. 新时代大数据与经济决策

如今，随着物联网、云计算等数据获取、储存、搜索、共享、分析技术的发展，数据来源大大扩充，可处理的数据类型也增多。人们可以收集到方方面面的数据：从购物交易，到工业制造；从社交网络媒体信息，到在线视频图像资料；从企业的信息管理系统，到政府部门的电子政务系统。过去对生产数据的统计更多局限于行业层面，而未来可能包括所有企业；传统的消费统计主要采用“抽样调查”，而未来可能覆盖到每个家庭或个人；传统的价格统计（如普遍使用的 CPI 指数）中仅包含千种商品、涉及几万个调查销售网点，今后可能涉及几万种商品、所有的在线销售商和大部分线下销售网点[①]。

对这些数据进行挖掘，人们能够获取更多信息。比如，以榨菜在城市里的销售情况为统计对象，可以帮助决策者了解进城务工人员的分布情况。因为尽管进城务工人员日渐融入生机勃勃的都市，但榨菜依旧是进城务工人员的日常食品。一般来说，城市常住人口消费方便面和榨菜等方便食品的数量基本上是比较稳定的，销量的变化主要是由流动人口特别是进城务工人员引起的。因此，城市的榨菜销量与进城务工人员的数量成正比。这类信息对经济决策者来说也很重要，甚至影响户籍制度改革的具体决策。

5.3　大数据时代经济决策新高度

在大数据时代，数据把世界更紧密地联系在一起。无处不在的智能机器和各类终端，在获得“地球村”海量数据后，为人类自动地提供着各种服务。

① 张凤涛．“大数据”对出版业的启示[J]．赤子：上中旬，2014（7）：53．

就像汽油、钢铁改变了人类的生活方式一样，大数据对人类的价值体系、经济决策及发展方式也产生了巨大的影响。

与之前的海量数据有所区别，“大数据”是指那些无法在一定时间内用常规软件工具对其内容进行获取、管理和处理的数据集合，其规模大约在10TB（1TB=1 024GB）以上，具备体量大（Volume）、多样性（Variety）、价值（Value）密度低、速度快（Velocity）四个基本特征。

其中，体量大指的是数据体量大，从 TB 级别骤升到 PB（1PB=1 024TB）、EB（1EB=1 024PB）乃至 ZB（1ZB=1 024EB）级别；多样性是指数据的类型多，除了传统意义上的数据类型，还包含了网络日志、视频、图片、地理位置的数据等；价值密度低则表明在大量的数据中，真正有价值的数据可能只占很小的比例；跟传统数据挖掘技术有着本质不同的特点是，大数据的处理速度快，因为移动互联网、云计算、物联网、车联网、智能终端以及包围整个地球的各种形式的传感器，都是数据来源或者承载的方式。

大数据不仅是对海量数据的分析方法，还是一种思维方式的转变。维克托·迈尔-舍恩伯格认为，在大数据时代，处理数据的理念有三大转变：“不是随机样本，而是全体数据”“不是精确性，而是混杂性”“不是因果关系，而是相关关系”[①]。

从大数据的角度来看，统计应该主要关注趋势分析、时效性和前瞻性等战略分析。大数据改变了数据操作方式，让我们把数据分析当成统计的亮点，而不是局限于数据管理。同时，不能再将精确性作为唯一重心，应承认混乱和错误的存在，并重视对其相关关系的分析，而不再是滞后的因果分析。

---

① 维克托·迈尔-舍恩伯格，《大数据时代》一书作者，牛津大学网络学院互联网研究所治理与监管专业教授，英国新闻周刊《经济学人》曾经将维克托·迈尔-舍恩伯格定义为大数据领域最受人尊敬的权威发言人之一。2010 年，维克托·迈尔-舍恩伯格就已经开始对该领域进行了系统而深入的研究，并在《经济学人》上和数据编辑肯尼思·库克耶一起，发表了长达 14 页的大数据专题文章，为最早洞见大数据时代发展趋势的数据科学家之一。

在大数据时代来临之前，我们只能以小样本或者适度抽样后的小数据进行群体规律的发现和挖掘，而真正的大数据能够把来自不同时间、不同空间、不同类型的数据连接起来构成对事物的一个相对更加完整的描述，从而能够从更细的颗粒度层面认识事物、认知世界。因此，借力于大数据的宏观经济分析也是大势所趋。大数据的四个基本特性为宏观经济分析提供了广泛多样的数据基础，极大提高了宏观经济分析能力及其预测结果的准确性。

5.3.1 大数据提高经济决策精准性

大数据和传统抽样调查相比，优势在于：大数据获取尽可能多的可采集的数据，用全面数据代替抽样、片面、局部的数据，也就是全数据模式。因此大数据能够改善数据利用率，提高从数据到信息的转化率。

在大数据技术的支持下，企业对市场的理解和洞察需求日益走向实时化和精准化。具体而言，在大数据条件下，企业能够记录或搜集客户在各个渠道、生命周期各个阶段（客户产品感知、品牌参与、产品购买、购买后的口碑和社会互动）的行为数据，设计出高度精准、绩效可高度量化的营销策略[①]。另外，大数据为个性化商业应用提供了机遇。如今，消费者异质性不断增强，消费者在购物、交友、阅读等方面的偏好越来越具有差异性。根据交叉融合后的可流转性数据和全息可见的消费者个体行为与偏好数据，可以精准地考虑每一位消费者独特的兴趣与偏好，为他们提供个性化的产品和服务[②]。

---

① 刘婧雅，文田．大数据时代的电影营销[J]．电影艺术，2014（1）：93-97．

② 冯芷艳，郭迅华，曾大军等．大数据背景下商务管理研究若干前沿课题[J]．管理科学学报，2013（16）：1-9．

2011 年，IBM Cognos 商业智能解决方案在济南钢铁集团有限公司成功得到了应用，推动其提高了内部数据的管理效率。该商业智能解决方案的实施，整合了来自研发、工程和制造部门的数据以便实行并行工程，大大提高了企业的精细化管理水平，使得决策更加科学，成本更低。近年来，企业从客户和消费者的大数据中挖掘潜在的合作伙伴，从售后反馈的大数据中发现额外的增值服务，以改善现有产品和服务，创新业务模式[①]。

5.3.2 大数据提高经济决策前瞻性

在大数据时代，人们放弃对因果关系的追逐，而关注相关关系。大数据分析可以发现经济运行中出现的各种问题之间的相关关系。决策者几乎不用分析问题形成的原因，便能更加敏锐地把握经济走势，制定科学的经济决策。改变了过去简单的“头疼医头、脚疼医脚”式的一元应对模式，实现及早预防，并进行有针对性的治理，从而显著增强经济决策的前瞻性，改善政策的滞后性，提高经济决策效率。

商业银行的经济决策，要求具备前瞻性、有效性和针对性。传统统计工作多以满足监管要求为主，相关数据技术欠缺，无法对经营决策起到充分的支撑作用。相比之下，大数据分析可以使银行更快速、更准确地得到结论，为银行决策提供新的视角，对银行的经营决策起到重要作用。

在经营战略调整上，风险机制多通过基层行由下至上传导，部分国有商业银行滞后性明显。特别是在经济下行时，经营压力和化解风险的压力快速集聚到基层行，各级行经营陷入困境，会不自觉地主动收缩信用，并对实体经济造成负面影响。而大数据分析可以在经济环境变动时及时准确地挖出这些现象背后的因素，预测风险走势，并对经营战略做出相应的调整，将会比已有的经营管理策略更加有效、快速。在提高企业竞争力上，大数据帮助商业银行实时了解客户和业务发展情况，预测未来发展趋势，帮助管理者做出

① 刘琼.“数”中自有黄金屋论大数据之“妙”[J]. 军民两用技术与产品，2013（8）：8-10.

相应的经营决策，以满足不断变化的企业发展需求。

早在 2008 年国际金融危机爆发之前，阿里巴巴就通过大数据技术，在其拥有的大量交易数据中发现了国际金融危机的前兆，其根据每天提供的实时交易数据进行的分析，为制定并实施经济政策提供了重要参考。

2014 年百度推出“百度经济指数”预测，其中包括中小企业景气指数和宏观经济指数预测，为相关决策者进行趋势判断、政策制定提供了具有参考价值的全新工具。

5.3.3 大数据提高经济决策实战性

大数据技术可以帮助决策者构建虚拟模型，降低决策管理风险。在做出决策前，决策者便可以利用大数据针对问题进行建模、分析，对指定的问题进行数据分析，预测政策效果，以此测试所制定的经济决策是否有效，提高经济决策的科学性。

比如，在经济政策方面，在政策发布之前，可以先建立虚拟模型，收集实时数据，利用虚拟模型对这些数据进行可视化的展现，评估不同干预和经济环境的变化对决策的多方影响，提高决策的实战性，以保证决策的实施效率和效果。

5.3.4 大数据提高经济决策实效性

大数据的核心是实时的数据流处理，通过对实时数据的处理可以提高决策者对危机的反应能力。

全球的大型银行利用大数据来提高经济决策实效性。政府收集到的数据往往具有滞后性，比如，在美联储官员召开的政策会议上，一组重要的通胀数据可能仅仅发布到前两个月。而社会、经济形势在不断变化，这会导致使用这些数据进行预测的经济模型得出的假定的可靠性下降，进而导致决策的准确性大大下降。利用大数据，美联储希望缩短实际的经济形势和所理解的经济形势之间的时间差。比如，美联储利用社交媒体上的信息实时统计相关经济数据。如果有人在推特或 Facebook 上发表“我失业了”，这条信息就可能被收入美联储的数据库，使得美联储能够迅速地统计失业数据。2015 年，美国密歇根大学的研究人员与推特公司完成了一个项目，即通过追踪“我丢了工作”等词句分析失业状况，并据此编制了一项旨在统计首次申领失业救济人数的指标。

第 6 章

大数据与统计融合

长期以来，来自国家统计局和各行业主管部门及行业协会的官方统计数据，是我国宏观经济管理和调控的决策基础。大数据时代的到来，传统的官方统计方法和渠道都会发生变化，同时也为改善数据生产提供了基本条件。顺应大数据时代的规律，不断提升传统统计数据的及时性、准确性、多样性，可以更好地满足新时期宏观经济管理的需求。

6.1 大数据时代官方统计面临的挑战

在大数据时代，经济和技术的发展为官方统计的制度、方法、统计结果、数据使用等各方面带来了前所未有的挑战。

1. 官方统计指标设计的灵活性不足

在大数据时代，由于海量数据资源的迅速增加与大数据挖掘技术的逐渐成熟，官方统计在指标选择上的局限性日益突出。各类网络技术记录下的原始数据的可测量性、行政记录中统计数据的可查询性、商务活动中市场信息的可搜索性，迫切需要官方统计跟上互联网、物联网、云计算等数据智能化采集技术应用的步伐。此外，官方统计数据缺乏对非传统统计意义的数据指标的统计，从而不再是公共统计数据的唯一发布者和主要拥有者。

2. 官方统计过程与结果的及时性、准确度与抗干扰能力有待提高

传统的官方统计采用自上而下层层布置与自下而上逐级上报相结合的模式。在这个过程中，官方统计存在效率低、时效差、环节多、易受干扰、基层负担较重、数据质量易失真等问题，难以适应当今市场经济背景下情况多变、需求多样的特点。此外，社会公众对数据的需求层次、质量和公开、透明的程度提出了更高的要求，GDP、CPI、PPI、PMI，甚至房价、工资指数、就业等统计指标的发布，不仅各级政府官员及其管理决策者关心，企业经营者同样关心。

3. 官方统计对数据的使用、挖掘的深度不够

大数据时代的数据特征表现为数量大、范围广、种类多，官方统计的数据生产管理方式、数据分析研究方法和现有信息化手段等难以与之完全匹配，政府统计部门在数据的质量控制、分析挖掘、发布解读等方面的能力有待提升。大数据环境给官方数据的使用挖掘、内容发布、发布时效和频率等带来了影响，对数据的挖掘深度提出了更高要求。

4. 官方统计的重心需要转移

官方统计的重点、难点在于如何获取数据。过去官方统计通常采用随机抽样法，由于随同抽样法充分注意到了样本的随机性，所以官方统计的数据具有较少的“统计数据噪声”。大数据环境的重点、难点在于如何选取有用的数据为自己所用。一方面，大数据弥补了随机抽样法的结果缺乏延展性、忽略细节考察、难以用于奇异值分析等缺陷；另一方面，在大数据时代，统计分析将面临许多非随机数据，剔除统计噪声尤为重要。

6.2 大数据时代官方统计面临的机遇

在大数据时代，官方统计工作既包括收集、整理数据，也包括使用、消费数据。在大数据时代，政府部门可以通过主动应用大数据技术促进统计各环节的优化发展，主要表现在以下几个方面。

1. 官方统计效率得以提升

随着大数据时代的到来，政府统计部门通过现代信息技术收集和整理信息，挖掘、分析数据的效率显著提高。政府统计部门通过各种各样的方式，迅速获取海量数据，如党政机关部门的行政记录、企（事）业单位的公共服务数据、市场经济体生产经营的业务数据以及各大网络平台数据等，从而丰富了官方统计的信息来源。在国民经济核算和统计分析研究中，大数据使统计调查的成本大幅度降低，缩短了数据获取周期，提高了数据的时效性和利用率，改善了被调查者配合性较差的情况，提高了官方统计的工作效率。

2. 官方统计服务趋于优化

在大数据时代，政府统计机构通过科学方法对海量的数据资料加以筛选、汇总，进而提取有价值的信息，生产满足社会各界需求的统计产品，提供更优质的统计服务，从而改进政府统计部门的职能。

3. 官方统计信息实现共享

大数据为政府部门提供了统一的数据交换、共享和应用平台，通过对数据进行有效整合，实现了跨部门业务的信息共享，变“私有”独占为“公有”共用，满足了多方的需求，提高了政府各部门之间的合作办公能力和为人民服务的效率与水平，大大降低了政府的管理成本。美国的统计机构不是联邦政府的一个单独部门，而是分布在农业部、商务部、劳工部、卫生部等部门中，其中商务部普查局（经济分析局）是全美最大、最具综合性的统计机构，主要负责联邦政府及各州的 GDP 核算、投入产出核算和国际收支核算等。联邦政府、各州及各部门的统计工作分工有序，信息资源得到高效且充分的共享。在经济普查登记结束后，美国组织大约 60 万名统计分析师（精算师）处理、分析和研究近千个细分行业的普查数据（规模、结构、效益、就业、能耗等）。我们可以借鉴美国经验，通过大数据来协调纵向、横向的政府部门信息平台，建立数据互联共享机制，从而有力地推动政府统计部门与调查对象之间合作互惠的新型关系的建立。

4．官方统计数据收集趋于实时化，分析方法趋于智能化

互联网、大数据、云计算及智能设备四种推动性技术的发展，使个人行为得到越来越多的量化，从而可以取得实时性的各类数据。相对于官方统计的大量结构化的滞后数据，大数据软件处理平台可以实时追踪和收集各类即时数据（社交媒体数据、媒体报道、产业数据、视频、图片等），并对数据进行快速分析和处理，为统计分析提供了更为广泛的数据基础，提高了统计分析的精准性，拓宽了统计分析的视野，并且提高了宏观经济的时效性，为经济活动参与者赢得了决策时间。在大数据时代，对非结构数据的处理，需要能够进行大规模并行处理且简单易用的处理技术，以 MapReduce 和 Hadoop 为代表的新型数据分析处理技术恰好可以满足这些需求。这些技术一方面丰富了传统的统计分析方法，另一方面使得宏观经济分析的时效性、客观性和准确性得以提高。

6.3 官方统计应与大数据融合发展

大数据为官方统计带来了机遇，提供了新的思维方式，为官方统计数据做出了有益补充。因此，官方统计部门应更加重视运用大数据。

1．要加强官方统计之间的协调性

现阶段官方统计分布在国家统计局和政府主管部门及行业协会等。不同部门的数据口径、方法存在较大差异，数据标准、接口和结果不能实现对接，有时出现官方统计数据相互矛盾的现象。国家统计局作为全国最高统计机构，可从“大统计”的视角，运用大数据等现代方法，优化衔接各类官方统计制度和统计结果。比如，建立法人和个人的统计基本链条和统一的统计平台，企业所有统计数据均在此平台实现，后台所有数据统一审核、修正，各部门根据职能各取所需，越界使用数据需经相关主管部门审批。确保统计结果的正确性和可信度，提升官方统计的数据质量。

2. 要运用现代科技挖掘、提供宏观数据

现代科技技术是大数据时代不可或缺的工具，为数据的实时动态追踪提供了便利。伴随着现代科技的深入发展，大数据在各个领域内都发挥着重要的作用。比如，美国 Orbital Insight 公司用商用卫星对超市的停车场进行观测，并以此分析出超市的投资价值。METRIC 技术将卫星影像制作成数字地图，利用它跟踪农业用水资源管理，EEFLUX 应用把信息直接推送给农民，让他们通过任何能上网的移动设备都可以实时查看用水图。此外，可以利用电脑或手机终端，对污染源和企业排污口进行实时在线监测。近年来，随着通信卫星、遥感等现代技术的发展，我国很多领域已经具备了用技术统计替代人力统计的条件，比如，用卫星测量的土地、建筑施工工地、车流量等方面的数据，可以作为全国耕地、粮食产量、建筑业活跃度、物流业景气程度等的重要参考。同时，部分领域已经开始运用智能机器人技术强化统计和行为记录，如武汉市将信息捕捉纳入城市智能交通体系之中，通过高清摄像头、地磁传感器、GPS 定位等功能，将捕捉到的信息应用于交通数据收集、协助交通诱导以及导航软件的使用，以提高路况、停车位发布方面的准确度与实时性。在某种程度上，上述数据具有公共产品的特性，不存在个体数据信息泄露问题。类似的宏观数据应该在今后的统计中得到更多的运用，它们在为宏观决策服务的同时，也为判断微观经济主体的形势提供了更加可靠的依据。

3. 要通过立法等手段探索微观数据共享渠道

在大数据时代，数据信息是每个市场主体的核心资源。不同于公共数据信息，微观数据掌握在不同的市场主体手中，不同市场主体之间的数据交易既有隐私保护等法律障碍，又受到企业利益的影响，难以实现全面无障碍的共享。比如，阿里巴巴掌握了大量的个人和企业交易数据，不可能将其全部提供给其他企业使用。如果不能将不同市场主体的数据链接，就无法形成真

正意义上的大数据，只有将个人和企业的生产、生活、经营、管理等所有的行为加以记录、链接，形成以个人和企业为源代码的数据链条，才能不断挖掘、利用大数据，从中发现企业和个人的行为规律，为各类经济管理提供更加有用的信息。目前，不同市场主体之间的数据交易的障碍主要是与大数据要素相关的法律和相关利益方的权益保护。因此，未来应该加快大数据立法，将大数据的生产、记录、挖掘、使用、隐私保护等列入法制轨道，并在此基础上，促进各类市场主体之间的数据规范、安全交换，各供其有、各得其所。

4．要高度重视非传统数据在经济决策中的重要作用

在国际上，部分领域有用摩天大楼指数、蚊虫叮咬指数、男性内衣指数、裙摆指数等数据来分析、判断经济形势。由于经济结构和经济背景不同，我们不能完全照搬国外经验，但国外经验也启示我们应该丰富非传统的指标体系。当前，经济金融形势日趋复杂，各类新技术、新业态、新领域层出不穷，传统的统计已经远远不能适应形势需要。要根据形势变化，及时推出非传统统计指标，完善调查制度，为宏观决策提供更加有益的统计信息。比如，在传统指标的数据质量受到干扰较大的情况下，通过对榨菜指数、快递日单变化量、通信信息费等数据进行统计，侧面判断甚至修正传统统计的数据可靠性。再比如，根据对互联网经济规律的研究，加强对电子商务交易数据、重要市场商品指数、网购价格指数等的统计分析，判断进出口贸易情况、消费、需求和 CPI 指数等形势。

5．要调整制度设计与统计过程理念，提高官方统计效率与智能化水平

借鉴大数据统计模式，改变传统的统计方式，以实时记录代替事后记录。首先，基于现阶段统计业务数据积累与数据系统，对相关部门不同来源的非结构化与结构化数据进行整合，建设统计数据仓库，从而改进统计与决策方法，加大数据挖掘的深度，提取数据的潜在价值。其次，对数据进行整理、汇总、重组使用，根据现实需求开发各类公共服务产品（如党政领导数据查询系统），使统计对象的特定需求能够及时得到满足，推动政府决策和企业业务经营的发展。对官方统计的制度设计、统计过程和统计结果的应用加以创新和改善，使官方数据的及时性与高效性同步提高。

6．要以可视化技术为手段，更好地发挥官方数据发布的作用

在对大数据的处理中，难免存在海量统计噪声，单纯的文字或表格分析具有一定的局限性。利用可视化技术，在把握数据的时空特点的基础上，运用图表等工具将数据直观地展现出来，并从中得出所蕴含的规律。政府借助丰富的可视化手段，发布 GDP、居民收入、CPI、房价指数等民生指标，可以提取并展现数据背后的关联与模式，使公众能够更好地理解数据的内涵。

7．要与新媒体积极共融，提高数据的官方影响力

随着互联网与社交媒体的崛起，以微博、微信为代表的新媒体正在逐渐改变和拓宽舆论的产生和发展方式。越来越多的群体参与到信息的互联互通之中，并通过更加方便、快捷的沟通方式将海量的实时信息反馈给更多的人。这种虚拟与现实逐渐交融的趋势使得政府必须审时度势，加强数据统计与新媒体的结合，增强数据的影响力和舆论的引导力。一是拓宽数据的传播渠道。建立官方统计政务微博、官方微博群，保持微博渠道的畅联畅通，不断提高官方微博的影响力和集群效应，在进行重大的统计宣传活动方面及时发声，引导统计舆论，增强正能量的传播。二是与各大主流媒体进行合作，利用各大门户网站的流量优势，加强统计数据的影响力，并建立网络统计专题，把网络公开数据的生产过程及统计情况进行公布，引导更多网民与群体广泛参与互动。

6.4　大数据时代的非传统经济指标

长期以来，我国宏观经济分析和决策主要依靠官方发布的统计系统和数据结果。在过去科技、资讯欠发达，经济形势复杂程度相对不高的情况下，这种方式基本能够满足决策需求。但是，随着新一代网络信息技术的发展，世界经济紧密相连，各经济体、各领域的相互影响加深，经济形势复杂程度大幅提升，大数据时代对决策的时效性和科学性要求显著提高，原有经济数据的获取方式和途径已经不能完全满足需要。在国际上，一些看似与宏观经济关联度不高的指标，已经成为决策的重要参考。党的十八届五中全会对网络强国、“互联网+”、分享经济、大数据战略等做出统一部署，这从国家层面昭示我们，要积极运用大数据技术，创新运用非传统宏观经济指标体系，提高宏观经济决策的科学性。

6.4.1 国际常用的新经济指标

近年来，随着大数据时代的到来，国际上的新型经济指标体系以传统经济指标为基础，逐渐吸收了一些具有非传统统计意义的经济指标。吴敦义的“庶民经济”理论指出，股票市场、餐饮生意、航空航海业务，以及在高速公路上奔驰的车辆的数目等民间生活指标，相对于传统官方统计指标更能实时反映经济盛衰。这些指标不仅简单易懂，充满趣味性，更贴近百姓生活，还有利于政府机构、企业等更好地调节经济行为，促进经济的绿色发展。具体包括如下指标。

1. 摩天大楼指数（Skyscraper Index）

摩天大楼指数又称“劳伦斯魔咒”，由著名经济学家安德鲁·劳伦斯（Andrew Lawrence）提出，是指经济萧条或股市下跌经常发生在新高楼建成之前或之后。在政府实行相对宽松的宏观经济政策的背景下，人们对经济形势持看好态度，大型的工程项目（如摩天大楼）的建设会成为“潮流”。但由于人们不断投资，导致投资过度，引发投资泡沫，从而危及整个国家经济的发展，使得政府的宏观经济政策由宽松转向紧缩。因此，摩天大楼的建成对国家经济变化和政府经济政策变化的预示作用使其成为经济运行状况的先行指标。

案例：1930 年美国的一座摩天大楼“克莱斯勒大厦”和 1931 年纽约著名地标建筑物“帝国大厦”建成，恰逢全球经济大萧条、美股崩盘；20 世纪 70 年代，在纽约“世界贸易中心双塔”与芝加哥“威利斯大厦”相继建成之后，第一次石油危机爆发；1997 年，吉隆坡“双子塔楼”的建成也伴随着亚洲金融危机来袭；21 世纪初，台北 101 大楼建成，此时恰遇互联网泡沫破灭，全球股市狂跌。

2. 蚊虫叮咬指数（Mosquito Bite Index）

当经济萧条时，房地产建设也处于低温状态，很多处于荒废状态的房屋由于长期失修，因而会滋生大量的蚊虫，人们被蚊虫叮咬的可能性增加。

3. 男性内衣指数（Men's Underwear Index）

美联储前主席艾伦·格林斯潘（Alan Greenspan）认为，当经济萧条时，社会失业率不断上升，各个家庭的收入减少。为了节省开支，家庭成员都会尽量节衣缩食，尤其是男性，会推迟或放弃购买新内衣，从而导致内衣销售额下跌。当男性内衣销售额提升时，预示经济开始回暖，因此男性内衣指数成为一项测试经济的指标。

案例：国际市场研究咨询公司 Mintel 的调查显示，在美国“次贷危机”爆发之后的 2009 年，美国国内男性内衣的销量自 2003 年以来首次大幅下降 2.3%。

4. 领带指数（Tie Sales Index）

当经济发展形势不好时，领带的销售量反而增加，这表明经济不振，更多男性需要佩戴领带、身着正装四处求职。因此领带指数成为经济运行的反向指标。

5. 口红指数（Lipstick Index）

雅诗兰黛集团前总裁李奥纳多·兰黛指出，口红的销售量在经济衰退期间逆市热销。口红作为一种化妆品，价格较低，能给消费者带来心理安慰，因此在经济情况不好的时候，人们依然有强烈的意愿去购买它。在经济低迷的时候，口红销量一般会大涨，因此口红指数成为经济发展的反向指标。

案例：在 2001 年“9·11”恐怖袭击发生之后，美国的口红销量翻了一番。

6. 言情小说指数（Romance Novel Index）

大型言情读物出版商 Harlequin 指出，相对于其他娱乐产品或项目，书籍的价格相对较低。当经济下行时，基于旧的时代背景、内容相对轻松、可以缓解读者紧绷神经的言情小说极其畅销。比如，在 2008 年美国次贷危机爆发之后，著名言情读物出版商禾林的图书销量却上涨了 32%，此外，在 20 世纪 90 年代初的经济萧条期间，该出版商也出现了类似的销量大涨的情况，因此言情小说指数成为经济发展的反向指标。

7．电影票房指数（Box Office Index）

不利的经济环境反而能够很好地促使电影票房走高。有研究显示，在经济下行时期，可以给消费者带来心理慰藉，且价格低廉的产品，更有可能获得较好的市场销售量。电影院可以让人暂时放下工作，沉浸其中可以获取心理慰藉，因此票房指数成为经济发展的反向指标。

8．席梦思指数（Simmons Index）

当经济环境有利时，人们心情愉悦，有更多的时间在家享受闲适时光，席梦思床垫的销售量增加；当经济环境不利时，人们为工作而奔波，心情较为低落，席梦思床垫的销售量会出现下滑。美国是世界上更换席梦思床垫频率较高的国家，当金融海啸重挫美国经济时，席梦思床垫作为最耐用的消费品之一，销售业绩严重下滑，甚至有的生产企业不得不寻求破产保护，因此席梦思指数成为经济学家观察经济形势的重要指标。

9．约会指数（Dating Index）

由于约会会给人们带来心理安慰的作用，因此在经济环境不好时，人们会增加约会的次数。婚恋网站 Match.com 的调查显示，当经济情况下行时，网站访问人数明显增加。在美国“次贷危机”爆发之后，该网站的访问量达到几年来的“峰值”。因此，约会指数成为经济发展的反向指标。

10．理发指数（Barber Index）

日本日用品领域规模最大的制造公司“花王”在对 1 000 名 20～30 岁女性的发型进行统计后发现，当她们更愿意留长发时，经济即将迎来繁荣之际；反之，当她们更愿意留短发时，经济即将进入衰退期。历史也证明了这一点。1997 年日本女性留短发的人数多于留长发的人，翌年日本进入经济“不景气”的一年，2008 年经济有上行的趋势，在受访女性中，留长发的人超过八成。

11. 裙摆指数（Hemline Index）

“裙摆指数”由“美国仲裁之父”泰莱提出，意指当经济处于增长时期时，女性会穿着短裙，将里面的长丝袜露出来炫耀，而当经济处于低落时期时，女性减少长丝袜的购买，转而穿着长裙，掩饰没有丝袜的窘迫。因此，女性裙摆的长度与经济形势和股票市场的兴盛成反比，即女性裙摆越长，离地面越近，经济形势和股市越不乐观；相反，女性的裙摆越短，离地面越远，经济形势和股市则越乐观。

12. 的士司机谈吐指数（Over Educated Cabbie Index）

当的士司机的谈吐风格趋于年轻化和书香化时，表明经济陷入或即将进入衰退期。这是因为当经济发展较好时，高学历的年轻人更青睐于从事脑力工作，而在经济状况萎靡不振时，一些学历较高的年轻人可能迫于经济困境选择兼职的士司机。

13. 抹车窗人指数（The Squeegee Man Apparition Index）

经济观察家指出，在斑马线及红绿灯前经常出现一些售卖廉价物品或主动提出清洗汽车的人，这是经济不景气导致失业率上升的反映。

14. 自行车死亡事故率（Index of Bicycle Deaths Accident Rate）

英国交通部指出，当经济情况良好时，自行车死亡事故率通常呈现下降的趋势；当经济情况低迷时，自行车死亡事故率通常会呈现上升的趋势。根据相关数据，自行车死亡事故率在 2011 年英国财政预算削减举措生效后同比增长 12%。此外，在经济“大萧条”时期，美国自行车死亡事故率上升了 58%，其原因可能是经济不景气，人们为了节省开支，更多选择了骑自行车出行。

15. 巨无霸指数（Big Mac Index）

《经济学人》杂志于 1986 年指出，用一个国家当地的巨无霸价格除以另一个国家当地的巨无霸价格，再将得出的结果与两国货币之间的实际汇率做比较。若得出的结果比汇率低，则第一国货币的汇价被低估；若得出的结果比汇率高，则第一国货币的汇价被高估。由于麦当劳巨无霸汉堡在多个国家均有供应，且在各地的制作规格基本相同，因此巨无霸指数反映了各地货币的实际购买力，可以用以评估两种货币的汇率在理论上是否合理。

16. iPod 指数（iPod Index）

iPod 指数于 2006 年由澳洲联邦银行推出。如果汇率未遭到扭曲，那么同一产品的售价在全球各地应该大致相同。该指数被认为是 21 世纪的“巨无霸指数”，其标榜不受各地税率、劳工成本等因素影响，所以比巨无霸指数更能准确反映汇率水平。

17. 高跟鞋指数（High-heeled Shoes Index）

高跟鞋指数由 IBM 的特雷夫·戴维斯博士提出，经济情况的好坏与高跟鞋的鞋跟高低有一定关系。在经济繁荣时期，女性更愿意选择穿平底鞋；在经济低迷时期，女性更偏向选择高跟鞋。有关数据显示，在经济陷入“大萧条”前，平底鞋和低跟鞋的销量大好；而在经济危机爆发后，两者销量下降，高跟鞋的销量显著上升。

18. 方便面指数

方便面指数也被称为 MAMA 指数，名字来源于泰国最畅销的方便面 MAMA，是泰国经济的一项专属指数。当泰国经济萎缩 4%，即经济发展处于衰退阶段时，方便面的销量会出现大幅度的下降，这是来自一项泰国方便面与其经济之间的关联性研究的结论。比如，在 2009 年全球金融危机爆发之后，Thai President Foods 公布旗下 MAMA 方便面的销量 38 年来出现首次下滑。

19. 收入权重就业指数

1991 年，美国路易斯维尔大学的 Paul A. Coomes 等人基于美国特大城市各个行业每季度新增就业人员的周薪提出了收入权重就业指数，主要方法是通过加权数来判断当地经济的发展趋势。

20. 基于网络和媒体信息预测经济的发展

瑞士苏黎世大学的一位教授在大约 300 家媒体的数据流的基础上，进行了一项关于媒体信息对股票和外汇交易市场价格变化的影响的研究。他采用了持续跟踪处理的方法，得出的结论是股票和外汇交易市场价格与媒体情绪之间存在一定的关联性。Tobias Preis 等人对谷歌趋势（Google Trends）上从 2004 年 1 月 5 日至 2011 年 2 月 22 日之间“贷款”一词出现的频率进行了数据挖掘和数据分析，并根据其结果制定了一个交易策略。英国伦敦大学学院 Richard Nyman 等人基于社会心理学的信念叙事理论框架，运用定向算法对路透社的公司邮件、经纪人报告、公司备忘录、新闻反馈等内部数据进行文本分析和对反映相关情绪变化的时间序列数据进行提取，进而预测经济发展的态势。

6.4.2 我国常用的新经济指标

为了提高我国宏观经济决策的科学性和精准性，推进经济体制改革，我们要立足于我国当前宏观经济的发展形势，积极响应和落实党的“大数据战略”要求，学习国际新型经济指标体系构建的先进经验，创新基于大数据技术的非传统经济指标的设计。经济中的宏观指标要尽快与国际接轨，在现阶段内不能尽快接轨的指标，应按国际通用的口径及指标所含内容进行调整，之后再对外发布，增强宏观经济国内与国际指标的衔接性和一致性。要加强顶层设计，丰富和完善经济指标体系。要切实加强与行业协会和部门的联系沟通，借鉴国家统计局社会指标体系和学习先进省区市经验。此外，要开发和完善社会统计指标体系和调查制度，并且与高等院校联合进行课题研究，以此来达到研究行业统计方法和制度的目的。

在我国非传统宏观经济指标体系的设计过程中，应秉承及时性、客观性、代表性、简洁性原则，尽量覆盖生产、交换、分配、消费等经济环节，覆盖投资、出口、消费等领域，尽量反映经济增长、物价、就业和国际收支等主要经济发展目标。在及时反映经济形势的同时，能够横向或纵向相互印证。利用大数据、网络等现代信息技术，适当结合传统先行指标，引入切实可用的新型经济形势监测指标和经济发展衡量指标，从而构建一个既揭示短期矛盾、又发现长期潜能，既服务于宏观调控、又辅助经济发展战略的最终经济指标体系。其中指标设计主要来源于网络实时记录、金融市场交易、市场主体预期调查结果。

1. 经济形势监测指标

经济形势监测指标主要揭示、发现短期问题，服务宏观调控，具体包括以下指标。

（1）BDI：波罗的海干散货指数（Baltic Dry Index），是国际贸易和国际经济的先行指标之一，也是航运业的经济指标。它体现了航运业的干散货（如矿产、粮食、煤炭、水泥等）的交易量的转变，同时也体现了全球对这些初级商品的需求，并且这种需求同它们的价格呈正相关关系。同时，BDI 和全球经济增长的变化趋势几乎一致。因为在全球经济迅速发展的情况下，全球对初级商品的需求会相应增加，航运业中干散货的交易量也会上升，BDI 随之上升。如果全球经济处在萧条期，BDI 也会相应下降。

（2）NDF：无本金交割远期外汇交易（Non-deliverable Forwards），是即期汇率的先行指标，主要用于实行外汇管制国家的货币。1996 年 6 月，人民币 NDF 市场建立并在新加坡进行第一次交易。人民币无本金交割远期常用于衡量海外市场对人民币升值或贬值的预期，从长期来看，人民币 NDF 的升降变化会对人民币汇率的升降变化产生正相关影响。历年调查数据显示，人民币 NDF 的波动趋势和各时期海外市场对人民币汇率的预期波动趋势几乎完全同步。

（3）经济景气调查分析指标：经济景气调查起源于西方国家，是一项重要的统计调查指标，其主要内容是基于定性问题出现的频率，调查企业家对宏观经济态势、企业生产经营状况做出的判断和预期，再通过进一步的计算和分析得出定量的经济景气判断。和其他普通的统计调查不同的是，经济景气调查更加看重有关定性问题的研究和分析，问卷中定性问题的设置主要通过选择题的形式出现，被调查者在“好”“一般”“不好”或“上升”“不变”“下降”等选项中选择 3 个答案。之后调查者通过扩散指数将被调查者的定性判断进行量化处理，大大提高了调查的便利性。

（4）扑克牌销量指数：在市场上，扑克牌如果卖得又快又多，则说明失业率较高，人们有更多的时间去打扑克。在生活中，如果打扑克现象随处可见，或许是经济呈下行趋势的一种表现。

（5）高速公路车流量指数：这是由交通运输部综合规划司发布的月度及年度数据。高速公路行业景气程度与国内经济形势高度相关，宏观经济放缓会造成车流量的波动，尤其是对货车的影响较大。

（6）企业未来投资意愿指数：这是由中国人民银行发布的季度数据，反映企业家对整体宏观经济的信心的指数。该指数大于 50%，反映企业家对整体宏观经济很有信心；该指数小于 50%，反映企业家对整体宏观经济的信心不足；该指数等于 50%，表示该指数与上季度持平。

（7）融资成本指数：这是来自 Wind 数据库的日度数据。3A 级债券收益率越高，反映市场资金面越紧张，往往可以提前反映宏观经济走向的大变化。

（8）仿美国泰德利差指数：这是来自 Wind 数据库的日度数据。该指数反映了美国 T-Bill3 个月的利率与 3 个月期 LIBOR 的差值。指标上行，则显示市场风险扩大，市场资金趋紧，因此可根据仿美国泰德利差指数的走向来观察目前市场上资金流动的状况。

（9）存贷比指数：是中国银行业监督管理委员会发布的月度数据。较高的存贷比代表银行的盈利能力较强，也显示宏观经济形势向好。

（10）挖掘机销售量指数：从生产挖掘机的龙头企业获取数据，通过统计各地区的挖掘机销售量分析该地区的建筑开工量。借助大数据和物联网技术，将机械通过机载控制器、传感器和无线通信模块与互联网连接，进而形成数据痕迹。挖掘机销售量指数精准反映出基础建设开工率等情况，成为观察固定资产投资情况的风向标。

（11）榨菜指数：由涪陵榨菜集团等龙头榨菜生产企业发布。榨菜的销量变化主要由流动人口造成，通过榨菜销售量分析进城务工人员的流动趋势，反映了经济形势的发展情况。

（12）网络经济 CPI 指数：来自淘宝、京东、苏宁易购等电商平台。通过对在线商品价格的跟踪和比较，反映在线商品的物价变化情况，预测 CPI 走势。

（13）百度房价预测指数：来源于百度搜索引擎，通过房价相关关键词搜索输入数据预测房价变化趋势和房产销售趋势。

（14）百度迁移地图指数：来源于百度搜索引擎，根据用户的手机定位信息的前后差距，确定用户之间的迁移关系，反映进城务工人员的流动情况。

（15）企业发展工商指数：该项指数内含 10 个对宏观经济具有显著先行性的指标，能根据市场主体发展情况研究、判断宏观经济运行趋势，并且能够将趋势预测提前 1～2 个季度。企业发展工商指数是我国政府在大数据挖掘领域的初创成果，是在宏观经济分析领域中有效运用大数据的典型案例。我国专家在 2013 年 10 月对我国经济状况进行预测，即采用了企业发展工商指数进行分析，得出当年我国第四季度宏观经济将持续向好的结论。之后，结论得到证实，我国经济发展状况确实呈良好态势，也进一步反映了企业发展工商指数预测的准确性。

2. 经济发展衡量指标

经济发展衡量指标主要用于揭示长期矛盾、发现潜能、提出中长期的政策建议，服务经济发展战略。具体包括以下指标。

（1）服务业综合价格水平指数：由国家统计局发布的年度数据，更好地反映了第三产业项目价格水平的变化方向、趋势和程度。

（2）快递物流量指数：由国家统计局、国家邮政局公布的月度和年度数据。在邮政体制改革和电商快速发展的情况下，快递业持续快速发展。快递物流量指数反映了我国快递业基础能力建设得到了促进，从业人员得以增加。

（3）港口吞吐量指数：由交通运输部综合规划司发布的月度数据。港口吞吐量指数直接反映港口生产经营情况，是衡量港口规模的最重要指标。

（4）网络零售价格指数：由阿里研究中心发布的月度数据。该指数为描述与探索网络上的经济活动提供了便捷和依据。

（5）猪粮比指数：农业农村部对全国 500 个县集贸市场的生猪、禽类产品、牛羊肉、生鲜乳、豆粕、配合饲料等价格进行定点监测并发布的周度数据。按照我国相关规定，当生猪价格和玉米价格比值即猪粮比为 6∶1 时，生猪养殖基本处于盈亏平衡点。比值越高，说明养殖利润越高，反之则越低。

（6）手机资费指数：数据来自中国移动、中国电信、中国联通三大运营商。该指数通过手机资费充值情况反映地区经济状况和居民消费变化情况。

（7）求职供需指数：由人力资源和社会保障部发布，求职供需指数=收到的简历投递量/发布的职位数量，用来衡量人才市场的供需情况。

（8）教育人口指数：包括每万人在校人口数、人均教育经费和中级以上职称人口数 3 个指标，它们均可在年鉴或统计中查到，用以表示经济单元的知识水平。较高的教育人口指数表明经济单元具有较高的知识水平，经济创新发展能力较强。

（9）新经济指数：近年来中国经济中传统产业的产能过剩，新产业、新技术、新业态不断涌现。过去在工业化进程中形成的经济结构具有重资产、重工业、调整慢等特点。如今新的信息技术、互联网、服务业等在经济中的作用越来越重要，衡量宏观经济的主要指标亟待更新。应该基于大数据，编制度量中国经济转型中经济活跃程度的新指标，以反映高人力资本投入、高科技投入、轻资产、可持续较快增长和服务业发展等现代经济发展的现状和方向。

第 7 章

大数据与金融治理

7.1 大数据推进金融治理的国际经验

近年来，大数据引领了互联网行业、金融行业，以及全科学领域的重大变革，催生了新的金融服务模式，开启了全新的大数据金融时代。大数据在金融领域的应用不仅是金融机构在计算机使用方面的创新，更是金融业进行优化升级和结构性改革的突破口。如何有效利用大数据进行金融治理是当前金融机构面临的重要课题。

7.1.1 大数据成为金融治理的战略资源

大数据是数字时代的特殊资产，是信息产业的基础与核心。当前，大数据思维与互联思维已深度融入金融业的决策管理，大数据应用正深刻改变着当前的金融生态和金融格局。随着大数据应用的不断创新与推广，大数据已成为类似于货币和黄金的一种新型资产，成为和物质资本、人力资本同等重要的新型生产要素，成为能够为企业和个人带来经济利益的重要资产①。在这种新形势下，金融业如何“应势而变”，提高数据资产的使用效率，利用大数据为金融业创造更大的价值，为社会提供更优质的金融产品及服务，已成为目前的迫切任务。

Dynamic Markets 研究发现，1/5 的英国企业对公司数据资产进行了估值，并将其作为一项重要资产列入资产负债表。其中，在万人以上的公司中，将数据进行货币计量的公司占比约为 30%。数据回报率（Return on Data）已成为一个与投资回报率类似的关键绩效评价指标。麦肯锡公司预测，利用大数据技术有望使美国医疗行业每年获得超过 3 000 亿美元的潜在价值，在医疗卫生方面可以降低约 8%的支出；零售商的经营利润甚至可以提高 60%以上。研究显示，金融业是最具大数据挖掘潜力的行业。第一，大数据技术在金融行业的应用可以提高金融行业服务模式的针对性，对于金融业的转型和创新具有重要意义。第二，金融业具备实施大数据的基本条件。金融机构在交易过程中积累了大量的客户信息、交易数据、资产负债状况等高价值的信息资源，如果可以挖掘出这些信息资源中的有效信息，则金融机构可以获得巨大收益。第三，金融机构拥有较为充足的资金，可以培养大数据人才，加大对大数据技术的开发和应用。当下，金融业愈加重视互联网金融深度融合时期的大数据治理模式。

目前，金融业已初步具备运用大数据的基础，尤其在客户精准营销、风险防控管理等方面做出了积极尝试，并积累了一定经验，为全面运用大数据奠定了良好基础。

第一，金融业已逐步整合了内外数据资源。传统的金融行为所产生的结构化数据难以囊括客户在社交网络中的行为数据，诸如兴趣爱好、生活习惯、消费倾向等个性化数据大量流失。如今，半结构化数据和非结构化数据已经成为互联网数据资源的主流，这些信息资源的非有效使用是一种巨大的浪费，同时也不利于金融机构的客户营销与业务拓展。随着电子商务的飞速发展和互联金融思维的深化推广，金融业深刻认识到大数据资源的重要性，通

① 王艳．银行如何应用大数据[J]．中国经济报告，2013（12）：45-48.

过多渠道的数据整合，逐步建立个性化的客户数据库系统。例如，商业银行建立多方位的集中性整合服务平台，包含电话、互联网、客户端和新媒体等客户数据资料。此外，有关机构为客户建立了“个人画像库”，通过微信、微博、QQ、邮箱等将外部数据与内部客户资料相结合，深入了解客户理财、基金购买等交易行为；通过搜集客户各方面的信息，更为准确地刻画客户的收入状况、资产水平和信用状况，为金融机构向客户提供个性化服务并开展日常活动提供指导。

第二，金融业已尝试应用大数据技术。为了将大数据技术全面应用于金融治理的各个环节，金融机构采用“小范围试点，多业务应用”的模式，利用大数据技术来提高业务效率。在运营管理方面，一些金融机构的银行信用卡中心利用智能云语音采集客服语音信息，通过大数据的深入挖掘和实时分析，改善服务质量、提高服务效率，大大提升了运营管理水平。在客户营销方面，借助“个人画像库”的分类分析，挖掘客户行为规律与消费需求，以提供差异化、帖服化的营销方案，有效促进精准营销，使金融机构在为客户提供更加优质的产品和服务的同时，提高自身的盈利能力。

7.1.2 各国纷纷进行大数据金融战略布局

当前，大数据已成为国际间博弈的新战场，各国纷纷进行大数据金融战略布局，运用大数据助推金融业转型发展，从多角度加快大数据应用创新。

1. 美国

用大数据预测交易行为。谷歌前首席信息官道格拉斯·梅里尔创办的信用评估公司 ZestFinance，利用大数据挖掘技术搜集更为广泛的非结构化数据，从多个角度“描绘”客户的信用水平，对客户的信用水平做出更为精准的判断，整合出信用水平较低、难以从银行获得贷款的人群名单，并联合其他机构为客户定向提供“工资日贷款”（Payday Loan）。此外，美国的一些基金公司借助社交媒体大数据，分析市场情绪变动，预测未来交易量情况。2008年，理查德·彼得森在美国加州圣莫尼卡成立了 MarketPsy Capital 对冲基金，通过追踪聊天室、微博和网站等互联网信息记录，判断公众对于市场的信心，进而确定该对冲基金的交易策略。交易大数据的深度分析可有效辅助基金公司预测交易特征、研判交易动向，以获取差价。到 2010 年，该对冲基金的回报率已经达到 40%，初步显示出大数据在金融业效益提升方面的作用。

用大数据优化信贷风险评估能效。在这方面比较典型的例子是美国的 ZestFinance。与传统的信用评估模型相比，ZestFinance 使用的大数据采集技术和分析模型能够减少对客户信用的单一化评价，完善征信体系，为一部分信用水平较低的客户提供资金，扩大金融服务的范围；同时，由于大数据对信息资源的处理更快且效率更高，因此可以降低金融机构的信贷成本，提高风险管理水平。美国一家银行依托互联网信用评估机构对信贷申请客户进行风险评估，通过分析客户的社交大数据，结合银行内部的客户评估，极大地提高了对违约用户的评估水平，既降低了风险，也带来了定价方面的竞争优势。

用大数据为保险赔付业务提供实时安全保障。美国的一家保险集团整合了海量碎片化的客户数据资料，利用 1.4 亿个数据点建立了保险赔付的风险调整模型，有效监测早期异常值，及时采取干预措施，使得赔付费用降低了 20%。另外，为了防范保险赔付业务中的欺诈行为，美国的一家汽车保险公司借助大数据分析追寻诈骗规律，使车险诈骗案例发生率降低了 30%、误报率降低了 50%、整体赔付成本降低了 3%。一家财险公司更是利用大数据提前 117 天识别了一起诈骗嫌疑案，消除了 2.3 亿美元的赔付风险，及时、有效地防止了诈骗案件的发生。

2. 英国

用大数据辅助研判宏观经济形势。英国央行借助对网络关键词搜索的监控，依托大数据挖掘快速研判市场趋势。例如，通过对“按揭”“房价”“职位”等关键词搜索的数据把控，可获取实时的经济运行情况，对房地产市场和劳动力市场趋势快速做出判断，在一定程度上弥补了传统统计部门数据信息发布的滞后性，为政府实施更加有效的政策提供指导，同时也为企业和个人提供更为准确的宏观经济信息。

用大数据实现差异化营销。英国一家保险企业整合了 5 000 多个客户的内外数据资源，利用大数据细分客户群，进而制订了个性化的营销方案，在目标客户群中的收益增加了 10 倍，成本节省了近 1 亿英镑。大数据的应用不仅可以提高企业营销的盈利空间，还可以为客户提供更优质的服务，提高企业的客户满意度。

3. 澳大利亚

用大数据优化网点布局。随着互联网金融的迅速发展，“金融脱媒”成为趋势，传统的金融业利差缩小，实体网点面临转型优化，如何布局网点资源、实现实体网点的价值最大化，成为金融业的一大难题。波士顿咨询公司（BCG）澳大利亚分公司通过采集银行的网点分布现状和业绩情况等内部数据，以及 350 个地区的人口数量、收入水平等外部数据，描绘出各区域的产品市场份额，并模拟出银行实体网点的优化分布图。

用大数据揭示营销误区。许多金融机构的销售人员认为，产品价格过高是客户流失的主要原因，竭力想通过价格手段来留住客户。然而，澳大利亚的一家保险公司的大数据分析表明，价格因素导致的客户流失仅占 30%左右，一味采用低价格手段挽留客户不但容易导致同行业企业之间的恶性竞争，而且难以长期提高产品的核心竞争力。通过转变营销方式、提升产品价值、差异化服务于目标客户群，才能真正沉淀客户、提升自身的核心竞争力。

用大数据预测风险隐患。澳大利亚的一家保险企业依托第三方平台分析目标客户的购物车数据，发现长期饮用牛奶和食用红肉的客户驾驶风险较低，而偏好意大利面、米饭或饮酒并在夜间开车的客户是高风险人群。该保险企业通过经常性提示客户健康隐患，在一定程度上降低了保险费用的赔付业务量，不仅可以降低车祸事故的发生概率，还可以降低企业的运营成本。

7.2 大数据时代我国金融业面临的挑战和障碍

随着大数据在全球领域的创新应用，我国金融业又一次面临新的需求和挑战。能否真正借力大数据，实现金融业的转型升级，决定了我国金融业未来的可持续发展能力。对数据资源丰富的金融业来说，一方面，大数据能够为其经营、管理和服务提供实时信息支撑；另一方面，新型的大数据金融业态为传统金融模式带来了严峻挑战。

随着互联网和信息技术的迅速发展，金融和互联网之间的关系愈发紧密，两者在一定程度上出现了融合。我国的金融监管环境变得相对宽松，政府鼓励民营资本进入金融业，金融业的进入门槛降低，逐渐打破了大型金融企业的垄断地位。一些互联网金融企业可以为客户提供更加优质的服务体验，同时其运营成本较低，可以为企业和客户带来更加丰厚的投资回报，而一些由于信用水平较低被排除在传统金融信贷体系之外的客户，也可以享受到互联网金融发展带来的福利。互联网金融改变了金融市场的结构和格局，对传统金融的发展造成很大冲击。

1. 数据基础设施建设面临考验

互联网的普及使得数据资源更加丰富，海量的数据信息对金融业的大数据应用能力提出挑战，主要表现在以下 3 个方面。

第一，对于传统的金融业而言，以往进行数据分析时所使用的资源主要集中在金融业内部，而且数据大多数为结构化数据，但随着越来越多的人使用互联网，人们在网络上产生了海量的非结构化数据，金融机构对人们行为的判断也更多来自对这些非结构化数据的分析。要处理海量的非结构化数据，金融机构必须具备储存、处理和分析这些数据的基础设施和能力，否则即使拥有数据资源，也无法提取数据中的有效信息并对其加以利用。

第二，在金融业内部，客户细分、业务细分和产品细分的趋势愈加明显，传统的几大金融机构掌握大部分客户信息资源的时代已经过去，数据资源的海量化、分散化，以及数据处理的及时性都对传统金融业提出挑战[①]。如何从海量数据中提取出具有使用价值的信息，并将这些信息和相应的客户群体对应，从而开发出更为优质和精细的金融产品，这也是金融业面临的一大课题。

第三，大数据在金融业的应用对人才和技术提出更高的要求。大数据的应用要求金融机构必须培养具备计算机技术、统计技术等能力的综合性人

---

① 方方．“大数据”趋势下商业银行应对策略研究[J]．新金融，2012（12）：25-28.

才，同时要求金融机构具备使用和创新大数据技术的能力，只有在技术创新和人才培养上双管齐下，金融机构才能适应大数据背景下金融业的变革，开拓新的发展空间。

总结起来，在数据收集方面，金融业须并重结构化数据与非结构化数据，兼顾历史数据与实时数据；在数据处理方面，传统方法难以描述与度量海量数据信息；在数据共享方面，数据在组织内部处于割裂状态，缺乏顺畅的共享机制等。这些都是金融业在大数据背景下寻求发展时面临的主要障碍。

2. 传统发展战略面临冲击

大数据时代下的新生金融业态在一定程度上占据了传统金融市场的发展空间。大数据金融以其独有的数据采集、信息提取和趋势分析等优势，全面加快了金融业的发展节奏。通过横向开拓和纵向深挖金融数据的价值信息、整合内外资源，互联网金融极大冲击了传统金融的发展战略，主要表现在以下两个方面。

第一，金融业的发展思路面临挑战。在传统金融业中，金融垄断现象一直存在，这一方面导致了金融机构缺乏足够的动力去创新发展模式和金融产品，另一方面也导致了一些群体无法享受到优质的金融服务。在互联网金融崛起的时代，由于互联网金融机构的运营成本低，且具有服务精细化和便利化等优点，一些群体会转而选择接受互联网金融机构提供的服务，传统金融机构的发展思路面临着巨大挑战。

第二，金融业的战略布局面临挑战。传统金融业更加注重网点的分布，众多的实体网点为客户带来便利的同时也加重了金融机构的财务负担。各大金融机构在相互竞争时，将竞争的重点放在网点分布的密集程度上，却忽视了为客户提供优良服务的重要性和对大数据等新技术的应用。在互联网金融蓬勃发展的背景下，传统金融机构一味以网点数量多少作为业绩考核和战略布局重点的思路面临着严峻的考验。

因此，金融机构制定发展目标时，可在财务能力可承受的范围内增加对大数据的投入，创新大数据核心技术，提高大数据使用效率；在评估自身和竞争对手的竞争力时，要着重考察自身对大数据的应用能力和水平，将大数据技术作为自身的核心竞争力；在衡量自身的服务能力时，要将互联网金融和大数据作为自身向客户提供服务的创新型手段。

3. 商业运营模式面临变革

随着大数据金融的进一步发展，金融虚拟化成为大势所趋。

第一，产品虚拟化。随着电子商务的推广应用，电子化金融产品也逐渐拓展开来，资金转移越来越多地呈现出电子数据转换方式，数字货币将成为实物货币的部分替代品。

第二，服务虚拟化。金融服务逐步打破了时空的局限性，为客户提供实时、全方位的金融服务，数字银行、电子银行等成为未来趋势。

第三，管理虚拟化。电子票据成为金融业务中的重要创新，数字化管理模式一方面可以提高金融业务流通的效率和质量，为决策管理提供便捷式支撑；另一方面可以降低金融业的运营成本，转变行业盈利模式。

在此背景下，如何利用互联网和大数据技术对传统的金融业务进行创新，使其符合客户的需求，为客户提供更加方便快捷的金融服务，是金融业面临的挑战之一。

7.3 大数据推进金融治理的重要作用

大数据在我国已具备了从概念到应用落地的成熟条件，大数据将在打造社会治理新模式、经济运行新机制、民生服务新体系、创新驱动新格局、产业发展新生态等方面发挥重要作用①。无论是传统行业还是新兴行业都能够从大数据中获益，率先发掘出数据核心价值及相关性的企业更容易抢占市场先机。互联网企业凭借自身优势早已在大数据领域精耕细作并获益良多，甚至已开始将大数据作为一种商业新能源，提供实时、深度的营销洞察、资源整合及定制服务，不断拓展自身发展空间。在这样的时代背景下，金融业也须顺应时代潮流，把握历史机遇，将大数据战略纳入发展规划，予以统筹规划并大力推进实施。

---

① 李宏．2015 大数据为我们带来什么[N]．中国产经新闻，2016-01-13．

1. 精准营销

金融业可收集互联网上客户的消费频率、消费地点和消费偏好等信息，通过大数据分析平台，对所获取的海量数据进行质量把关，滤除冗杂数据，更精准地抓获客户行为数据，构建需求预测模型，实行精准营销，提升产品和服务的客户满意度。

精准营销可以分为以下几类。

（1）实时营销。实时营销是指根据客户的实时状态，如用户地址、社交信息、近期消费数据或突发性变动事件等实时新闻，有针对性地进行客户营销。

（2）交叉营销。交叉营销是指通过大数据挖掘、分析各产品和服务之间的关联性，实现关联产品和业务的交叉推荐，促进关联消费。

（3）个性化推荐。个性化推荐是指通过分析客户的基本信息、社交信息、投资习惯、风险偏好等数据信息，对客户群进行精准定位，为其提供差异化、个性化的服务体验。

（4）客户生命周期管理。从成为金融机构的新客户到客户流失，金融机构可以将客户接受服务的不同阶段加以区分，从而提出如何赢得新客户、如何防止客户流失等具体措施。

2. 风险防控

（1）金融业可以利用大数据分析平台的数据分析能力，对互联网上的各类非结构化信息进行梳理，精准计算出客户的信用情况和违约概率，构建新的信用评价模型。当客观环境发生变化时，根据新的数据资源特点重新构建信贷评估模型，有利于综合考虑影响客户信用的因素，对客户信用做出较为准确的判断，降低客户的违约率，减少企业的损失。

（2）大数据的应用还有利于及时搜集、处理、分析海量数据，提高资金配置和运营效率，实现资本使用效率的最大化。例如，对中小企业及小微企业的风险评估、对欺诈交易的风险识别等，大数据已广泛应用于金融风险防控的各个环节。

3．运营优化

（1）市场情况和客户渠道分析优化。大数据方法为金融机构透彻了解市场、拓宽业务发展空间创造了可能。面对复杂的市场环境，仅依靠自己的交易数据无法了解市场趋势，通过多元化的大数据、利用相关性分析有助于金融机构把握市场全貌和交易价格走向，有利于决定交易定价，为金融业创造了深化客户挖掘、强化交叉销售、加快产品创新的广阔空间。

（2）产品和服务优化。利用大数据对客户数据进行分析，可以得出客户的偏好和特征，从而将客户划分为不同的群体，针对不同的群体开发不同的金融产品，创新金融服务。

（3）绩效分析和运营调整。金融机构可以利用大数据对经营数据进行实时分析、对绩效进行评估和研判，从而发现运营过程中存在的问题，及时进行纠正和调整，为客户提供更好的服务。

4．决策管理

（1）在大数据时代，如何利用数据为各行业决策提供科学支撑成为重要课题。大数据金融治理模式要求金融决策跳出传统的模式，打破行业壁垒和时空局限，按照“数据—信息—商业智能”的发展路线，对整个企业的数据资产进行可视化展现，不仅可以帮助企业了解其内部的大数据资产情况，还能够进一步加强企业对复杂数据资产的管控能力，准确定位内部管理的薄弱环节，发掘内部配置的资源浪费，引导金融管理决策科学、健康发展。

（2）以往，金融机构只考虑客户在本机构留下的信息，但这些信息有限，很难全面地反映客户的风险偏好和行为特征，如果金融机构只根据这些信息进行决策，容易导致决策和实际情况出现偏差。大数据技术的应用既可以整合金融机构内部的数据资源，又可以使用在互联网上海量的和客户相关的非结构化数据，弥补了以往决策机制的不足，使金融机构的决策更加科学和智能化。

5．思维转变

（1）大数据技术将海量数据和客户行为相联系，认为一切数据都可以反映客户的想法和偏好，这是一种思维创新。对于传统模式而言，结构化数据是数据资源的主体，而目前非结构化数据已经成为网络信息资源的主流，金融机构通过大数据技术对数据进行整理和分析，可以从看似杂乱无章、无直接联系的数据资源中找出同客户信用水平、投资偏好等相关的信息，并将这些信息作为决策的重要依据。这样的决策方法突破了传统的思维方式，为金融业的发展提供了一种新思路。

（2）传统的金融机构由于其垄断地位，在金融产品创新、金融服务优化等方面的动力不足，大数据技术在金融领域的应用，可以更加清晰地显示出金融服务对客户的重要程度和创新对金融机构效益的影响，促使金融机构转变发展思路、创新发展模式、提升服务质量，从而真正做到以客户服务为中心。

6. 金融普惠

（1）以往，我国传统金融机构在金融领域处于垄断地位，由于数据量和信息资源相对较少，传统的金融机构只依靠单一的信用评估模型很难对客户信用做出准确判断，而且在我国，征信体系覆盖的人群有限，远远低于美国等发达国家的水平。因此，大部分在传统金融机构贷款的客户具有良好的信用水平，而信用水平较低或者没有被征信系统覆盖的广大客户群体无法享受优质的金融服务。大数据在金融业的应用使这些企业通过构建大数据模型，可以更为全面地分析用户的信用状况。除了考虑还款能力等客观因素分析等，模型中还加入了还款意愿等主观因素分析。大数据推动更多群体的信用被挖掘，从而推动了普惠金融的发展。

（2）金融普惠与金融服务群体的扩大和金融服务质量的提升密切相关。互联网金融对传统金融的发展造成了很大的冲击，迫使传统金融机构转变思维方式，开始为一些其以往不愿意为之提供服务的群体研发一些金融产品。同时，为了留住已有客户，金融机构也会创新金融工具，提升服务水准，为客户提供更加全面和优良的服务。

7.4 大数据推进金融治理的路径分析

1. 大数据加快金融业的战略转型，推动产业创新发展

我园实施了“国家大数据战略”，这将全面推动我国大数据的发展和应用，加快政府数据开放共享，推动大数据产业创新发展，健全大数据安全保障体系，加快建设数据强国。随着互联网金融的快速发展，传统金融业的市场优势和盈利优势将逐步被取代。大数据的战略应用将为金融业灌入新的生命力，促进金融业战略转型。

具体而言，大数据金融的战略转型将全面囊括金融产品和金融服务等各方面。立足于大数据技术，将金融产业转型为以客户为中心、以精准营销为手段、以个性化服务为目标的创新型产业。只有了解客户的真实需求，才能发挥大数据的潜能，实现金融业的大发展。

2. 大数据优化金融资源配置，提升营运水平

大数据可优化金融业的运营渠道和资源配置，为客户提供更优质的产品或服务。大数据的意义在于，其摒弃了传统金融模式中的经验思维，转换为可检验、可追溯、可调整的金融量化模型，通过模型建立和应用过程中的不断比对和优化，为金融决策和运营管理提供更合理、可靠的理论依据，从而实现管理升级，提高运营利润。例如，国际连锁便利店 7-Eleven 在进行管理升级时，通过实验证明，服务业的礼貌服务与企业利润不成正比。数据显示，让店员更加礼貌地服务反而降低了店面 33%的销售量。研究表明，客户更在意是否可以快速找到自己需要的商品然后离开，过于重视店员的礼貌程度，反而会降低店员的工作效率，诱发客户的排斥心理。

3. 大数据有助于降低信息不对称性，增强风险防控能力

风险防控一直是金融产业的重要议题，风险防控能力是金融产业价值的重要指标。传统的金融风险决策模式难以解决众多小微企业的风险难题和生存难题，且决策方法和防控手段不够科学有效。

大数据有助于风险决策模式的创新应用。一方面，通过多渠道提取海量

数据信息，可以加强各种信息之间的交融，降低“信息孤岛”带来的系统性风险；另一方面，大数据挖掘技术可辅助建立金融风险的定量分析模型，通过实时的数据调整强化模型的准确性和实用性，提高决策的科学性。当前，大数据联合金融产业创新已成为一种潮流，为进一步沉淀用户、形成新的利润增长点提供方式、方法。例如，华为推出了企业级数据智能平台，继续聚焦平台，握手业界。经过多年研发的持续投入，华为已经全方位掌控大数据核心技术，2015 年在开源社区贡献度位列全球第三、亚洲第一，已经与 50 多家 ISV 合作，在工商银行、建设银行、招商银行、平安银行等金融及政府行业都有成功实践，成为在金融及政府行业成功实践最多且节点数最大的厂商。

7.5 大数据推进金融治理的政策建议

1. 加强国家层面的战略统筹

优先搞好大数据战略的顶层设计。从战略层面将大数据能力建设纳入发展规划，切实落实“全面大数据”的顶层设计。将大数据建设与金融治理有机融合，并使线上线下相结合，统筹协调各部门有关大数据建设的渠道方法，加快大数据金融战略的进程。

制定与金融战略相匹配的大数据战略。要以开放、包容的心态制定大数据战略，既要面向整体的市场需求，又要考虑客户偏好，建立包含客户基本信息、差异化偏好、行为分析等多层次、多维度的大数据架构。

加快推进大数据金融工作机制建设。制定各部门的职责分配制度，共同推进金融主管部门的数据统筹监管工作和业务部门的数据整合应用工作，形成金融业持续发展的长效机制。

2. 加快金融领域的升级转型

大数据金融的战略目标是建立以客户为基础，以客户需求为导向，以客户管理为核心的大数据收集、存储、分析和应用体系[①]。加快金融业的改革发展，要引入大数据理念和方法，做到全方位、多线条的升级转型。建立“经营—决策—管理”三大全新产业模式，以以客户为中心取代以产品为中心的经营模式，以精细化风险管控取代粗放型风险管控的管理模式，以数据辅助型取代经验评估型的决策模式。着眼于金融产品及服务的渠道并融手段和数据挖掘技术，加快金融领域的升级转型。

打造“数据金融”理念。要转变传统金融的思维方式，重视大数据在金融领域的创新应用，深化大数据管理理念，培养大数据分析的习惯性思维。

宣扬“信息金融”文化。要深挖大数据转变为价值信息的渠道，宣扬信息化金融管理的先进性和创造性能效，为决策管理服务提供真实可靠的支撑。

把握“智慧金融”方向。要具备将多源信息转换为金融“智慧”的基本素质，以及敏锐、快速、实时、高效的信息反应和处置能力，打破传统金融的地理限制，为客户提供全场景的金融服务体验。

3. 加强资源共享平台建设

科学谋划和打造大数据平台。一方面，要“走出去”，加强金融业的渠道升级管理，整合社交网络、第三方平台等传统金融业务的信息资源，促进数据资源的交流和共享，从而建立“大融合”的大数据资源共享平台。另一方面，要“引进来”，积极引进大数据公司合作机制，打造“优势互补、强强联合”的合作共享模式，建立一套完善的大数据金融服务体系。同时，要注重和一些大型电商之间的合作交流，将电商的数据资源和大数据发展模式引入金融机构，加强金融机构与电商之间信息的互联互通。

加快建设大数据仓库。立足于大数据技术，加快建设实时大数据仓库，深入提取价值信息，辅之以建设内存数据库系统，为全面保障金融业务的服

① 黄毅．大数据时代银行业面临的机遇与挑战[J]．中国银行业，2015（3）．

务管理质量提供量化信息支撑。

统筹构建大数据风险管理体系。深化大数据金融产业的改革创新，要依托大数据思维，整合客户多维度的数据资源，构建大数据风险管理体系，以降低信息不对称的结构风险，辅助金融业打通产业链上下游。统筹、协调各职责部门机构，打破部门壁垒，形成上下一致的以客户为核心的风险管理模式。

4. 加大人才培养力度

积极“筑巢引凤”。近年来，传统商业银行的人才流失情况较为严重。积极“筑巢引凤”，是实现金融业“以人为本”的人才培养方式。“筑巢”就是要因地制宜地优化金融机构的组织构架和运作机制，“引凤”就是要设立特殊的人才引进、培养和选拔机制，符合互联网创新的需要。

加大人才储备与技术研发的力度。大数据创新发展的核心要素是大数据人才和技术。人才和技术的投入在很大程度上决定了大数据的能效。在人才储备方面，应按照“引进一批，培养一批，储备一批”的原则，积极引进高技术人才，加快实施项目研发，整合高校资源，储备技术人员。在技术研发方面，应加快组建大数据团队，积极开展大数据项目，加大项目资金的投入力度，不断提高大数据技术的核心竞争力。

提高人才管理与组织管控的弹性。要全面改革组织架构，加大人才重组的流动性，整合内外资源，缓解传统金融模式中的“数据分治”“信息孤岛”“人才隔离”问题。另外，加大对复合型人才的培养，加强跨界团队合作机制，化“静态”统筹为“动态”协调，是大数据时代的需求和趋势所在。

5. 加大大数据应用的资金投入

增加大数据研发的资金投入。随着互联网和信息技术的发展，大数据应用已经成为金融业未来发展的趋势之一。大数据作为金融机构核心竞争力的重要考量指标，企业必须对大数据的开发投入做出合理预算，确保大数据技术的研发和创新速度能够高于业界平均水平，利用大数据推动企业发展。

增加大数据技术引入方面的资金投入。对于一些有经济实力和能力的金融机构而言，组织专业人员进行大数据技术开发，研制具有独创性的大数据产品是切实可行的。但对于一些规模较小、暂时缺乏开发原创性大数据产品能力的企业来说，可以从外部引进大数据技术，也可以将项目外包给专业的大数据企业，然后通过使用外包产品来逐步加强自身对大数据的掌握，为日后在企业内部研发大数据金融产品打好基础。

增加促进大数据和金融业融合的资金投入。大数据本质上是一种对大量数据进行处理和分析的技术手段。大数据在金融业中应用时必须考虑金融业本身的特性，然后针对这些特性进行具体的模型构建和产品研发。例如，在金融业中应用大数据应考虑不同客户群体的收入状况、资产负债情况和风险状况等。如何将大数据技术更有效地运用到金融业，需要企业增加资金投入，探索适用于金融机构的大数据模型。

第 8 章

大数据与企业数智化转型

党的十九届五中全会强调，“坚持把发展的着力点放到实体经济上，坚定不移建设制造强国、质量强国、网络强国、数字中国”。作为最基本、最重要、最广泛的市场主体，企业，特别是工业企业是推动我国经济高质量发展的重要根基，决定着我国经济高质量发展能否真正实现。新冠肺炎疫情对我国正处于转型升级期的企业造成了严重的冲击，许多企业因复工复产、上下游原料物资不匹配等面临着开工不足、客户流失、货物拒收、订单转移、出口成本上升、产业链外移等风险，不仅影响我国企业全球产业链布局，还会引发产业链条移出我国，对我国经济高质量发展产生不利影响。新冠肺炎疫情对于我国企业转型来说是考验，但也是“催化剂”，尤其是新冠肺炎疫情期间数字经济逆势发展，大数据、5G、云计算、工业互联网等新技术引领新模式、新业态、新场景创新，在助力疫情防控、促进复工复产、挖掘消费潜力等方面作用突出，增强了我国经济韧性，为企业数智化转型发展开拓了新思路。因此，要充分利用新冠肺炎疫情中涌现出的新一轮科技创新和融合应用带来的新机遇，总结经验、转危为机，加速推动企业数智化转型，为我国经济高质量发展和现代化经济体系建设提供新动力。

8.1 企业转型面临的问题分析

我国企业转型面临的问题如下。

1. 基础研发和技术能力不强

我国高端装备的核心部件和关键技术自主研发不足，一些工业品在一致性、稳定性和使用寿命上与国外先进水平差距较大，基础材料、基础零部件和元器件的可靠性、稳定性有待增强，高精尖产品基础工艺有待提升，部分关键部件在成套设备价值中所占比例小。

2. 创新风险分担机制不完善

供应链上下游企业对创新存在认知差异。下游企业出于质量、风险、效率、成本考量，不敢或不愿做新产品试验。上游企业将新产品推向市场前难以证明其具有竞争力，进一步导致上游企业不愿通过试错来提升产品。加之关税上升和出口限制等进一步蚕食企业利润，供应链上下游企业的生存和发展空间被挤压，进一步抑制了企业创新的动力。

3. 不正当竞争制约企业效能发挥

部分行业存在行政性垄断，严格的准入与投资审批制度阻了挡部分企业正常进入；部分特惠性产业政策更倾向于大型企业，限制中小企业，与公平竞争之间存在冲突。不公平竞争扭曲了市场信号，不利于企业提高创新能力、配置效率与产品质量。知识产权保护制度不完善导致基础技术、共性技术的研发与扩散主体相对缺失，严重影响企业创新的积极性。

8.2 数字经济快速“补位”，经济韧性愈加强化

新冠肺炎疫情发生后，我国许多制造业企业通过快速数字化、智能化，不但解决了复工复产问题，还抢占了市场先机。数字经济快速“补位”增强了我国经济的韧性。

1. 新业态、新模式蓬勃发展，为经济发展赋予新活力，数字经济逆势发展

以大数据、5G、云计算、工业互联网为代表的信息技术和互联网技术在防控疫情、支撑产业链协同、助力企业复工复产方面的快速应用得到了充分认可，在重大公共安全事件下逆势而涨，进一步增强了我国经济的韧性，有助于稳定经济和保障民生。一是 5G 技术、产品、商业模式创新，以及与各垂直行业领域结合应用场景创新，催生新的工作、学习、生活方式，使人们亲身体验、理解和认识到高速、实时、万物互联，推动了垂直行业的发展，为其未来大规模的应用推开了一扇窗。如中国移动的“5G+智慧医疗在线门诊系统”完成了远程问诊。随着未来 5G 网络覆盖省、市、县、村，城乡医疗差距逐步缩小，逐渐改善了乡村医生严重不足、医疗水平较为落后的情况，不仅减少了人们的出行费用，而且提高了救治率。二是云化技术支撑下的在线办公、在线教育、在线娱乐、在线科研、在线审批、在线开会等在线服务呈现爆发式增长，有效弥补了停工停产带来的损失，大幅提升了人们办公效率，改变了大型活动所需的场地、人力组织、交通费用，并达到了节能减排的效果。三是通过车联网数据平台、AI 识别分析、V2X 等技术开展营运车辆动态监管，从而全面监测驾驶员驾驶行为、道路信息和乘客信息，为下一步车联网推广奠定了坚实基础。

媒体对数字化新模式、新业态、新场景报道信息数量变化趋势如图 8-1 所示。

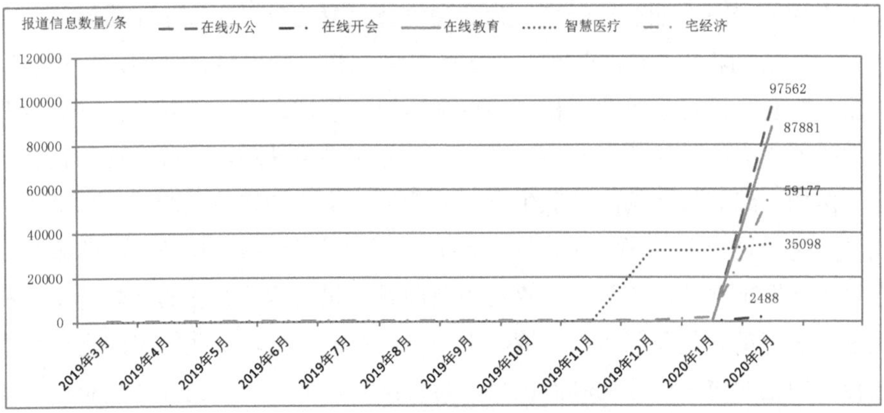

图 8-1 媒体对数字化新模式、新业态、新场景报道信息数量变化趋势

（数据来源：慧科搜索&慧科新闻数据库）

2. 制造业数智化转型紧抓政策红利，转危为机，为提振经济增添新思路

企业转型可以发生在企业发展过程的任何时候。在新技术迅猛发展的当下，企业数智化转型越快，越有利于企业生存和发展，越能尽早打造自身的核心竞争力，将疫情负面冲击降到最小。例如，一些企业智能制造转型速度快，在生产效率提高的同时重塑或强化竞争力。疫情发生后，各地方政府努力做好防控，打出政策组合拳，出台各种具有针对性的支持、帮扶举措，为企业排忧纾困，稳定了企业信心。一些企业展开自救，一些企业从逆境中寻找机会，尝试以机器换人、进行技术改造、建设智能平台等方式，加快数智化转型步伐。例如，一家破产重整的制造业企业——赛维公司，通过机器换人，大幅提高工业自动化水平，依靠设备和技术的更新，精简了 70%的员工，大幅降低了生产成本。一些企业通过智能化平台开始探索线上线下深度融合，努力转危为机，这是“平战结合”的有益尝试，增强了企业“免疫力”。例如，江苏精研科技公司借助智能质检系统做到机器自动检测，可以全天候运转，通过流水线式拍照、检测、转面，进一步降低了成本，效率和产品竞争力均获提升，企业因而有更多资金投入研发，形成良性循环、滚动前进，企业也由初期被动转型变为主动转型，同时产品的质量和精密度也得到了提升，在新冠肺炎疫情防控期间，企业产能基本维持在原先的 70%～80%。

任何时期的企业都必须面对转型问题。新冠肺炎疫情发生后，一些具有竞争力的制造业企业快速转型，为防控疫情、复工复产争取了宝贵时间。一方面“转危为机”，企业应急能力逐渐增强。新冠肺炎疫情期间，口罩、防护服、鞋套、护目镜等防疫物资的持续短缺直接诱发了企业转型，部分企业技术改造“火线”转型、跨界生产，不断补充供给缺口，达成企业与社会双赢。例如，红豆集团的防护服生产、远景科技集团的口罩生产，从自动生产线进厂房、调试到规模化生产不足半月。另一方面“危中蕴机”。韩国、日本等国已经出现了口罩等医疗物资短缺问题，我国这些企业的产能处于饱和状态，在产量满足我国所需的情况下，可以对外输出，这些物资的出口给快速转型的企业带来丰厚的利润回报。与此同时，部分优秀的高科技企业在新冠肺炎疫情中面临着因资金断流而倒闭的风险，但是新冠肺炎疫情防控期间其产品竞争力的脱颖而出，又使其抓住了突破困境、维系发展的机会，如苏

州雅睿生物科技公司在新冠肺炎疫情防控期间将自主生产的多款产品输送至一线，但面临资金链断裂的压力，相关政府部门立刻与金融机构协调解决此项问题。

3．强应用、拓领域，公共服务创新成为数字化新方向

制造业企业逐步在公共服务领域开展模式化探索和应用。一方面，制造业有效解决了公共服务面临的人力资源紧张问题。例如，在新冠肺炎疫情防控期间，智能医护机器人在湖北、上海、山东、甘肃、广西、河南、江苏、新疆等地医院及卫生服务中心推广应用，开展病人导诊问询、挂号诊疗等工作，有效缓解了医护人手不足的状况；阿里健康、腾讯健康、平安好医生、微医、医联、丁香医生等平台开通在线义诊，初筛普通感冒和新冠肺炎，缓解线下压力，减少交叉感染；多地学校利用“云端”技术，搭建“空中课堂”，极大减少了学生的聚集。据钉钉官方消息，截至 2020 年 1 月 31 日，广东、江苏、河南等 20 多个省份加入“在家上课”计划，超 1 万所大中小学、500 万名学生通过“钉钉直播”上课。另一方面，公共服务业主动适应疫情，“业务不暂停”“不打烊还打折”为企业节省了成本；同时，线上办理服务如“网上国网 App”做到了当日申请、当日办结，节约了企业费用和交易成本，增强了双方的信任和支持。服务部门和实体部门同心协力，共同助力复工复产和经济转入循环畅通的运行轨道。在公共治理领域，江苏省沭阳县利用无人机监督人们的防疫行为，正酝酿着新一轮技术革新。

4．平台经济和共享经济蓬勃发展，为助力经济社会稳定奠定新基础

在平台经济方面，阿里巴巴的钉钉、腾讯的企业微信、字节跳动的飞书、石墨文档、小鱼易连等“在家办公”产品推动远程办公向纵深发展，培养了用户习惯。据钉钉统计，全国数百个城市超千万家企业采用钉钉健康打卡和在线课堂等产品，满足远程办公、教育等需求，超过 1 000 万家企业组织两亿个“上班族”在线开工。“用友精智”工业互联网平台累计服务 46 万家工业企业数智化转型，其中超过 6 000 家是大型企业，在共享经济方面，盒马开创了“共享员工”模式，3 万个岗位涵盖总部采购、技术、运营、“门店小二”、配送等。

5．宅经济初露真容，消费潜力得到深入挖掘

受新冠肺炎疫情的影响，春节期间人们大多“宅”家生活和防疫。宅经济焕发生机，居民的短期消费从线下转为线上。以手机为基础的网购出现大幅增长，美团买菜、京东生鲜、叮咚买菜、每日优鲜等交易量成倍增长。南京德基、金鹰等大型商场借助微信购物群开启线上营销、社群营销，及时缓解了线下客流量锐减的压力。部分企业还探索了外送、无接触餐厅等新模式，不断增强自身的服务能力。根据富途网数据显示，2020 年网络零售指数已恢复到 2020 年春节前水平，一般零售和专业零售也已大幅回升，通过线上购物有效冲抵了新冠肺炎疫情对批发零售行业的影响。与此同时，居民线上消费能力得到进一步释放和拓宽。手游、直播、线上教育、远程办公和社群营销发展迅猛，字节跳动、苏宁科技、云之家等纷纷公布免费远程办公系统，激发出电商产业链的沉淀价值点，通过线上聚合用户提高获客率，积累了大批潜在用户。

8.3　数智化成为企业高质量发展的重要驱动力

1．以数智化加速创新融合，推动企业动力变革

数字化、网络化、智能化引领新一代信息技术发展，具有创新活跃度高、渗透性广、融合性强等特点，正在引发产业系统性、革命性、群体性的技术创新、模式创新、业态创新和产品创新。一是推动技术创新。通过发挥新一代信息通信技术的引领性作用，推进产业间、多领域、跨产业链的技术融合创新和网络化、智能化应用。二是推动模式创新。以数据的应用分析为驱动，通过生产流程、管理流程和商业运营等多个维度的创新设计，推动制造业产业模式发展得更为科学高效。三是推动业态创新。通过云上迁移、人工智能算法和物联网的应用，助力数字技术在实体经济的融合应用，推动新能源、新材料、新装备、新零售等新业态不断涌现。四是推动产品创新。新技术、新业态、新模式有效提升了产品的生产柔性、模式弹性和形态个性化，智

能家居、智能汽车、可穿戴智能产品等智能终端产品不断延伸产品创新的新领域。

2. 以数智化优化发展方式，推动企业效率变革

大数据技术能够为社会经济活动提供科学决策依据，全方位、多层次优化资源配置效率，进而优化经济发展方式，提升社会整体的集约化程度。一是提高生产效率。数智化一方面能够推动生产组织形式由层级制转向平台化、网络化、扁平化，减少中间环节，大幅缩减生产服务时长；另一方面能够通过设计端、制造端、客户端数据及时汇聚共享，精准对接个性化、多样化需求，在设计、研发、生产、销售各个环节构建智能化、柔性化组织经营管理体系，全方位提升生产效率。二是提高市场效率。目前数字化已从企业内部通过供应链上下游企业向整个产业链延伸，推动了产业链、供应链、价值链的融合，加速了资金、人才、技术、数据等市场要素的快速聚合，进而推动了市场运行效率的提升。三是提高了政府决策和审批效率。通过利用大数据、互联网、人工智能等现代信息技术，强化了数据的整合、开放、共享，有助于跨部门、跨系统、跨地域、跨层级的高效协同，简化了审批流程，提高了企业办事效率。

3. 以数智化提升供给水平，推动企业质量变革

通过推动企业动力变革、效率变革，实现企业发展从量的积累到全局性、系统性能力的提高，最终实现产品质量、服务质量的全面提升。一是提高产品质量。互联网、大数据、人工智能等技术在制造业深度应用，可以通过生产设备和业务流程数字化，优化生产流程和存量，降低企业的劳动力、物流、能耗等综合成本，提升产品质量，边际改善中小企业的经营效率。二是提高服务质量。借助工业软件、云化软件、工业专项应用 App 等，网络化、智能化技术全面渗透到产品研发、设计、物流、营销等各个环节，为各个领域提供个性化、精准化、定制化服务，进一步丰富公众对工业产业的需求。三是提高产业供给质量。数字化有助于促进制造企业与上下游企业在地域上和信息联系上的集中，减少交易成本，降低经营风险，提升经济效益，实现行业价值链各个环节的普遍升级，提升产业供给水平。

8.4 企业数智化转型的薄弱环节

1. 企业数智化转型意识和主动性不强

企业本身对以数智化推进企业转型升级的认识不够，影响了企业的数智化进程；企业对数智化路径不清晰，对企业上云、上平台持迟疑态度；企业本身的数智化改造能力不强，缺乏专业化的技术服务团队。

2. 专业人才缺乏

企业数智化对制造流程和网络设计、创新应用有非常高的要求，目前在工业制造业领域，数智化专业技术人才非常短缺；高校专业内容设计方面基础薄弱，基础技术研究人才输出不足；工业互联网设计等对专业人才知识结构和技能水平要求很高，很难通过短期培训快速获得。

3. 工业互联网专业化供给服务不足

工业互联网技术基础比较薄弱，工业互联网平台商业成熟度不高，缺乏大型龙头企业；工业制造业应用复杂，工业互联网定制化研发、精细化制造的支撑能力相对不足；示范应用的成功案例有限，可复制性不强，影响了推广应用的范围和进度。

4. 网络信息安全隐患突出

企业数智化后的网络信息系统实现了虚拟空间和实体经济的交织，使网络安全隐患延伸到制造环节，必须进行网络安全技术的创新；很多工业系统涉及国家战略资源、生产安全，使得那些对基础信息网络的攻击影响到关系国计民生和国家安全的重要领域；工业互联网领域的风险评估、安全防护等技术储备不足。

8.5 推动企业数智化发展的相关建议

1. 挖掘新动能，达到“疫情降、复工升、消费暖”齐头并进

首先，大力推进新技术、新模式在公共卫生服务的应用。一方面，对于新冠肺炎疫情严重的地区、重点城市，继续鼓励开展无人配送、空中扫码、无人机巡航等“无接触”防疫服务，加强返岗人员源头管理，完善“人防+技防”“管控+服务”防控模式。对于新冠肺炎疫情低风险地区、人群密集区、城市公交地铁人员流动区等地，有条件的可利用“人体识别+人像识别+红外、可见光双传感”，快速定位发烧者，降低疫情传播风险。另一方面，加快推进健康码跨省互认互通，有序推进劳务输出地与输入地的务工人员对接，精准其返岗的时间、路线、乘车工具、防护措施等，确保不带病返岗，同时解决健康证明认证难、人员返岗难问题。

其次，强化线上与线下联动，确保复工复产有序推进。充分利用人工智能、大数据等优势，确保医院医用物资、生活资料及时满足并有储备，提高企业防疫物资、生产原材料的供给，解决企业复工难问题，护航产业链。

第三，深挖消费者潜力，回补实物消费和服务消费。相关企业一方面要精细化在线消费，满足不同类群体，尤其是新兴群体如在线教育中的小学生、教师等的差异化需求，快速迭代产品功能，补齐短板，确保优质的服务，把被抑制、被冻结的消费释放出来；另一方面要培育、壮大新冠肺炎疫情防控中催生的新型消费、升级消费，增加消费者黏性，充分将新冠肺炎疫情期间积累的消费者转化为长期消费者。

2. 健全数字化公共服务设施，提高基础保障能力

深挖政务服务、智慧城市、公共服务、工业制造等领域的数字化建设需求，加快推进 5G 网络基础设施建设和 IPv6（互联网协议第 6 版）的全面应用，完善交通通信和车联网基础设施，为相关领域的数智化转型提供基础设施支撑。做好各地区数据中心的摸排工作，统筹好各类数据中心和云设施建设应用，引导企业围绕数据资源的应用服务上云、上平台，助力企业生产效率的提升和管理水平的优化。加快推进国家信息基础设施安全保障体系建

设，健全工业制造业数据安全防护，有效应对网络安全攻击。提升大数据、云计算、人工智能等技术的新型复合型人才的培养力度。

3．推进数字经济和制造业深度融合，不断壮大实体经济

一方面，要“延链条，聚核心，内外兼修数智化”。对外，要让传统制造业插上数字化“翅膀”。制造业要拥抱数字化，要化被动为主动，不仅要加快大数据、云计算、物联网和人工智能等技术嵌套于制造业企业的生产、营销、物流、配送、品牌、推广等环节，而且要借助数字化延长自身链条，让链条横跨区域、纵跨行业，从而稳固自身在生产网络中的节点地位，做到降成本、优环节、拓规模。对内，要通过数智化专注于核心部件和关键技术，将新技术、新工艺、新装备、核心资源、人才充分配置于设计、研发，实现工艺、过程创新，通过大数据监测实现产品品质监控、提高管理预测能力和管理水平，从而提高产品的一致性、稳定性、可靠性，打造高质量产品。

另一方面，要“融平台，强对接，促进供给柔性化”。企业，尤其是生产消费品的企业，要拥抱平台经济，并与互联网企业展开深度合作，广泛融入云平台，获得订单、物流、金融等资源，充分利用数字化优势匹配需求与供给，更新和壮大自身资源库与需求池，借助在线设计、用户体验、众创定制等平台形成特定解决方案，发挥灵活性、柔性化优势，借助数智化快速迭代功能实现规模化，解决用户的多样性、实时性、个性化需求，实现品质和服务联动提升。通过人工智能、大数据、物联网等技术促进企业生产方式和商业模式创新，发展智能制造和智能服务，实现企业生产技术升级、商业模式创新和服务供给变革。充分抓住新型基础设施建设机遇，通过机器换人、设备换芯、车间换线等方式加快推进制造业数智化转型，加大工业机器人研发和生产的投入力度，推进技术和装备更新迭代，推动智慧工厂建设。向企业有序开放数据资源，推广云制造平台和云服务平台，打破企业间、供应链上下游、供应链之间的物理和组织边界，促进研发数据从多源向统一、研发流程从串行向并行的演进，有效缩短研发周期，提升研发效率。

4．加强政策供给评估，提高服务企业水平

企业数智化转型与政策服务引导密不可分。推动新冠肺炎疫情中表现突出的数智化企业成为经济发展新动力，建立面向重大公共安全事件的信息技

术产品及服务推荐目录，优先采购新冠肺炎疫情中提供在线、云化技术等相关产品和服务的企业的产品和服务，统一采购技术适应性强、中小企业普遍需求的产品和服务，在提供创业孵化基地、平台运营补贴等政策支持方面予以倾斜。持续发挥新一代信息技术在数据搜集、挖掘、评价等方面的优势，对新冠肺炎疫情期间制定的财政支持、资金补贴、减息、减租、减税降费、返还失业保险费、延迟缴纳社保等政策措施进行持续跟踪和效果评估，从而发挥出辅助政策制定和实施的功能，引导形成合理、持续、中性的制度体系，破除行业的行政性垄断，使各类企业能够真正面对自由竞争的市场，从而使市场的决定性作用真正发挥出来，激发各类企业尤其是中小企业依靠创新能力、产品和服务质量、核心竞争力进行发展。提高数据资源的整合、开放、共享水平，推进跨部门、跨系统、跨地域、跨层级的高效协同，进一步简化审批流程，提高企业办事效率。

5．健全信息安全保障体系，确保数据安全

推进依法治理，继续加强数字经济基础性立法，完善数据安全防护等制度；建立工业互联网安全态势感知系统，保障工业数据的安全性、可靠性和可用性，建立重要敏感数据泄露的风险防范机制，有效应对网络安全攻击；加强工业互联网能力建设，健全重大网络安全事件的应急机制。

第 9 章

大数据与中小企业信用评估

9.1 我国中小企业发展的基本情况

9.1.1 中小企业发展的战略定位

1. 建设现代化经济体系、推动经济高质量发展的重要基础

党的十九大报告明确指出，我国经济发展已由高速增长阶段转向高质量发展阶段，正处在转变发展方式、优化经济结构、转换增长动力的攻坚期，建设现代化经济体系成为跨越关口的迫切要求。目前，我国中小企业贡献了50%以上的税收、60%以上的 GDP、70%以上的技术创新、80%以上的城镇劳动就业、90%以上的企业数量，是国民经济和社会发展的生力军，是推动经济实现高质量发展、建设现代化经济体系的重要基础。

2. 扩大就业、改善民生的重要支撑

就业是民生之本，稳就业是“六稳”[①]的首要任务，扩大就业是保障和

---

① “六稳”：“六稳”是指“稳就业、稳金融、稳外贸、稳外资、稳投资、稳预期工作”。

改善民生的头等大事，也是促进经济运行在合理区间、维持社会稳定的重要路径。维持和扩大中小企业这一就业“蓄水池”成为实现国民充分就业的重要渠道，有助于加快经济结构调整、增强经济活力、推动人民生活水平不断提高。

3. 落实“大众创业、万众创新”的重要抓手

推进我国经济发展方式转变和转型升级离不开创新，“大众创业、万众创新”是落实创新驱动发展战略的重要抓手，有利于调动广大人民群众劳动创业致富的热情与积极性，丰富创新、创造源泉，促进新旧动能转换，培育和催生经济社会发展新动力，摆脱经济增长乏力的危机，提升我国综合国力。中小企业是实施“大众创业、万众创新”的重要载体，是最具创新活力的群体，是战略性新兴产业发展的重要推动力量和应用新技术的主力军。很多中小企业规模虽小，但发展潜力大、活力强，逐步发展成“小巨人”“独角兽”。《2018 年中国独角兽企业研究报告》显示，2018 年已有 202 家企业入选“独角兽”企业，而这些“独角兽”企业，很多是由中小企业发展而来的。

4. 服务型政府建设的紧迫任务

改革开放 40 多年以来，我国社会经济制度经历深刻变革，服务型政府建设也经历了从无到有、从探索到全面推进的过程，法治政府、创新政府、廉洁政府、数字政府建设的步伐不断加快，有力推进了改革向纵深发展。我国中小企业普遍存在发展水平不高、技术落后、抗风险能力低、融资困难、产业转型升级压力大、人力资源成本高等问题。解决这些问题仅凭中小企业自身难以完成，政府部门需要进一步简政放权，做到精准服务。

5. 企业家精神的重要发源地

企业家是企业的掌舵者，企业家精神所包含的创新、冒险、合作、敬业、学习、执着和诚信等要素对于提升企业竞争力和可持续发展具有重要推动作用。培育和弘扬企业家精神具有重要的时代意义，大部分中小企业创业者忍耐坚守、发奋图强，拥有创新精神和愿意承担风险的意识，为企业奠定了扎实的技术、管理和人才储备基础。在诸多企业做大做强的过程中，孕育出了一大批优秀的民营企业家，这些企业家将企业自身价值和社会价值融合，将特有的企业家精神有效地传达给社会，更加激发了广大劳动者创新、创业的意识。

9.1.2 中小企业融资面临的问题

针对中小企业的融资问题，我们对相关金融机构和企业开展了系列调研：与人民银行昆明中心支行、云南省征信服务机构大雍信用评估服务公司等机构开展座谈交流，了解云南省中小企业信用融资体系的建设情况和存在的主要问题；到建设银行云南省分行、农业银行云南省分行、省农村信用社、富滇银行调研商业银行面向中小企业发放贷款的主要做法和经验、信贷数据来源，以及获取政府部门数据支持的情况，了解其对中小企业信用评价的意见、建议和相关诉求；研究分析江苏省、江苏省苏州市、福建省厦门市等开展企业信用融资体系建设的做法；与数联铭品、因果树等大数据公司交流大数据技术在服务企业信贷中的创新应用情况。调研发现了以下主要问题。

1. 融资需求大和融资难尚未解决

从融资需求来看，2018 年年初，世界银行、中小企业金融论坛、国际金融公司联合发布了《中小微企业融资缺口：对新兴市场微型、小型和中型企业融资不足与机遇的评估》报告。此报告显示，我国中小微企业潜在融资需求达 4.4 万亿美元，融资供给仅为 2.5 万亿美元，潜在融资缺口高达 1.9 万亿美元，缺口比例高达 43.18%。从融资供给来看，目前我国已经形成了以银行信贷为主的包括保险、担保、信贷、多层次资本市场、民间借贷、融资租赁等在内的供给方式，但是各类融资方式在解决中小企业融资难方面作用不一，即使是占主导地位的银行也存在诸多问题，无论是国有大型商业银行还是地方银行，大多数还处于解决中小企业融资问题的摸索阶段，对中小企业的支持力度依然不大。

2. 商业银行数据来源单一，无法全面评判企业信用状况

商业银行目前对企业开展信用评价主要依赖中国人民银行建设的企业金融信用信息基础数据库，部分银行依赖自建数据库，还有部分银行借助政府有关部门的单一数据。但是，多数银行与涉企业务主管部门之间的数据尚未实现互联互通，存在“信息孤岛”。同时，对中小企业信用的整体评价信息不完整、维度较少，难以全面刻画和评价中小企业的信用状况，而且影响

企业获得授信的精准性。对于银行而言，难以寻找到合适的放贷客户，获客成本高、精准信贷效果差。

3．企业信用评价服务和融资体系尚未形成

当前，社会信用体系建设由国家发展改革委和中国人民银行两单位牵头，主要依托“信用中国”平台开展企业信用公示、评价和应用。中国人民银行主要依托企业金融信用信息基础数据库提供企业信贷信息。市场监督管理总局建有国家企业信用公示系统，可以展示企业基本信息，并能筛选经营异常企业名录和严重违法失信企业名单。但从调研情况看，很多省市，特别是西部省市的企业信用评价体系建设起步较晚，运用范围较窄，缺乏针对性和适用性，对企业融资提供的助益有限。

4．政府部门共享和归集的数据落地应用较差

调研发现，很多省市建立的社会信用平台实现了与部分行政审批、市场监管平台的互联共享，正在逐步打破与金融、工商登记、税务、社保等部门之间的数据壁垒。但目前社会信用平台针对企业的服务以数据公示、政策发布等基础性应用为主，对企业生产经营帮助不大，难以满足企业融资信息需求。同时，政府部门之间对所掌握的企业信息的共享交换机制尚不健全，企业信用应用服务领域和场景应用不充分。

5．企业信用体系建设区域差距明显

通过对比、研究西部地区信用服务体系建设和应用与江苏、厦门等发达省市的具体做法和政策，我们发现，西部地区企业信用体系建设起步较晚，企业信用应用差距明显。西部省市可借鉴江苏、福建等地企业信用服务平台成功运营的经验，结合本地产业特点及风险评级情况，着手改善企业信用体系建设，更好地为中小企业提供信贷信用服务。

9.1.3 解决中小企业信贷融资的关键

保证贷前评估的信息透明及工具便捷是解决中小企业信贷融资的关键。

1. 保证贷前评估信息透明的必要性

贷前评估是商业银行评判是否贷款、贷多少、贷款期限和贷款方式的重要依据，也是防范风险、提高效益、与企业共同发展的重要前提。当前，中小企业缺乏全面且系统的征信、司法、海关、税务、社保等相关信息，商业银行贷前评估方法和流程不仅难以客观、全面地刻画和评估中小企业的风险，还增加了中小企业的贷款难度和成本。为此，亟须利用大数据技术建立一套针对中小企业的行之有效的贷前评估系统，通过多维度数据、精细的数据颗粒度、连续完整的数据频度、跨部门和多层级的广泛数据因子，提供可验证、可追溯、可扩展、具有逻辑一致性的中小企业数据画像，切实保证贷前评估的信息透明、完整和准确，从而有效地实现数据看得见、看明白、可信任的目标。

2. 解决贷前评估信息透明的重要意义

1）有利于对接银企双方的现实需求

商业银行往往从资金安全性、营利性角度来决定贷款行为，银行由于信息不对称、不透明多采取了“惜贷、慎贷”的态度。建立有效、透明的信息共享平台能够更加全面、精准、及时地刻画中小企业的行业价值、企业价值、科技价值、信用及经营状况，精准对接银企双方的现实需求，帮助企业改善自身的不足，帮助银行有效获取和支持合规的企业，提高贷前信用评价的准确性。

2）有利于提升中小企业的竞争力

银行信贷（货币）、政府扶持（财政）等为不同价值区间、时间段、地区、发展方向的中小企业提供高附加值的服务，能够有效支撑中小企业的持续高效发展，提升中小企业的竞争力。

3）有利于推进服务型政府的建设

政府部门通过搭建跨部门、多层级的数据共享平台，分权限、分时段、分步骤地服务于各类机构，充分发挥政府服务职能。2019 年 7 月 9 日，国务院办公厅发布《关于加快推进社会信用体系建设构建以信用为基础的新型监管机制的指导意见》，指出要全面建立信用信息采集目录，整合形成完整的市场主体信用记录，全国信用信息共享平台对市场主体开展全覆盖、标准化、公益性的公共信用综合评价，定期将评价结果推送至相关政府部门、金融机构、行业协会商会供其参考使用，推动相关部门利用公共信用综合评价结果，结合部门行业管理数据，建立行业信用评价模型，为信用监管提供更精准的依据。

3. 解决信贷评估工具简洁性的重要意义

现有银行体系的评估工具主要适用于大中型企业和重资产企业的信用评估，对于轻资产的中小企业信用评估缺乏科学有效的评估方法与手段。近年来，商业银行积极探索大数据和人工智能等技术方法，给中小企业的轻资产的特点，以公开的算法、安全可验证的结果，对企业进行简洁、易操作的信贷评估，为中小企业融资找到了一条切实可行的路径。

9.2 中小企业融资状况分析

9.2.1 银行对中小企业的融资状况分析

1. 产品和服务供给状况分析

从国有大型商业银行来看，工商银行运用大数据互联网技术，整合工商、税务、征信、金融交易等信息，创新平台化获客、抵押品在线评估、自动审批、数字化风控等模式，推出“经营快贷”“网贷通”“线上供应链融资”等产品。农业银行运用大数据、人工智能技术开发“普惠金融大脑”，推进“结算转有贷户”精准营销。交通银行开发“线上优贷通”“线上税融通”等全线上标准化小额信用贷款产品，利用客户在交行结算资金、客户涉税信息等，主动为客户提供小额循环信用贷款。建设银行推出面向中小企业的“惠懂你”手机移动端平台，企业可线上进行贷款额度测算、预约开户、贷款申请、支用还款等操作。中国银行与腾讯携手成立金融科技联合实验室，重点基于云计算、大数据、区块链和人工智能等技术开展深度合作，共建普惠金融、云上金融、智能金融和科技金融等新生态。

从各地实践来看，江苏、浙江、山东等地中国人民银行分支机构加强与地方政府的沟通协作，依托大数据、云计算等信息技术手段整合政府部门信息资源，构建金融服务信息共享平台，精准对接客户，提升融资便利性。例如，苏州市于 2015 年开始启动“苏州地方企业征信平台”建设，解决银企信息不对称问题，通过和政府部门、公用事业单位、银行等单位专线连接，实现系统对企业数据的自动采集与实时查询，包括企业纳税、财务报表、社保公积金缴纳、水电气、立案诉讼等信息，为金融机构提供征信报告、信息分析、信用评分、风险预警等产品。浙江省台州市“金融服务信用信息共享平台”整合 15 个部门 81 大类信息，提供综合信用报告、信用立方、正负面信息、不良名录库、培育池、信用评分及诊断预警等多种功能。山东省金融机构通过人民银行搭建“融资服务网络平台”，积极对接“山东政务服务网”企业融资在线服务系统，企业可随时通过互联网提交融资需求，发展改革委、税务局等部门的涉企信息自动匹配共享，帮助银企实时融资对接。

2. 产品和服务供给评价

一是融资产品和服务渠道单一。目前商业银行针对中小企业的贷款产品发布渠道主要是银行网站（包括网页和手机 App），还有少数银行设置了中小企业服务中心或专柜。目前，银行信用贷款页面操作友好性较差、在线办理业务不多，真正意义上的信用贷款很少，针对中小企业的信贷更少。

二是银行评估采用的数据存在不足。银行评估采用的数据分为企业三表数据、企业一般信息和企业特征信息。这些数据是分业数据，缺少其他行业数据如企业信用数据、国民经济分行业数据、知识产权数据等，在佐证企业的静态数据时缺乏其他相应的动态数据。另外，银行评估方法存在不足，采用的是分行业评估，多为静态数据评估，没有采用多行业比对评估和动态数据评估。

三是企业贷款不畅。企业贷款需要经过数据准备、资产准备、寻找确定银行产品、贷款管理等流程。由于大部分中小企业缺少专业的融资人员，每一步流程对企业管理者而言都极具考验。主要症结如下：①无法自证提交的信息透明、准确；②企业信息不完整、不及时、不连续；③一般企业缺少信息技术人员；④有价资产的信息或证明匮乏或不完整；⑤专业价值评价机构缺乏或相关资质不被银行认可；⑥企业信用、企业“董高监”[①]3 种人信用信息混乱；七是企业知识产权信息破缺或处于灰箱状态。

9.2.2 改善中小企业融资的路径分析

1. 传统贷款路径

商业银行贷款流程通常包括财务评估、行业（内）评估、信用评估、质押贷款管理。通常情况下，商业银行贷款对象的首选是国有企业，其次是抵押物充足的大型企业，再次是企业生产经营状况良好、资产负债率低的大中型企业。对于各类信息不完整、不准确、不连续，有价资产匮乏或不完整、无担保、无抵押、商业前景不明、高风险的中小企业，银行多采取“惜贷、慎贷”的态度。

囿于金融科技手段的薄弱，银行传统的贷款流程面对中小企业无所适从，对科技产品或技术的深入理解缺乏有效的手段，甚至出现了部分银行由于自己缺乏评估能力而需要委托第三方机构开展评价的现象。

2. 改善传统融资的可行路径

目前，中小企业融资模式主要有银行传统模式、信贷融资平台、金融指数、大数据方法研究，现将这几种方式对比说明如下（见表 9-1）。

表 9-1 中小企业融资模式对比分析表

类 别	画像描述	优 势	竞争力	不 足
银行传统模式	财务指标、质押物、企业及高管征信（个人连带责任担保）	历史长，成熟度高，风险可控	有排他性，易操作	维度少，频度低，不能满足轻资产、无质押担保的需求

① “董高监”：“董高监”是指“董事会、企业高管、监事会”。

续表

类　别	画像描述	优　势	竞争力	不　足
信贷融资平台	以信息交互为主，企业画像不是强项，依赖第三方征信	参与企业、银行数量大，样本多，未来画像空间大	可快速获取客户，银企交易成本低	缺少数据挖掘的手段和资源，企业质量不易掌控
金融指数	建行新华指数以定性指标为主，台州指数以企业、政府数据为依托	建行新华指数有品牌、背景；台州指数有政府支持，企业覆盖面广	政府支持，传播能力强，资金实力大	定性指标可持续性差，台州指数有区域的局限性
大数据方法研究	在传统企业画像基础上增加了行业、产品、信用等多维度，数据标准化，实现了对企业的客观评价	宏观加微观，有利于对企业的客观分析，数据可持续、可有效获取、可扩展，建立了企业数据生态	有数据优势，可兼容其他企业画像维度，标准化程度高，易于推广，能缩短银企之间的信任距离，降低银行获客成本	获取企业数据能力差，目前局限于科技型企业，需要政府或科技园区的支持

中小企业融资模式改善路径，如图 9-1 所示。

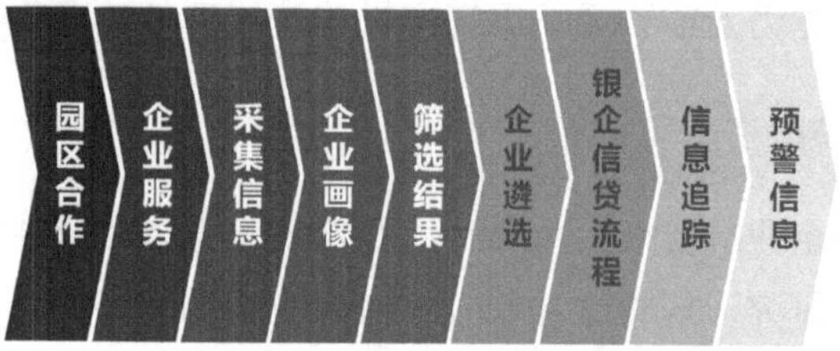

图 9-1　中小企业融资模式改善路径

（1）园区合作：园区聚集着大批中小企业，利用园区与企业的密切关系，可以有效地组织园区企业享受国家基于中小企业的优惠政策，帮助中小企业融资落地。

（2）企业服务：通过技术手段，建立企业服务平台，使企业的经营管理逐步规范化，建立银企互动机制，做到信息穿透，有利于辅助银行风险管理。

（3）信息采集：采用先进的技术，科学、安全、便捷地实现信息采集、互动交流。

（4）企业画像：利用多维数据，给企业进行画像，做规范化“体检”，让企业看到自己的长处和短板，让园区看清园区企业的发展状况，让银行获取规范化、合格的企业资源。

（5）筛选结果：通过科学的因子（指标）设置，将经过“体检”的企业进行排序，筛选出不同条件的企业，向银行输出“白名单”。

（6）企业遴选：在银行获得经筛选的企业“白名单”后，银行按照自己的考核指标遴选符合标准的贷款企业。

（7）银企信贷流程：入选企业进入贷款流程。

（8）信息跟踪：利用技术手段和大数据支撑，实现贷中、贷后的信息跟踪，提高管理效率。

（9）预警信息：在信用信息的基础上，采用技术手段获取多维度实时动态信息，提升银行风险控制信息来源的时效性。

9.3 运用大数据进行中小企业信贷融资画像实施路径

9.3.1 进行中小企业信贷融资画像的目的

1. 促进企业信贷创新

现在市场流行的是大数据模式下的中小企业信贷体系，其评估及质押主体是企业的 3 种人，即“董高监”。该种信贷评估体系存在“董高监”个人征信评估与企业信用评估的法律主体错配，而且对“董高监”的评估数据样本基本上是消费数据样本，是对企业的信用行为评估而不是对企业的投入产出财务评估。在这种模式下，由“董高监”承担无限连带责任，而不是由所属企业承担有限责任，在当前法律环境尚不完备的情况下，两种不同类型的责任主体容易造成法律错判。

2. 普惠金融创新

企业服务：提供企业以信贷为核心，完善自身信息，提交相关文件，进行资质证明，完成获取信贷的基础工作；提高审核、放贷的互动交流和规范化工具的使用。

银行服务：根据多维数据对平台上的企业进行排序，筛选合格企业，降低获客成本。跟踪企业动态信息，量化信贷风险控制，实现信贷在线化，打通信贷“神经末梢”。进行客观数据评价，降低银行信贷一线作业人员的非主观风险。

政府服务：利用企业信息和基础画像信息，分析、了解辖区企业的发展状况，提供企业增信、增值服务，提高企业融资成功率，增强辖区企业的竞争力。汇聚政府（开发区）的优惠政策，与银行信贷紧密结合，形成合力，降低银行风险。

中介服务：联合律师事务所、会计师事务所、担保公司、保险公司等服务机构，以规范、优质、价格合理等优势为企业服务，使各参与方都获益。

9.3.2 实施路径：中小企业信贷融资画像体系

1. 中小企业信贷融资画像体系的意义

1）评价作用

中小企业信贷融资画像体系能够在线测算每个企业的总体得分和各项因子得分情况，客观、合理地评价每个企业的行业价值、企业价值、创新能力、信用水平及经营状况。

2）甄别作用

中小企业信贷融资画像能够将企业按照评分高低进行排序。银行可以按照自身标准向中小企业贷款。政府（开发区）根据政策和本地发展战略对中小企业提供差异化的扶持。

3）预测作用

中小企业信贷融资画像的变化不仅能够反映中小企业的发展历史和当前的整体信用现状，而且能够对未来的信用走势进行预判，具有一定的预测作用。

4）资源配置作用

中小企业信贷融资画像体系关系着中小企业的资源配置，衡量着中小企业的平均水平，中小企业尤其是中小企业信贷融资画像整体平均值附近的企业可以以平均值为参考，根据因子的选项和得分情况来寻找自身短板和优势，从而对照因子有针对性地补全得分较低的因子或强化得分较高的因子，这势必带来企业资源的重新配置，有助于企业精准增信，从而达到银行贷款所需的征信得分要求。

5）降低交易成本作用

中小企业信贷融资画像体系，为银行提供了助贷工具，降低了企业提供抵押物，以及与银行进行沟通的成本，大大节约了企业来往金融机构所需支付的各项机会成本和费用。同时，银行在贷款时可参考该体系进行决策，从而有助于降低银行的识别成本。

6）打通金融机构和实体经济的信息鸿沟作用

中小企业信贷融资画像体系首次整合、凝聚宏观经济、行业、企业、政策等信息，打破政策信息壁垒，本身是一种跨部门、跨行业的信息融合、共享，打通了各级政府及相关职能部门、中小企业、金融机构、专业服务机构等环节，从而将顶层设计和中小企业需求对接，有助于中小企业的相关扶持政策切实落地。与此同时，在跨越信息鸿沟时，中小企业能够借助该画像体系将困难客观地反馈给有关管理部门，从而使政策修订突出精细化和差异化，解决中小企业政策落实“最后一公里”问题。

2. 画像构建

大数据方法通过对数据的深度挖掘，对工商、经营、管理、行业、历史、知识产权、信用、关联等进行多维度分析，构建中小企业信贷融资画像，可以更完美地抽象出一个企业的特质和全貌，精准、快速地提供信贷和决策的数据基础，为金融机构和监管部门提供全面的企业信息评价工具。

1）画像依据

大数据方法以主流商业银行现有的企业评估、行业评估、科技创新评估、企业信用评估四阶段的融资评估方法，科技部门推荐的概念框架、技术创新、商业模式、团队结构四级因子架构评估方法，以及财政部、评级机构企业绩效的定量+定性、基本指标+修正指标的评估方法作为画像设计参考依据，结合现阶段、现环境下的现有资源，充分考量数据可获取性和可扩展性、算法模型成熟度和可解释性、使用者可理解性和易用性、应用场景可复制和推广性，课题组经多方多次调研论证，权衡利弊、求同存异，构建了中小企业信贷融资画像。

2）画像原则

（1）可说明、可理解、可实施。目前已有的很多金融科技产品存在算法模型和结论不透明、不可解释或不一定可解释的情况，使用者很难理解相关的结论依据，更难依据不同场景开展实际操作或灵活运用。而大数据方法运用的数据和算法模型，公开、透明、便于使用者理解，并可根据自身的需求进行调整和优化。

（2）多维度、高频度、可量化。大数据方法首次引入了行业增加值数据、国家公共信用信息数据、科技部门的科研产出数据，扩展了数据的维度，同时提高了各类数据的频度，并将多维、高频数据进行整合、量化、挖掘，构建全面、透明、精准的中小企业信贷融资画像。

3）画像因子

大数据方法不刻意追求完备性，选取画像因子时，尽量选取最具有代表性和最贴合实际应用场景的因子，提高课题的应用性和推广性，为解决商业银行“惜贷、慎贷”，以及中小企业贷款难、贷款贵的现状提供辅助分析工具。

4）动态调整

中小企业分层画像评分结果根据所需因子数据的更新频度调整计算，调整计算期间 A 股中小板、创业板企业的上市、退市不对评估样本调整产生影响，不影响分层画像的评分结果，下次定期调整时一并重新计算。

5）补充说明

中小企业信贷融资画像仅采用定量分析的方法，通过对传统的多维度大数据全面分析，为企业进行精准画像，但考虑到信息的多样化和可扩展性，建议采用定量+定性、传统大数据+非传统大数据相结合的分析方法。

同时，在各类资源完备、条件成熟的情况下，画像可增加中小企业信贷融资指数，完善、提升中小企业信贷融资画像，使其更具参考价值。

大数据方法与商业银行传统信贷融资评估方法比较如表 9-2 所示。

表 9-2 大数据方法与商业银行传统信贷融资评估方法比较

评估内容	商业银行传统做法	大数据方法
行业评估	以国资委对国有大、中、小型企业绩效评价标准为基础（上年度数据）	以全社会行业产出数据（即期）为基础，后期可增加全社会行业绩效评价
企业评估	引入国际上的企业评估方法	基于中国特色，采用银行简化版企业评估方法
科技创新评估	引入第三方的“灰箱”或“黑箱”	采用科技部门的实时动态数据，透明、可追溯
企业信用评估	采用企业的水、电、气等经营数据和企业法人、主要股东、知识产权所有人的个人信用数据	采用国家信用信息部门的企业行政处罚、异常经营、失信被执行人、重大税收违法、安全生产黑名单等多领域动态信用数据

9.3.3 画像的动态穿透

（1）随着企业信息的不断更新，以及画像数据的动态变化，系统可以动态修正画像的结果。

（2）借助金融科技的技术支撑，可以实现信息的“穿透”管理，有利于风险控制。

（3）借助第三方的风险控制服务及大数据，在企业画像中强化、补充传统企业信用信息，在贷中和贷后管理中提高企业信用动态高频管理，实现风险辅助提示（见图 9-2）。

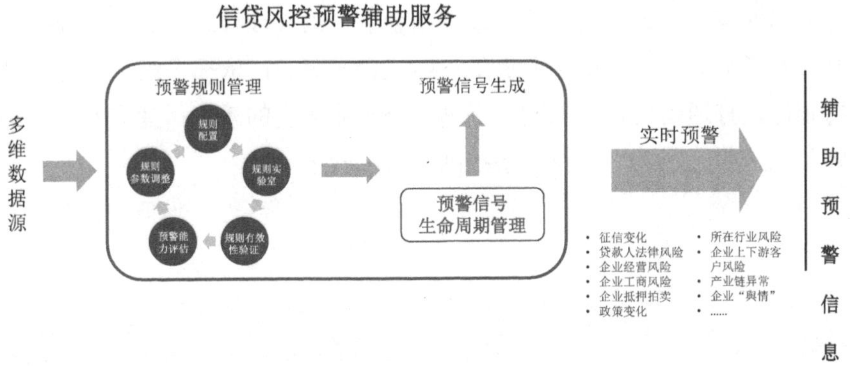

图 9-2 信贷风控辅助预警

9.3.4 大数据进行中小企业信贷融资画像样例

1. 中小企业融资服务平台架构

中小企业融资服务平台架构（见图 9-3）可使区域内（行政区或开发区）企业、政府和金融机构（银行、保险、证券等）建立互联互通关系，为中小企业提供一站式金融服务；利用宏观和微观数据，从行业、区域、产品角度分析企业发展情况，为企业量化评分；打通工商、税务、政务资源，营运数据资源、为银行授信提供真实数据资源，增强风险防控能力。

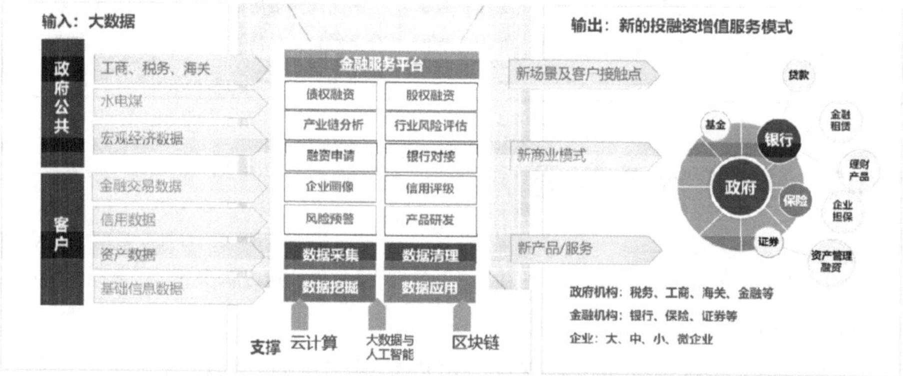

图 9-3 中小企业融资服务平台架构

2. 中小企业融资画像技术框架

中小企业融资画像技术框架（见图 9-4）可有效融合各种技术，建立参与方之间的高效联系，使企业、政府和金融机构（银行、保险、证券等）建立互联互通关系，为中小企业提供一站式金融服务；依托多维数据融合进行动态画像，打通信贷神经末梢，提高中小企业融资的效率；建立互信机制，保障信息透明、连续，以及风险控制和隐私安全。

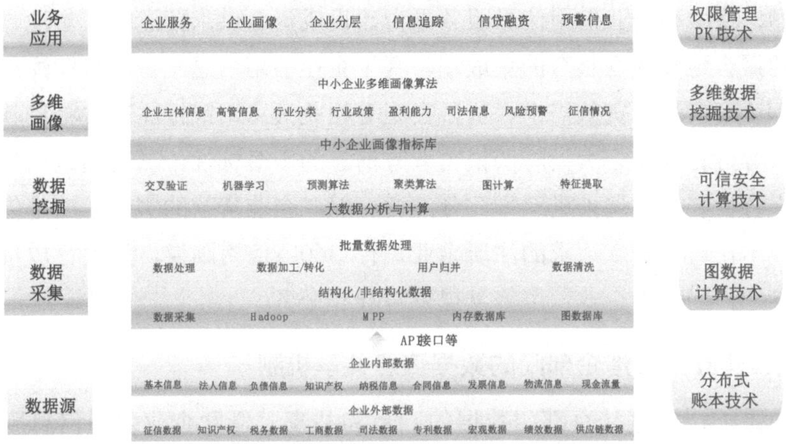

图 9-4　中小企业融资画像技术框架

中小企业融资画像技术框架可根据中小企业融资服务的需求，满足企业、银行、政府、中介等多方的应用，同时保障信息安全、跟进技术发展趋势、实现升级迭代。“移动化、社交化、云化、大数据化”是当今信息技术应用的大趋势，通过构建统一入口、统一认证、一站式服务的基础平台服务，可以解决各参与方之间数据共享、隐私保护、实时更新、协同应用等方面的难题，实现动态数据穿透管理。

9.4　大数据辅助中小企业信用评估的对策和建议

9.4.1　提高政银企[①]业务协同和信息共享

1. 建设企业信用信息服务大数据平台

一是建立健全企业信用信息平台，消除中小企业贷款过程中的信息不对

① 政银企：政银企是指政府机构、银行和企业。

称问题，将中小企业信用信息服务平台建设成资金供求信息的汇集池、贷款达成的撮合地和数据整合的集成端。基于企业信用信息平台，企业注册并发布基本工商信息、贷款需求、项目实施等相关信息，银行注册并将贷款产品和要求等进行发布，大大降低银企双方信息的不对称性。二是通过构建银企间的撮合机制，协调推进双方充分沟通，促成企业贷款的实现。三是借助大数据技术，对有贷款请求的注册企业进行 360° 信用画像，为银行放贷提供决策参考，同时为企业信用修复提供指导和服务。

2. 建立完善涉企部门的数据信息共享机制

一是加快推进涉企部门数据的归集和共享。借助企业信用信息服务平台，全面接入企业工商、税务、司法、社保、安全生产等数据，从而提高商业银行获取企业信息的速度、深度和广度。二是进一步完善涉企部门信息共享机制。要突破政府部门的数据藩篱，加快与涉企部门建立企业数据实时共享机制，建立涉企部门信息共享目录和信息交换标准，为中小企业融资提供信用信息保障。三是运用大数据处理、挖掘、分析、建模技术，建立中小企业数据库，提高中小企业信息数据的完整性、质量、频度、透明度，共享企业注册登记、行政许可、行政处罚、“黑名单”，以及纳税、社保、环保、水电煤气、仓储物流等信息，真正打通融资信息、信用信息等各类传统数据和非传统数据“孤岛”。

9.4.2 深入推进服务型政府建设

1. 探索知识产权质押机制

加强金融创新，高度重视知识产权这种双方认可且可评估的质押物，促进“地 / 房 / 币”质押方式向知识产权质押转变。近年来，国内广泛开展了知识产权质押融资试点，如北京“银行+企业专利权 / 商标专用权质押”的直接质押融资模式、浦东“银行+政府基金担保+专利权反担保”的间接质押模式、武汉“银行+科技担保公司+专利权反担保”的混合模式，在实践中虽然取得了一些成效，但仍存在知识产权质押融资比例偏低、授信额远低于评估值、最高贷款金额上限较低等问题。究其原因，除法律风险、估值风险、经营风险、处置风险等共性的风险问题外，商业银行对中小企业知识产权信息获取渠道、创新技术可靠性、未来的应用前景和价值存在信息不对称。为此，政府及相关部门要在信息提供、信息质量、信息价值方面提供更多支持和保障，为中小企业增信，降低商业银行贷款风险，提高企业贷款成功概率。

2. 推进企业信用信息社会化服务

当前企业信用信息主要来源于政府机构和公用事业单位、互联网公开信息（多采用网络“爬虫”技术获取），以及专业的信用数据服务中介机构。由于发展历史短、政策限制、隐私保护、行业不规范造成信息获取不畅、成本高、不准确、不合规等，公用事业单位面临私密性强、技术障碍大、维护成本高、责任大等问题，企业则出于利益考虑导致服务价格高、公信力低。因此，要加强政府和社会资源的联合协作，充分利用公用事业单位与企业各自的优势，提高信息权威性的同时降低信息服务成本，积极开展标准化规范，推进面向银行的企业信用信息社会化服务，着力提升“信用中国”“央行征信中心”的易用性和开放度。

3. 建立中小企业贷款风险补偿制度

一是试点设立中小企业贷款风险补偿资金。从调研情况来看，部分省市已经设立了中小企业贷款风险补偿资金制度，在一定程度上提升了中小企业融资效果。可进一步健全中小企业贷款风险补偿资金制度，推进更大范围的示范试点，以鼓励银行贷款更多地流向中小企业和实体经济。二是推动贷款风险补偿政策与中小企业信用信息服务相结合。进一步探索风险补偿金政策与基于大数据的企业信用画像的结果匹配机制，为银行放贷提供更为精准的信用信息服务支持。

第 10 章

大数据与新型城镇化

党的十九大报告指出，实施区域协调发展战略，通过以城市群为主体构建大中小城市和小城镇协调发展的城镇格局。这是我国提高城镇化发展质量的重要途径。城镇化作为我国扩大内需、经济结构转型升级的有效增长点，已经进入关键阶段。城镇化是一个涉及土地制度、城市投融资体制、户籍制度、人口管理制度、财税体制和房地产管理等多重改革的系统工程。在复杂的环境背景下，正确认识城镇化的内涵，让城镇化发挥扩大内需的潜力，按照“三个一亿人”城镇化实施方案执行城镇化战略的历史任务，城镇化规划必须围绕人口向城镇的有效聚集这一关键目标，坚持以人为核心的城镇化不动摇，着力解决城镇化过程中的不平衡、不充分发展问题。

2014 年 7 月 24 日，国务院出台《关于进一步推进户籍制度改革的意见》（简称《意见》），打破了我国持续多年的城乡二元化户籍制度。《意见》给出了推进户籍制度改革的具体措施，指出了要全面放开建制镇和小城市落户限制、建立城乡统一的户口登记制度等户口迁移政策和人口管理制度。

2019 年 4 月 8 日，国家发展改革委印发《2019 年新型城镇化建设重点任务》（简称《任务》），要求继续加大户籍制度改革力度。其中提到，城区常住人口 100 万～300 万的Ⅱ型大城市要全面取消落户限制；城区常住人口 300 万～500 万的Ⅰ型大城市要全面放开放宽落户条件。《任务》要求突出抓好在城镇就业的农业转移人口落户工作，推动 1 亿非户籍人口在城市落户目标取得决定性进展。

截至 2019 年年底，31 个省份均已出台户籍制度改革相关意见，其中多个省份定下了农业转移人口落户城镇的目标。例如，广东提出到 2020 年，努力实现 1 300 万左右的农业转移人口和其他常住人口在广东省城镇落户；陕西提出到 2020 年，实现累计 1 000 万农业转移人口和其他常住人口在城镇落户，全省城镇化水平达到 62%等。

大量农业转移人口进城落户后，尽管政府已经采取众多措施推进城镇化的发展，但目前我国城镇化发展中仍存在诸多问题，如进城务工人员住房难、缺乏社会保障、城市服务配套不健全、就业机会较少等，导致近年来我国城镇化发展的步调有所放缓。在众多问题中，住房问题对于进城务工人员而言仍是重中之重。在坚持“房住不炒”的原则下，各地基于对“一城一策”的理解，从需求端对包括进城务工人员在内的新城市人口给出直接的买房补贴，但在解决群众住房问题、确保房地产市场平稳发展中仍存在很多认知和行动上的挑战。这既反映了中国房地产市场形势的错综复杂，以及问题的艰巨严峻，也揭露了政府在房地产宏观调控中仍缺乏行之有效的决策辅助工具①。传统的城镇化建设主要依靠传统经验和行政手段干预，致力于新建住房等固定资产的投资建设，欠缺对资源的有效整合。随着信息化和网络化的快速发展，大数据技术通过数据挖掘发现事物潜在的相关关系，进行统计描述和未来预测，有可能为政府解决这一治理难题拓展新的思路，辅助政府建设智慧城市和制定更好响应经济运行及民众需求的房地产政策。

10.1　进城务工人员的安居问题

对于大部分进城务工人员来说，进城容易安居难，住房难已成为阻碍进

① 李鹏，吕欣．以大数据辅助房地产宏观决策[J]．宏观经济管理，2014（8）：34-36.

城务工人员城市化的突出问题。进城务工人员居住的无序、混乱状态给城市和社会管理带来了一系列问题，也成了许多进城务工人员不愿向城镇迁移户籍的重要原因。进城务工人员住房难题亟待解决，“住有所居”是实现进城务工人员向市民身份转化的基本条件之一，同时也对政府能否在城镇化建设中为进城务工人员创造安居条件提出了挑战。

10.1.1 进城务工人员的居住现状

中国有 6.5 亿名农民，到 2014 年年底进城务工人员为 2.73 亿人，占农民数量的 42%左右。其中，外出进城务工人员为 1.68 亿人，本地进城务工人员为 1.05 亿人，各占 61.5%和 38.5%。外出进城务工人员中，举家外出的和非举家外出的分别占 21%和 79%；外出进城务工人员中，租房居住（与人合租及独立租赁）的进城务工人员占 36.9%，在单位宿舍居住的进城务工人员占 28.3%。进城务工人员务工所在城市规模越大，对租房解决居住问题的依赖性就越大。2014 年，从雇主或单位得到免费住宿的进城务工人员所占比重为 46.8%，比 2013 年下降 0.1 个百分点；从雇主或单位得到住房补贴的进城务工人员所占比重为 8.6%，比 2013 年提高 0.4 个百分点[①]（见图 10-1）。

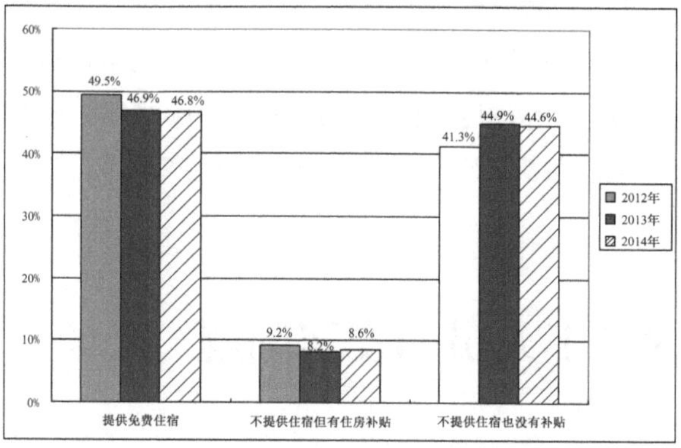

图 10-1　获得免费住宿或补贴的进城务工人员比重

① 2014 年全国农民工监测调查报告[R]. 国家统计局网站，2015-04-29.

2014 年，进城务工人员自己购房居住的仅为 1%。从表 10-1 可以看出，虽然各类城市这一比例相差不大，但中小城市还是略高于大城市。

表 10-1 2013 年按城市和住宿类型分的进城务工人员人数构成

指　标	单位宿舍	工地工棚	生产经营场所	与人合租	独立租赁	务工地自购房	乡外从业回家居住	其他
直辖市和省会城市	30.4%	14.9%	5.9%	21.6%	20.4%	0.7%	3.2%	3.0%
地级市	33.0%	10.9%	5.8%	20.5%	19.9%	0.9%	6.4%	2.7%
小城镇	23.0%	10.4%	5.6%	13.9%	14.9%	1.2%	27.3%	3.8%
合计	28.6%	11.9%	5.8%	18.5%	18.2%	0.9%	13.0%	3.1%

数据来源：国家统计局，“2013 年全国农民工监测调查报告”。

10.1.2 进城务工人员安居难的主要原因

1. 低收入与高房价矛盾突出

进城务工人员经济基础弱、收入低，高房价制约着他们进城购房或租房。在一项河北省总工会针对 10 000 多名进城务工人员的调查中，“收入低、经济紧张”和“难以解决住房问题”是困扰进城务工人员进城定居的两大难题。2018 年全国进城务工人员月均收入为 3 721 元，仅占 2018 年全国城镇非私营单位在岗职工月平均工资的 54%。而对商品住宅价格和出租房租金持续上涨的情况，作为低收入群体的进城务工人员购房问题更难以解决。

2. 农村、城镇就业和社会保障差异

进城务工人员不愿进城，是考虑到城市和农村之间就业稳定性和保障差异性条件下的“避险”选择。城乡户籍二元政策一直限制着农村人口向城市的转移，但目前出现了部分进城务工人员不希望将户籍迁入城镇的现象。例如，近年来河北省城乡户籍限制不断放宽，但 2007—2009 年，河北省农村户口转为城镇户口（投靠、经商、务工、毕业生等）仅有 106.6 万人。自 2009 年起，河北省政府不断深化改革户籍管理制度，并于 2010 年发布了《关于加快城市化进程的实施意见》，规定省内人员只要在县城以上城市购房或连续务工 6 个月以上，便可在该城市申请落户，并规定“农村户口转到城镇后，

10 年内仍可享受农村户口在计划生育、承包土地等方面的优惠”。然而，从目前的情况来看，农村人口向城市转移的高潮并未出现。根据调查结果显示，虽然 73.5%的进城务工人员希望能够在城市长期居住，但是有意愿将户口迁移到城市的进城务工人员不足 40%。导致这种现象产生的主要原因如下：买不起房，认为城镇的就业稳定性不强、社会保障度不高，以及城市住房不如宅基地可靠等。

3．不同城市户口的“含金量”存在差异

对于农民来说，大城市和特大城市的基础设施完善，就业机会较多，可以获得较多的收入，这些城市对他们的吸引力较大。但同时，这些城市的房价高昂，生活成本更高，而且落户限制较多，农民很难获得这些城市的户口。中小城市大多已经放开落户限制，但这些城市的就业机会较少，进城务工人员虽然有更多可能购买住房，但这些城市对他们的吸引力较低，因此进城务工人员落户的意愿较低。而一些小城镇的条件和农村相比并没有过多提高，因此农民的落户意愿更低。

不同规模的城市的公共服务不均等，农民更倾向于去大城市就业，但这些地方的房价更高，同时落户限制也更多，所以如何缩小城市之间的差距、推进公共服务的均等化是推进城镇化发展的重要手段。

4．城中村改造集体宿舍不足

国家虽然出台了一系列关于改善进城务工人员住宿条件的政策，但是缺乏落实，导致集体宿舍（职工公寓）严重匮乏。《国务院关于解决城市低收入家庭住房困难的若干意见》指出，集中建设向“农民工”出租的集体宿舍，尤其是开发区、工业园区、城中村等“农民工”集中的地方。河北省多个文件对此也有明确指示，但在调研中，涉及的各个开发区、城中村改造项目少有规划、建设此类住房。

5．住房保障体系不健全

我国的保障性住房包括经济适用房、公租房、廉租房和棚户区改造等多种类型住房，保障对象主要是城市中低收入家庭，进城务工人员往往被排除在保障范围之外或者排序靠后。公共租赁住房起步较晚并且阻碍较多，进程

缓慢，短期内很难有效地覆盖进城务工人员。2010 年 6 月，在国家出台加快发展公共租赁住房的文件后，进城务工人员才被纳入保障性住房范围内。目前这项工程启动不久，公共租赁住房供应少，并且准入、配租、管理，以及退出政策尚不完善。2018 年，进城务工人员中仅有 2.9%享受了保障性住房（1.3%租赁公租房，1.6%自购保障性住房）[①]。住房保障机制不健全也是进城务工人员安居难的主要原因之一。

10.2 城镇居民住房问题

伴随着城镇化速度加快，城市人口激增，城镇居民对住房的需求也越来越多样化，城市住房问题也越来越突出[②]。

10.2.1 住房需求量大，城镇房源紧缺

2019 年，我国城镇化率已经达到了 60.60%，全国房地产开发投资达 132 194 亿元[③]。根据《能源创新及中国城市可持续发展白皮书》对我国城镇化的发展趋势估计，到 2030 年我国城镇化率峰值将达到 70%～75%，未来将有 2 亿多农业人口进入城市，1.6 亿半城镇化人口继续城镇化，需要提供的住房超过 1 亿套[④]。现有的城镇住房存量不足，几乎处于饱和状态，难以满足日益增加的住房需求量，房源缺口较大。

① 2018 年全国农民工监测调查报告[R]．国家统计局网站，2019-04-29.

② 刘新建，胡明辉．我国土地流转过程中出现的小产权房问题[J]．现代农业科学，2008（6）62-63.

③ 2019 年国民经济和社会发展统计公报[R]．国家统计局，2020-02-28.

④ 能源创新及中国城市可持续发展白皮书[R]．伊顿（中国）投资有限公司，2014-10-10.

10.2.2 房价高速增长，住房自有率低

伴随城镇化进程的推进，各城市的房价大幅上涨，主要原因是宏观经济的增长对房价产生了推动作用，城镇人口急剧增加产生巨大的住房刚性需求，以及建筑材料和工人工资价格上涨提高了建房成本。根据国家统计局数据，2012 年全国住宅商品房平均销售价格为 5 429.93 元/平方米，到 2018 年增长至 8 736 元/平方米。高房价现象逐渐由北京、上海等一线城市蔓延到二线城市，与低收入现象形成矛盾，导致部分城镇居民以租房方式解决住房问题，住房自有率低。

10.2.3 人均面积差距大，居住环境不佳

截至 2018 年年底，全国城镇居民人均住房建筑面积约为 39 平方米，但高收入群体和低收入群体人均住房面积差距较大。根据全国第六次人口普查数据，我国有 12%的城镇居民家庭居住在 1980 年前建设的住房里，约 33.3%的城镇居民家庭仅有 1 套住房，16.5%的城镇居民人均住房面积不足 12 平方米，与全国平均水平存在较大的差距。在城镇住房开发管理中，容易注重量而轻视质，如空气污染严重、园林绿化面积不达标、住宅公共设施不齐备、物业管理服务差、住宅小区商业化等，严重影响了城镇居民的正常生活和休息。

10.3 政府应用房地产大数据的背景

为推进新型城镇化，中华人民共和国住房和城乡建设部于 2013 年 1 月确定了首批 90 个国家智慧城市试点名单，紧接着在当年 8 月确定了第二批 103 个城市进行国家智慧城市建设。2015 年国家新增了第三批 97 个城市进行智慧城市试点，将试点范围扩大到 290 个，覆盖了东、中、西部地区。2019 年，

伴随着《河北雄安新区总体规划（2018—2035 年）》和《北京城市副中心控制性详细规划（街区层面）（2016 年—2035 年）》的获批，我国拉开了新一轮建设智慧城市的热潮。

智慧城市就是运用信息和通信技术手段感测、分析、整合城市运行核心系统的各项关键信息，从而对包括民生、环保、公共安全、城市服务、工商业活动在内的各种需求做出智能响应。其实质是利用先进的信息技术，实现城市智慧式管理和运行，进而为城市中的人创造更美好的生活，促进城市的和谐、可持续成长[①]。智慧城市建设是继信息化城市、数字城市之后的新型城市发展阶段，它在数字城市的基础上，运用物联网、云计算和大数据等新一代信息技术，缓解城镇住房难问题，保障城市健康和谐发展。

10.3.1 打造智慧城市，推进新型城镇化

智慧城市是建设新型城镇化的必由之路，通过有效的城市建设和管理，分别从“量、价、质”3 个方面入手，为低收入群体缓解住房问题、提供住房保障，提升城镇居民的生活质量。

1. 在“量”方面，准确掌握住房缺口，增加住房供给数量

2018 年年底，全国城镇保障性安居工程合计建设约 7 000 万套住房，其中公租房（含廉租房）1 612 万套、经济适用住房 573 万套、限价商品住房 282 万套、棚改安置住房 4 522 万套[②]，较好地满足了部分中低收入群体的住房需求。在智慧城市建设中，政府要进一步加大保障性住房的建设，提高中低收入群体的人均住房面积。通过增加棚户区、老房和危房的改造力度，盘活存量住房，增加住房房源；搭建住房信息统一管理平台，准确掌握住房供给量和使用情况；加强土地市场、新增住房市场、旧房存量市场和租赁市场的相互联系；针对缺口调整住房供应结构，新建住宅住房以达到供需平衡。

---

① 许晶华. 我国智慧城市建设的现状和类型比较研究[J]. 城市观察，2012（4）：5-18.

② 住房保障，帮助百姓安居圆梦——我国住房保障成就综述[N]. 光明日报，2019-08-15.

2. 在“价”方面，政府加强市场监管，稳定住房市场价格

房地产市场上住房供不应求，就会导致房价急剧上升，此时需要政府进行干预，利用土地、税收等政策，引导房价变动，控制房价上限，保障住房市场规范，避免寡头垄断出现，使城镇居民安居乐业。在智慧城市建设中，政府通过互联网、大数据等信息技术及时掌握各城市的住房动态，预测发展趋势，加强对房地产市场的监管，对可能出现的波动及时给予指导和调控。

3. 在“质”方面，满足住房功能需求，提高居民住房质量

随着科学进步和城镇居民生活需求的提高，住房已经不仅是提供住宿和休息的场所，还需提供各种工作、学习、娱乐用途。智慧城市建设在新建和改造住房时，通过大数据分析和预测居民住房功能需求，从住房面积、住房结构、住房环境等方面设计修建方案，做到精准营销；在改善城镇居民住房条件和生态环境时，通过智能化的物业管理手段，将新的信息技术和设备引入住房，及时掌握维修问题和服务要求，提高解决问题的时效性和物业管理的科学化水平。

10.3.2 精细化调控需要大数据支持

在抑制住房投资和管理保障住房建设方面，政府精细分类调控房地产时首先需要把握房地产市场的运行规律。房地产市场作为经济领域的重要系统，组成因素众多且相互影响，理解、判断房地产市场的运行规律需要利用丰富的统计数据来分析市场特征及其发展轨迹，这必然对房地产数据信息的规模和活性提出了较高的要求。事实上，数据占有程度是影响政策质量的关键因素。在过去很多情况下，正是由于缺少充分可靠的数据，政策制定者无法完全了解多元购房需求背后的行为分化、无法清晰辨别区域间住宅和土地市场的结构差异，导致在调控中出现“一刀切”现象，实际调控效果不明显[①]。面对“十年调控，

① 李鹏．土地出让收益，公共品供给及对城市增长影响研究[D]．浙江大学，2013．

十年价涨”的现实窘境给未来调控政策带来的诸多难题，政府应用大数据可以支持精细化调控政策的制定。通过数据的聚类呈现重点、难点区域，出台灵活、有针对性的政策；通过智能化数据分析有效监控政策实施情况，对未达预期目标的政策做出及时调整；通过整合、对比历史同期数据来评估政策实施效果，为下一阶段的政策制定提供依据。政府在大数据技术的支持下，可以针对不同类群和区域制定差异化政策，实现定向精准的“点对点”调控。

10.3.3 房地产基础数据已部分具备大数据特征

近年来，随着电子政务信息公开、多元主体参与、电子化公共服务的深入开展，城市公共管理决策者拥有了前所未有的大量可支配的房地产基础数据。国土、住建、农业、林业、渔业等近 10 个部门都负有不动产登记职能，[①]各部门在住房信息、土地信息、用户个人信息和市场运行信息等方面积累了丰富的数据资源。这些较为完备的基础数据信息已经具备一定的大数据特征，可以应用于大数据分析，如利用土地和房产的图形信息和权属信息发挥查询统计、空间分析、数据发布、GIS 地理数据操作等服务功能。随着国土资源管理部门逐渐实现对国有土地征用、出让、转让、登记和开发利用的全程统一管理，以及个人住房信息系统联网工作在地级以上城市的持续推进，以土地为基础的不动产登记系统和以住房为对象的全国住房信息系统将共同构建“房地合一，房随地走”的房地产基础数据采集系统。只要把正确的政策工具和思维方式有效结合起来，房地产基础数据发展成大数据的趋势就能给予管理者有力的支持，提供全面、客观、真实的数据，展现房地产市场全貌，为政府宏观调控搭建更加科学有效的分析平台。

① 李宇嘉．以大数据视角看住房信息普查[N]．证券时报，2013-07-09．

10.3.4 大数据助力房地产实现经济社会功能

房地产所具备的社会经济功能远不止居住权实现这一基本功能，大数据技术能够帮助政府更好地根据公共治理目标运用这些功能。“房地匹配”只是大数据在辅助房地产决策方面取得的阶段性成果。随着房地产基础数据收集得越来越完备，大数据技术能够解决以往统计抽样无法区分地域性和个体性差异的问题，将微观层面个体的网上登记、房屋预售、房屋登记和网络签约等用户数据与既有不动产登记系统进行精确匹配，实现“人—房—地”三者的统一。“人房地合一”将会改进目前限购基本以单个城市为单位的粗放型行政调控手段，按照征收占有资源税的思路在全国范围内加大对多套房产拥有者的税费调控力度，从而以市场化方式进一步抑制投机性需求，提高调控政策的科学性和准确性。除了住房信息本身，目前全国住房信息系统还为公安、民政、税务、银行等部门预留了数据端口。这在实现个人信用信息基础数据库和房地产基础数据库的融合，构造全社会房产、信用数据统一平台，推动房地产经济在保障房审核、房贷风险控制、租赁房屋管理等方面充分发挥了社会功能，实现房地产市场与政府公共治理目标的共同优化①。

10.4 政府应用房地产大数据面临的问题

1. 数据采集困难：存量房电子化信息收录工作艰巨

目前不少城市房地产信息系统建设的短板是有大量的存量房信息仍未录入。这一方面是由于过往相当多的存量房交易信息以纸介的房产档案形式

---

① 李鹏，吕欣．以大数据辅助房地产宏观决策[J]．宏观经济管理，2014（8）：34-36.

存在，需要大量的人力、物力来实现档案数据的电子化归档；另一方面是由于很多城市的大量的小产权房、军产房、自建房和违建房，长期游离在住房信息系统以外。根据全国工商联房地产商会的调研报告，1995—2010 年，我国小产权房竣工面积总量为 7.6 亿平方米，占城镇住宅竣工面积的 8%[①]。如何收集完整、真实的房地产市场规模和交易情况并电子化录入住房信息系统，对于所有城市特别是中小城市来说仍然是很大的挑战。

2. 数据共享困难：多头管理，部门分割严重

住房普查和不动产登记进展落后于预期的重要原因就是多个部门的分头管理，如国土部门发放土地使用权证、住建部门发放房产证和宅基地证、农业部门发放土地承包经营权证。在行政部门分工之下，不同部门对不动产登记的规则不够统一，权责不够清晰，即使在同一城市里，房地产大数据实现集中登记的程度也不高，而不同城市的联网则会面临更多的障碍。这主要是由以下两方面的原因导致的。

第一，从主观上讲，部分城市和部门的工作人员可能希望固守自家数据领地而抵触联网。这种情况一方面是由于数据在开发时耗费了大量的人力、财力、物力，这些部门不愿将自己的成果免费分享给其他部门；另一方面是由于数据的开放共享会导致数据资源面临的安全威胁增加，会增加这些部门为保障数据安全方面的成本投入。

第二，从客观上讲，联网要求数据库接口必须一致，各地按照相同的技术口径去做数据库仍需要行政协调，从而导致房地产大数据的共享程度较低，无法在数据应用服务的完整链条上实现有效衔接。

3. 数据更新困难：指标多，变化快，难以实时跟进

由于房地产业相关对象众多，市场交易频繁，对数据实时更新的要求很高。但是，在统计对象方面，目前统计和发布的数据指标仍偏宏观，需要更多细分性指标来反映市场全貌。对集资建房、单位自有住房、村镇住房和保障房等子系统指标，应及时跟踪更新；对反映市场变化的先导性信息指标，

---

① 陆娅楠. 小产权房不能再火了[N]. 人民日报，2013-12-16.

如二手房、租赁市场等，应以旬或月度为单位详尽统计和发布。此外，在市场行为方面，城市规划调整、产权变更手续不完备、测绘或登记依据不统一等导致土地和住房领域权属变更、合同备案、人房匹配等方面的数据变化频繁、透明度较低，使信息系统跟进记录和实时交换工作变得更加复杂，给数据更新带来了困难。

4. 数据投入困难：地方政府资金投入积极性不高

2003 年，《国务院关于促进房地产市场持续健康发展的通知》明确指出，各地房地产市场信息系统和预警预报体系建设中需要政府承担的费用，由各地财政结合当地信息化系统和电子政务建设一并落实。但是，各地政府在个人住房信息系统的信息化建设中需要投入大量的经费购置必要的设备、软件，还需要可持续的经费维持系统的长期运行。而对应的房屋所有权登记费、住房交易手续费和房屋所有权证工本费等行政事业服务性收费，却无法完全满足系统建设产生的高额费用支出，因此部分地方政府考虑到经济效益，对个人住房信息系统建设投入的积极性明显较低。

10.5 房地产大数据辅助宏观决策的对策与应用

1. 以大数据为基础推动住房普查和不动产登记的开展

住房普查和登记是国情国力调查的重要方面，住房普查和不动产登记越完备，就越有助于政府获取不动产领域的基础数据，从而在住房保障和住房建设规划的编制执行过程中，为大数据技术的应用提供坚实的数据基础。因此，需要从以下 3 个方面采取有效措施。

第一，建立相应的法律法规制度防止住房普查信息泄露，并对其加大宣传力度，以消除住户对隐私被侵犯和个人财产信息被不当使用的担忧。

第二，搭全国经济普查和人口普查的便车，在普查的过程中获得最新、最全面的数据资料，让这些数据成为在政府领域应用大数据的基础。

第三，将地理信息系统（Geographic Information System，GIS）、卫星遥

感技术与地面巡查相结合，建立对各类房地产工程建设和城市规划实施的立体监控网络系统，获取客观、及时的一手数据。

2. 建立协调推进机构，克服部门分割

大规模生产、分享和利用房地产大数据需要进一步建设标准化、规范化的信息系统工程，包括统一的不动产登记项目名录、统一的住宅网签信息标准制度、统一的基础数据采集处理平台和统一的住房信息联网直报系统。国土资源部不动产局的成立会在很大程度上打破土地领域部门间行政分割的局面，但是未来仍需要从以下两个方面进一步协调推进。

第一，促进不动产登记和住房信息系统的融合，实现国土部门的土地信息和住建部门的住宅信息集成统一，减少在数据统计过程中的资源浪费，提高政府部门的工作效率。

第二，从法律层面上确定部门之间数据资源共享的地位，促进跨区域、跨层次的相关房地产业务部门的行政协调，实现由当前的重点城市层面到所有县市（地）级城市层面房地产数据资源的整合共享，提高数据使用效率，有效挖掘数据价值。

3. 建立开放式平台，提高数据时效性

房地产基础数据数量大、产生速度快、多样化，简单地被动响应管理很难保持实时交换数据。未来可以利用大数据平台，借助自助式网签终端系统，让个人用户自行完成不动产性质、产权变更、税费计算等多项登记业务的信息申报，由认证机构实时分析申报数据，核实信息并提供尽职认证报告；而管理部门则更多依托大数据平台建立的惩防体系信息管理系统和企业个人信用管理系统，实施全程分析监控，通过给予个人信贷优惠利率提高如实申报的积极性，通过税费减免奖励尽职认证机构，形成“个人申报—机构认证—管理确权”的路径，从根本上改善数据的时效性。

4. 引入市场化运行机制拓展数据投资渠道

虽然房地产信息化建设具有很大的长期效益和社会效益，但是地方政府支持和配合该项工作的积极性可能不高，未来可以通过引入市场化运行机制提供全新的思路，具体如下。

第一，免收基本申报登记类服务手续费，同时通过拍卖认证机构的服务收费牌照覆盖部分成本。

第二，建立增值类服务的有偿使用机制。利用大数据发掘分析，向市场有偿出售如房地产市场态势、二手房价格趋势等量化分析报告。

第三，建立房产税征收和大数据信息平台投入挂钩机制。大数据平台越完善，住房登记规模越完备，地方政府在未来的房产税征收中取得的税收就越可观，以此为基础建立房产税与大数据信息平台投入挂钩机制，保证房地产大数据建设资金来源稳定。

第 11 章

大数据与健康医疗

11.1 大数据赋能健康医疗高质量发展

伴随全球健康医疗支出的持续增长，全球健康医疗行业呈现快速稳定发展的态势。健康医疗行业的发展主要得益于全球人口（尤其是老龄化人口）的增长、城市化进程的加快，以及慢性疾病与并发症治疗需求的增加。与此同时，传统医疗资源仍存在投入“重硬轻软”的现象，信息化短板在一定程度上制约了医疗资源的中长期供给能力。长期以来，医院对基建与设备的投资远高于对信息化能力提升等软实力建设的投资。在医疗资源不均衡、医生长期负担较重的情况下，大数据等技术能够辅助诊疗，缓解医疗资源短缺、加大医疗服务供给。近年来，随着云计算、大数据、物联网、移动互联网、智慧城市等新兴技术与健康医疗的加速融合，以健康医疗大数据为代表的医疗新业态，不断激发着医疗卫生体制的改革。在“十四五”期间，要全面贯彻落实新时代党的卫生健康工作方针，推进健康中国建设，加快构建和完善优质、高效的公共卫生和医疗服务体系，充分发挥大数据等数字技术在疫情监测与分析、病毒溯源、防控救治、资源调配等方面的支撑作用，提升全方位、全周期服务的能力。

我国高度重视信息科技在健康医疗领域中的创新应用。2016 年 6 月，国务院办公厅印发《关于促进和规范健康医疗大数据应用发展的指导意见》，明确提出要“通过‘互联网+健康医疗’探索服务新模式、培育发展新业态，努力建设人民满意的医疗卫生事业”。近年来，国务院、国家卫生健康委员会又相继发布了多项相关政策，指导地方政府全面推进“互联网+健康医疗”工作。相关政策文件见表 11-1。2020 年新冠肺炎疫情席卷全球，国家卫生健康委员会办公厅印发《关于加强信息化支撑新型冠状病毒感染的肺炎疫情防控工作的通知》，要求“强化数据采集分析应用，利用大数据技术对疫情发展进行实时跟踪、重点筛查、有效预测，为科学防治、精准施策提供数据支撑”。2020 年 3 月，国家医疗保障局、国家卫生健康委员会联合印发《关于推进新冠肺炎疫情防控期间开展“互联网+”医保服务的指导意见》，明确“定点医疗机构应当为患者建立和妥善保存电子病历、在线电子处方、购药记录等信息，做到诊疗、处方、交易、配送全程可追溯，实现信息流、资金流、物流全程可监控，使患者可以在线查询检查检验结果、诊断治疗方案、处方和医嘱等病历资料”。2020 年 4 月，国家发展改革委、中央网信办印发《关于推进“上云用数赋智”行动　培育新经济发展实施方案》，提出“在卫生健康领域探索推进互联网医疗医保首诊制和预约分诊制，开展互联网医疗的医保结算、支付标准、药品网售、分级诊疗、远程会诊、多点执业、家庭医生、线上生态圈接诊等改革试点、实践探索和应用推广”。

新冠肺炎疫情发生以来，大数据和人工智能等信息技术在疫情防控、企业复工复产等方面展露出独特优势，发挥了巨大作用。一是为疫情防控提供技术支撑。大数据在人员行动轨迹查询、敏感区域监控等方面表现出常规方式无法比拟的优势。例如，浙江省疾控中心自动化全基因组检测分析平台于 2020 年 2 月 1 日上线，该平台可将原来需要数小时的疑似病例基因分析缩短至半小时。人脸识别、红外测温系统的应用避免了人群因测量体温而出现排队、聚集现象。二是为交通出行提供信息服务。在疫情防控早期，部分地方采取了道路封堵、车辆劝返等举措，给人民群众的正常生活、物资运输及复工返岗带来很大不便。各省市相继推出健康码，为物资运输、复工返岗等提供了便利。三是助力企业复工复产。在疫情期间，通过大数据分析可以及时掌握医用物资、生活必需品的库存情况，并使之成为统筹制定分类分批复工复产方案的重要依据。大数据还用于指导复工复产企业认真落实各项防控要求，辅助政府部门及时解决机器、用工、资金不足等问题。

健康医疗大数据在我国数字经济发展中将扮演越来越重要的角色，美国波士顿咨询公司预测，到 2035 年，我国数字经济将达到 16 万亿美元的庞大规模，其中数字健康经济的占比有望达到 45%左右。《中共中央关于制定国民经济和社会发展第十四个五年规划和二〇三五年远景目标的建议》明确指出，要"推动互联网、大数据、人工智能等同各产业深度融合""完善突发公共卫生事件监测预警处置机制，健全医疗救治、科技支撑、物资保障体系""推广远程医疗"等。因此，要充分认识到提升应对突发公共卫生事件的能力是提升国家治理能力的内在要求，要善于运用大数据等技术实现科学精准防控，提高指挥调度能力、监测预警能力、预防控制能力与应急救治能力，形成人员通、信息通、资源通和监督监管相互制约的机制。

11.2 健康医疗大数据的特征

健康医疗大数据除了具备大数据的基本特征，还表现出复杂性、时序性、多维性、冗余性、隐私性等特点[①]。

（1）复杂性：随着医学的发展，复杂的疾病专有词汇不断涌现，加大了数据分析难度。

（2）时序性：电子病例数据信息需按照患者前往医院就诊的时间顺序排列。

（3）多维性：患者在就诊过程中产生的数据是多维度的。

① 胡芬，大数据在医疗行业的应用．大众标准化[J]．2020（7）：61-62．

（4）冗余性：患者前往不同的医院就诊会产生冗余的个人基础信息，甚至在同一家医院不同科别就诊也会产生重复信息。

（5）不完整性：每家医疗机构掌握的患者信息是基于本机构的诊断结果得出的，大多是零散的，甚至是缺失的。

按照数据产生渠道来看，健康医疗大数据通常包括以下数据。

（1）健康医疗数据，如电子病历、医学影像、化验与检查数据、健康体检数据、城镇居民基本医疗保险信息等。

（2）生物信息数据，如 DNA 和蛋白质序列数据等。

（3）医药研发与管理数据，如药物临床试验数据、药物筛查数据、医疗机构药品与疫苗电子监管数据等。

（4）公共卫生数据，如传染病和突发公共卫生事件相关信息、卫生资源与医疗服务调查数据、计划生育登记数据等。

（5）行为、情绪、环境等数据，如患者的行为表现、健身情况、空气污染物数据等。

按照医疗数据监管规则来看，典型医疗数据类型包括以下几种，如表 11-1 所示。[①]

表 11-1　典型医疗数据类型的主要监管规则

典型医疗数据类型	主要监管规则
健康医疗数据	《国家健康医疗大数据标准、安全和服务管理办法（试行）》 《国务院办公厅关于促进和规范健康医疗大数据应用发展的指导意见》
人口健康信息	《人口健康信息管理办法（试行）》 《“十三五”全国人口健康信息化发展规划》
病历（电子病历）	《医疗机构病历管理规定》 《电子病历应用管理规范（试行）》 《电子病历系统功能规范（试行）》 《关于进一步推进以电子病历为核心的医疗机构信息化建设工作的通知》

① 竹杖芒鞋轻胜马：医疗大数据发展和合规管理并重．宁宣凤、吴涵、淡雪紫、黎辉辉，金杜律师事务所，2019-09-18.

续表

典型医疗数据类型	主要监管规则
人类遗传资源	《人类遗传资源管理条例》 《人类遗传资源采集、收集、买卖、出口、出境审批行政许可事项服务指南》
医疗器械领域的数据	《医疗器械网络安全注册技术审查指导原则》

11.3 大数据在健康医疗领域的应用价值

近年来，我国医疗卫生行业进入了快速发展时期，当前大数据技术已经在电子病例建档、临床医学诊断、慢性疾病防控等领域开展一定程度的应用，帮助医务工作者根据患者的诊断历史记录与具体情况提供差异化诊疗方案，提高诊疗方案的科学合理性，降低过度治疗与治疗不足等情况出现的概率，进一步提升药物治疗效果。此外，通过对远程监控系统产生的数据进行综合分析、研判，医务工作者可以及时研判传染病传播发展的情况，妥善做好各项应对措施，避免大规模疾病传播。在循证医学领域中，大数据技术在临床操作、药物研发等环节中被广泛应用。在传统医学领域中，大数据技术也帮助解决了一系列发展难题，具有较好的发展与应用前景。

大数据技术在健康医疗领域的应用，主要体现在以下几个方面：

（1）有效帮助医生进行更准确的临床诊断。大数据技术可以对海量的相似疾病的案例进行深入挖掘，研究、分析相似案例的诊断信息、治疗方法与救治效果，帮助医务工作者快速判断疑难杂症的性质与诊断方案。此外，大数据、云计算等信息技术叠加图像处理等可视化技术，可实现对患者诊疗信息的数据建模，帮助医务工作者通过调整实验参数实现对手术或者药物对患者机能影响的模拟观察，从而实现在诊疗之前在一定程度上科学预测诊疗后疾病的发展趋势。

（2）更精准地预测治疗方案的成本与疗效。目前，医务工作者对药物副作用的分析以临床试验法、药物副作用报告分析法等手段为主，然而这些方法通常面临实验样本规模有限、样本分布不尽合理等问题，难以科学、全面地反映实验药物效果及其副作用造成的可能后果。健康医疗大数据为挖掘、分析海量样本提供了可能，通过对服用相同药物的数以千万名患者的信息进行分析、研判，可以发现与药物相关的不良反应，提高实验结果的科学性与说服力。而且，大数据精准医疗在选择最佳疗法时，会综合考虑患者的遗传信息、生活方式与环境，以及其他分子或细胞的分析结果。大数据支持技术包括分子诊断、成像和分析软件，可以有针对性地进行预防或治疗，减少费用和副作用。

（3）利用大数据技术有效降低医疗成本。通过大数据、云计算等技术手段，可以实现对海量数据进行标准化采集、分析、计算、存储。通过加强共享与交换，可以降低数据存储的成本，大大减少医疗过程中不必要的费用，以更低的成本为患者提供更好的医疗卫生服务。

（4）整合病人基因信息进行个性化治疗。随着科学技术的不断发展和大数据技术的广泛运用，可对癌变、新生儿疾病、镰状细胞性贫血等疾病的基因序列进行分析，探索发现基因中罕见的病变信息。目前，美国拥有2 000多家从事人类基因序列分析的公司，而且未来会有更多的企业涉足这个领域。

（5）分析人口健康数据，预测疾病暴发等。通过对健康医疗大数据的挖掘与分析，对具有相同或类似症状的患者流动与交叉传播的信息进行分析，从而预测某些流行病的暴发，并阻止、减缓其蔓延。

（6）协助公共卫生事件监测和应急管理。不同于以往的感染科发现问题，将信息先上报给预防科，预防科再上报给疾病预防控制中心的公共卫生监测流程，大数据的预警多点触发、织密不明原因疾病、聚集性病例和异常健康事件的监测网，对居民的诊疗信息、个人健康基本信息、体检记录、医保数据，第三方检测机构搜集整理的数据，公共卫生网络疫情直报系统数据、突发公共卫生事件的行政报告，公共卫生机构对外部环境实时监测的信息等进行综合分析和研判，协助政府相关职能部门进行公共卫生事件监测和风险预警。

（7）缓解医护资源短缺等问题。通过在新型基础设施建设过程中融入大数据、物联网、5G等技术，推进“互联网+”健康医疗的应用，加强远程综合会诊、医疗教学、手术录播、呼叫中心及数据中心等远程医疗核心基础设施建设，完善“省—市—县—基层”医疗机构间的医疗资源共享，建设远程医疗信息化产业联盟，进一步加快智慧医院建设，缓解医护人员短缺、医患沟通不足、护理不全面等问题，缩小城乡基本医疗卫生服务的差距。

11.4 大数据在健康医疗领域的主要应用方向与典型应用场景

就像望远镜能够让我们感受宇宙和显微镜能够让我们观测微生物一样，大数据能够改变我们的生活以及我们理解世界的方式，大数据正在成为新发明和新服务的源泉，更多的改变正蓄势待发。

11.4.1 主要应用方向

健康医疗大数据在医学治疗、新药研发、智能化医疗决策分析等方面可以发挥重要作用，从而帮助人们改善医疗环境、提高生活质量。

1. 医学治疗

在信息网络高速发展的今天，在各种医疗机构中，病人在就诊时产生的病理数据层出不穷，积累形成大量数据资料。对这些信息进行大数据挖掘，有助于对某些疾病的家族遗传特征和地区分布规律形成科学认识，帮助研究人员分析疾病与基因变化的关系，从而探索降低疾病发病率的方法。同时，大数据技术还能提高临床决策的准确率，减少误诊或漏诊的概率。

2. 新药研发

传统的药物研制过程通常面临着研发周期长、实验成功率低、投资风险高等问题。大数据技术可以在新药研发全过程中发挥重要作用。例如，在预研阶段，大数据技术可以分析患者的用药需求与药品销售信息，科学预测药品的市场需求；在开发阶段，可通过大数据技术分析不同药物间的关系和药物的潜在特性；在临床阶段，可利用大数据技术分析用药种类、服用剂量、患者反应和诊治疗程等信息，指导药物改进和临床用药方法。

3．智能化医疗决策分析

通过健康医疗大数据综合分析患者的基本信息、诊治记录、过敏史等信息，医生可进行科学决策，避免过度治疗。公共卫生管理部门可以通过健康医疗大数据，分析具有相同或类似症状的患者的流动信息，从而预测某些流行病的暴发，并通过精准决策阻止或减缓其蔓延。

11.4.2 典型应用场景案例

2020 年，新冠肺炎疫情在全球蔓延，我国积极进行疫情防控。在抗击疫情过程中，党中央、各级政府与全国人民共克时艰，其中，大数据、云计算等技术与疫情防控措施深度融合，为我国快速响应、打赢疫情防控阻击战发挥了重要作用。

1．阿里云在疫情信息管理中发挥重大作用

阿里云运用大数据技术，分别针对个人、政府和企业提供疫情信息搜寻和采集工具。针对个人用户，阿里云开发了新冠肺炎确诊患者同行程查询工具。用户输入日期、车次和地区等信息即可查询到在对应行程中是否与已披露的确诊患者同行。公开数据显示，该工具上线后，查询总次数已突破 3 000 万次。阿里巴巴搭建疫情信息采集系统，为政府等提供疫情上报信息。面对不断升级的疫情，浙江省卫生健康委员会联合阿里巴巴、浙江谷瞰服务团队，通过阿里云宜搭平台，仅用时 1 天就搭建出疫情信息管理系统，并能按照最新需求迅速调整以满足工作需要。该系统可以支持多级部门的数据实时导入，同步给出统计分析报表，解决了基层疫情上报烦琐、区县市级收集信息耗时耗力等问题。该系统的实时展示功能还为政府部门的决策提供直观的数据支持。据了解，全国 15 个省市、100 多个区县、10 万多个基层医疗单位正在应用阿里云宜搭平台搭建与疫情相关的信息采集、管理系统。为了让更多政府部门、企业快速生产类似的应用服务，阿里云表示向全社会开放宜搭平台及每日健康打卡、企业返工情况跟踪等免费模板，直至疫情解除。

2. 美亚柏科：平台产品配合执法部门为疫情防控提供技术支撑

美亚柏科公安大数据系统和大数据管理平台配合执法部门应对疫情紧急情况，统计由疫情中高风险地区进入当地的人员和车辆的行动轨迹，协助行政部门预测新冠肺炎疫情扩散的范围与趋势，并根据确诊患者与疑似病例的情况筛查密切接触者，为行政机关提供相关人员的交通、住宿等信息，在新冠肺炎疫情防控工作中为及时阻断传播源提供了数据支撑。该平台在北京、广东、云南等近 10 个省市得到运用与推广。例如，在获取某位出租车司机为疑似病例的信息后，美亚柏科协助执法部门利用大数据系统研判其家庭成员信息以及个人出行信息，协调滴滴、交通局查找近期内乘坐该车的乘客，同时，运用人脸识别技术，查找近期内出租车司机出现的公共场所，通过一系列大数据的追踪溯源，对疫情进行精准防控。

3. 京东健康："防范阻击新型冠状病毒肺炎"平台提供免费在线问诊服务

京东健康上线"防范阻击新型冠状病毒肺炎"平台，联动数千名呼吸科、感染科等科室的医生，面向全国范围内出现咳嗽、发热、乏力等症状的用户，免费提供在线问诊服务，充分发挥了互联网医疗非接触式诊疗的优势，最大限度地减少了不必要的交叉感染风险，并在一定程度上缓解了医院门诊压力。此外，该平台为疫情期间易出现紧张、焦虑情绪或强迫症状的一线医务人员等群体提供心理辅导。

4. 推想科技：基于 AI 的肺癌全周期智慧解决方案

原发性肺癌是中国发病率和死亡率较高的恶性肿瘤之一。2019 年，推想科技联合项目合作医院共同构建了包括肺结节影像数据库和肺结节临床数据库在内的肺部结节病种大数据中心。此后，推想科技基于肺部结节病种大数据中心开发出肺结节智能诊断系统和肺结节智能决策系统，进而构建肺癌病种大数据系统。而后，推想科技依托肺癌智能病种库、肺癌影像数据库和肺癌智能知识库，进一步开发出肺癌早期智能诊断系统、高级智能决策系统、治疗预后随访系统。在肺癌早筛方面，推想科技的上述系统可将医院里的非结构化数据进行结构化处理，降低肺癌的假阳率和漏诊率；在 AI 辅助诊断方面，上述系统可对结节进行精准检出，辅助医生进行诊断，实现前后片的对比，对结节密度进行分析；在 AI 治疗路径决策和预后随访方面，上述系统依托临床数据库匹配治疗路径，对不同患者给出最优治疗方案，并实现对治疗后情况的预测。

11.5 健康医疗大数据面临的挑战与发展前景

在政策的持续推动下，未来各地医疗卫生管理部门、医疗机构将持续加大对医院信息化、区域医疗信息化、公共卫生信息化的投入，加快搭建基于医联体模式的分级诊疗服务体系，健康医疗大数据行业将进入快速发展时期。一方面，新政策出台将加快健康医疗数据的互联互通，更多基于数据的场景化深度应用将提高医疗服务的效率；另一方面，多场景的数据分析和应用将带动大健康领域相关产业的发展，为医药研发、医疗器械研发等产品创新和服务提供坚实支撑。

11.5.1 健康医疗大数据面临的挑战

1. 医疗数据采集和共享缺乏统一标准

健康医疗大数据中最准确的信息来自医疗机构的临床诊断，且只能来自医疗机构。然而，由于缺乏统一的数据标准，医疗机构存储的数据存在不完整、不规范的情况，加大了医疗数据采集的难度。各个医疗机构的医疗信息、软件及硬件服务都相对独立，缺乏统一接口。各医疗机构内部数据处理系统的格式存在差异，为医疗机构间共享集成数据带来障碍。

2. 安全和隐私问题

医疗数据通常包括大量患者的个人信息与诊疗记录，这些数据的泄露将会给患者本人及其家属的日常生活造成严重的影响。然而，这些个人信息与诊疗记录对新药研发与市场测试等商业行为具有重要的价值，因此，确保医疗数据安全是实现医疗数据使用和共享过程中的重要一环。

3. 数据知识产权归属问题

个人信息是健康医疗大数据的核心要素，如个人电子病历、个人电子健康档案、处方、药物使用报告、化验与检查报告、医疗消费习惯等，这些信息在做好个人隐私防护之后虽已具备了通用性，但仍然有一些指向性的识别特征。那么，健康医疗大数据的所有权是属于国家、医疗机构、被授权的信息采集机构还是信息加工机构？对于健康医疗大数据的知识产权，如何做到既能充分尊重个体的贡献和权益，又能精准保护健康医疗大数据相关业务的开发者的权益？这些问题促使我们在传统意义上的著作权基础上，对数字化医疗和健康管理进行更全面深入的法律研究[①]。

11.5.2 健康医疗大数据的发展前景

（1）实现业务应用升级换代。健康医疗大数据应用的一个重要目的是提高医疗和健康服务效率，大幅度节约健康医疗支出，以削减不必要的开销或浪费。要以大数据和云计算技术的应用为契机，坚持系统观念，变革和创新医疗服务流程，改善医疗文化，提高诊疗水平，全面推进健康医疗服务质量的提升。

（2）布局智能化健康管理服务。目前，健康医疗大数据的主要推动力来自政府、医疗机构和大企业。对中小企业和初创企业来说，利用技术优势和资本助力也可以寻觅到市场机遇，尤其是针对用户端提供个性化、定制化、智能化的健康管理服务的潜在市场空间巨大。对此，应给予更多政策倾斜，支持中小企业和初创企业在健康医疗大数据领域的创新发展，以满足更多的

① 楼仙英. eHealth 带来的“健康医疗数据”挑战. 2016-04-25. https://www.kwm.com/zh/cn/knowledge/insights/challenges-incurred-by-ehealth-on-health-data-20160425.

个性化需求。

（3）加强数据安全治理。医疗数据安全与隐私保护的合规性要求要比其他行业更高，在医疗数字化转型的推动下，数据开放共享将成为健康医疗大数据发展的核心，因此数据开放共享与隐私泄露风险之间的平衡是当下亟须解决的问题，以数据安全、隐私保护为核心的医疗数据安全治理市场具有较好的发展前景。基于数据安全的治理不仅可以有效实现数据的安全防护，更有利于通过治理最大化地挖掘医疗数据的潜在价值，促进健康医疗大数据的规范化和安全应用。

（4）推进产学研合作。大数据企业应依托自身较强的技术优势，通过与医疗机构、高校和政府联合开展产学研合作，实现对健康医疗大数据价值的深度挖掘，推动产品和服务创新。

战 略 篇

第 12 章

数字经济发展战略

12.1 我国数字经济发展概况

近年来，我国数字经济加速发展，在推动经济高质量发展中的战略地位和引擎作用凸显。一方面，推动数字产业化，依靠信息技术创新驱动，不断催生新产业、新业态、新模式，用新动能推动新发展。另一方面，推动产业数字化，利用互联网新技术、新应用对传统产业进行全方位、全角度、全链条的改造，提高全要素生产率，释放数字对经济发展的放大、叠加、倍增作用，推动互联网、大数据、人工智能和实体经济深度融合，加快制造业、农业、服务业数字化、网络化、智能化。

1. 数字产业化

数字产业化是指随着大数据、云计算、人工智能等技术的不断发展与广泛应用，电子信息产品与信息服务等得到不断提升。近年来，我国信息通信行业得到稳步发展，电子信息企业转型升级步伐加快，数字产业内部结构得到持续优化，大数据、5G、人工智能、工业互联网、云计算等技术得到深入应用。5G 作为新一代技术的重要支柱，是当代高新技术的基础设施，为企业联网提供了高宽带、高可靠性、低时延、大连接平台，推动了物联网与人工智能的融合，实现了人与物的协同，催生了新业态，成为数字经济的新引擎。

在云计算领域，据中国信息通信研究院发布的数据，2017—2019 年我国云计算行业的市场规模（简称云市场规模）保持 30%以上的年增长率，2019 年我国云市场规模达 1 334 亿元。其中，我国公有云市场规模达 689.3 亿元，首次超过了私有云市场规模；龙头企业的市场份额进一步提升，其中阿里云市场份额遥遥领先，腾迅云、华为云、光环新网紧随其后，市场集中度有所提高。在物联网领域，我国在关联芯片、感知设备、网络通信、智能硬件、系统集成、应用服务等方面持续发力，形成较为完整的产业生态，持续助力我国智慧城市建设。在人工智能领域，科大讯飞、旷视科技、地平线等一批优秀企业迅速成长，腾讯、阿里、百度等互联网企业成为重要的科技创新平台，已能提供从底层到上层应用的整体人工智能解决方案；我国的开源工具集、开源应用软件、开源社区得到快速发展，我国已成为国际人工智能开源社区的第二大贡献国，在机器学习、神经网络、模式识别、自然语言处理等领域中都涌现了一批具有国际影响力的创新性成果，这些成果在交通、教育、医疗、应急管理等领域得到了深度应用。在关键信息基础领域，我国不断加大对 IPv6、5G 等先进技术的研发，提高信息网络设备和信息终端产品的自主可控和国产化应用，推进第三代北斗导航高精度芯片、太赫兹芯片的产业化推广，加大 5G 基站建设力度。

我国数据要素市场不断得到探索。目前已有贵州大数据交易所、上海数据交易中心、长江大数据交易中心、北京大数据交易平台等政府联合其他投资主体成立的数据平台成功运营。另外，一些以数据服务类企业为主导的数据交易平台也应运而生，如九连环大数据平台、阿里云数据市场、大海洋数据服务平台、百度 APIStore 等。

此外，东部地区较中西部地区数字产业化发展优势明显。2019 年，广东、江苏等省份数字产业化增加值超过 1.5 万亿元，引领全国数字产业化发展，并且广东、江苏等省份信息产业占 GDP 比重超过 15%。杭州市深耕和储备数字技术，数字龙头企业的数量约占该地区上市企业总数的 50%，持续推动杭州市数字经济高水平发展[①]。我国中西部地区数字产业化发展还有广阔空间。

2. 产业数字化

产业数字化是利用互联网、大数据、云计算、人工智能等数字技术将传统产业的各要素、各环节进行数字化处理，通过对产业进行仿真模拟、设计优化，力求实现产业在技术、人才、资本等环节的优化配置，从而推动原有产业的业务流程优化、生产方式重组变革、产出 / 产值增加与效率提高等[②]。推动产业数字化，就是利用信息技术对传统产业如制造业、农业等进行全方位、全角度、全链条改造，从而释放数字对经济发展的放大、叠加、倍增作用。例如，在农业领域，可通过对农产品的生产、运营、销售、运输等进行数字化管理，提高农产品附加值与运营效率；在工业领域，大数据、云计算、物联网等技术正被广泛应用于工业互联网、智能制造等领域；在服务业，新零售、远程办公、网上电商、在线旅游、线上教育和共享经济等新业态正在不断涌现，丰富着人们的日常生活。

工业数字化加快推进。国家工信部数据显示，截至 2019 年 9 月，我国规模以上工业企业的数字化研发设计工具普及率达 69.7%，规模以上工业企业的关键工序数控化率达 49.7%[③]。《中国数字经济发展与就业白皮书(2019)》数据显示，2018 年，工业数字经济比重为 18.3%，且呈现加速增长态势，工业各细分行业数字经济发展水平差异较大，约 12%的行业数字经济比重超过 20%，约 28%的行业数字经济比重介于 10%与 20%之间，超过 60%的行业数字经济比重不足 10%[④]。

工业互联网取得重要突破。工业互联网的广泛应用，推进了设备、产品、数据、服务的互联互通和远程控制，促进了机器运行、车间配送、原材料供

---

① 杨大鹏. 数字产业化的模式与路径研究：以浙江为例[J]. 中共杭州市委党校学报，2019（05）：34-42.

② 王晓红. 数字经济理论、实践与未来发展[N]. 光明日报，2019-9-24（02）.

③ 陈肇雄. 培育壮大数字经济新引擎[EB/OL]. 中国共产党信息网.（2020-01-10）[2020-01-12]. http://theory.people.com.cn/n1/2020/0110/c40531-31542536.html.

④ 中国信息通信研究院. 中国数字经济发展与就业白皮书（2019）.

应、市场营销等方面信息的实时交互，涌现出更多的个性化定制、网络化协同、智能化生产、服务化延伸等新模式、新业态。工业互联网平台供给能力不断增强，工业和信息化部发布的数据显示，截至 2020 年 6 月底，具有较强行业和区域影响力的工业互联网平台超过 70 个，连接工业设备数量达 4 000 万台（套），工业 App 创新活跃。部分先行先试企业劳动生产率提高超 20%，万元工业产值综合能耗降低超 6%。第一，工业互联网基础设施建设持续推进①。支撑制造业数字化转型的工业互联网标识解析公共服务节点建设取得积极进展，企业外骨干网络和内、外网改造加快推进。工业和信息化部发布的数据显示，截至 2019 年 4 月，全国已经有 11 个二级节点实现上线运营，标识注册量突破 5 300 万个，二级节点布局范围涉及机械制造、汽车制造、物流、食品生产、供应链管理、大数据、纺织、线缆、安全等行业。标识应用领域不断深入，产业各方共同加速标识应用场景探索，应用范围拓展至食品工业、集装箱物流业、日化业、3C 电子消费业、玻璃行业、热力行业等领域，通过标识打通产品生产环节、销售环节、流通环节、服务环节，实现供应链管理、重要产品追溯、智能包装、全生命周期追溯管理等功能。第二，网络平台应用推广不断深化。各种类型的工业互联网平台蓬勃发展，数量已达数百家，其中既有传统工业技术解决方案企业面向转型发展需求构建的平台，如航天云网、海尔、树根互联等；也有大型制造业企业孵化的独立运营公司，如徐工、TCL、中联重科等大型集团企业通过剥离、整合内部资源，注资成立的聚焦工业互联网平台业务的独立运营子公司。各平台围绕行业生产特点和企业发展痛点，创新服务能力，形成一批创新型解决方案和应用模式。例如，海尔的 COSMOPlat 平台孕育出了农业、建陶、房车等 15 类行业生态子平台，提供 28 个应用场景及 179 个解决方案，为用户提供跨行业、跨领域的生态赋能和大规模定制的社会化服务；徐工集团与中国铁建、连云港港口集团、泰隆集团和协力集团分别围绕建筑施工、港口运营、零部件加工和物流运输等行业需求，制订平台解决方案，显著提升行业设备综合复用率，有效盘活企业闲置资产。第三，各地加快推进工业互联网发展布局，

---

① 吕欣. 制造业数字化催生新一轮工业革命[N]. 中国改革报，2019-01-31.

上海、广东、江苏、山东、云南、湖南、湖北等省市积极推进工业互联网发展，制定、出台政策措施。例如，2017 年 1 月，上海市发布《上海市工业互联网创新发展应用三年行动计划（2017—2019 年）》，提出到 2019 年上海市工业互联网生态体系初步形成，力争成为国家级工业互联网创新示范城市。2018 年 3 月，广东省出台《广东省深化“互联网+先进制造业”发展工业互联网的实施方案》和《广东省支持企业“上云上平台”加快发展工业互联网的若干扶持政策（2018—2020 年）》。2018 年 11 月，云南省出台了《工业互联网发展三年行动计划（2018—2020 年）》。

部分省市在实操层面也积累了良好的经验。例如，广东注重完善工业互联网产业生态体系，引导工业互联网企业着眼产业链、产业集群升级发展的问题，探索产业集群升级的整体解决方案；针对不同工业应用场景的不同需求，科学筛选、有序安排工业互联网企业及相关专家上门服务，实现了工业互联网产业供需双方的精准对接；同时，2019—2020 年连续两年在广州召开中国工业互联网大会，通过制造业企业现身说法、工业互联网企业展示应用案例等形式，进一步推广运用工业互联网新技术实施数字化转型的做法和成效。

制造业数字化转型加快。2020 年突发的新冠肺炎疫情，加速了制造企业利用互联网、大数据、人工智能等技术进行数字化变革的进程，推动了企业转型，实现了数字化与服务升级。例如，在航空、航天领域，通过数字化转型有效整合全球价值链、产业链，企业能够实现设计、研发、生产、销售、服务的科学布局，缩短产品生产周期，提高生产柔性化水平。在服装、家电领域，积极运用大数据技术获取预测客户需求，探索自主设计、自动排产、供需匹配，从而实现生产成本和库存成本的大幅降低；在工程、机械领域，通过搭建大数据实时监测分析平台，加大对产品、设备状态的监控与远程运维，实现全生命周期管理；在石油、化工领域，通过构建全流程能源综合监测系统，科学预测生产与能源消耗，提高能源生产效率①。

服务业数字化持续领先。《中国生活服务业数字化发展报告（2020 年）》

---

① 徐梦周，吕铁. 数字经济领先市场建构：支撑机制与实践策略[J]. 学习与探索，2019（7）.

数据显示，2019 年，我国服务业数字经济比重为 38%，显著高于全行业平均水平，服务业数字经济发展快于工业和农业。保险，以及广播、电视、电影和影视录音制作数字经济占据半壁江山，比重分别达到 56.4%和 55.5%，资本市场服务等约 30%的行业数字经济比重介于 30%至 40%之间，另有约 61%的行业数字经济比重介于 10%至 30%之间，建筑装饰和其他建筑服务、餐饮业数字经济比重最低，仅分别为 9.3%和 6.4%。

服务业数字经济一直延续良好发展势头，并加快向规范提质方向发展。在消费零售领域，《中华人民共和国电子商务法》正式出台，对电商纳税、海外代购、买家评价等方面当前存在的突出问题进行了回应，标志着电子商务进入规范发展阶段。在智慧物流领域，区块链、人工智能等技术在物流领域优先应用取得显著成效。在电子支付领域，移动支付等技术的普及应用大大节约了交易双方成本，提升了交易效率。《2019 年支付体系运行总体情况》数据显示，2019 年我国移动支付业务量快速增长，移动支付业务达 1 014.31 亿笔，金额为 347.11 万亿元，同比分别增长 67.57%和 25.13%。移动支付平台已经成为一种重要的便捷交易设施。在社交娱乐领域，短视频行业进入爆发期，以抖音和快手为代表的短视频平台正在深度影响和改变着我们的生活，据统计，我国短视频用户规模达 6.48 亿人，用户使用率为 78.2%。在线上教育领域，教育部印发了《教育信息化 2.0 行动计划》，努力构建数字经济条件下的人才培养新模式，发展基于互联网的教育服务新模式，探索数字经济时代教育治理新模式。

农业数字化相对滞后。党中央、国务院高度重视数字农业农村建设，相继发布《数字乡村发展战略纲要》《数字农业农村发展规划（2019—2025 年）》等系列文件。农业农村部数据显示，2018 年我国农业数字经济占农业增加值的比重仅为 7.3%，较上年提升 0.8%，大大低于全行业数字化平均水平，有较大发展空间。其中，数字经济比重由高到低依次为林、渔、农、畜，比重最高的林产品行业数字经济比重不足 13%，比重最低的畜牧产品数字经济比重不足 5%，远低于服务业和工业平均水平。因此，我国的农业生产数字化水平仍处于较低水平，农业数字化转型发展空间很大。

目前，互联网企业在农业领域布局加快，既包括软银、亚马逊、谷歌等国外企业，也包括百度、阿里、腾讯、京东等国内企业。农村电商借助互联网平台与电商公益扶贫渠道，依托农村传统特色农产品，充分发挥科技引领、精英带动、平台辅助的作用，拓展农村信息服务业务、服务领域，拓宽农产品销售市场，打响当地特色品牌，带动农民实现增收、脱贫致富。2020 年受新冠肺炎疫情影响，我国农产品存在市场需求不旺、物流运输受阻等困难，第一季度全国各大电商开辟助农专区，为滞销农产品打开销路和市场，农村电商一举突破 1 300 万家，截至第三季度全国农村网络零售额达 1.2 万亿元，同比增长 7.8%；全国农产品网络零售额达 2 884.1 亿元，同比增长 34.3%。

12.2 我国数字经济发展面临的瓶颈和问题

1. 部门之间存在信息壁垒，数据开放共享度低

丰富的数据和大数据技术是数字经济的发展基础，这些数据仅仅依靠单个部门或企业独自搜集是不够的。因此，企业之间的开放信息应该实现共享，以促进数字经济的发展。但是，企业之间仍存在信息壁垒，政府部门尤为严重，阻碍了数据信息的开放共享。世界其他国家如美国和日本的经验值得我们学习和借鉴。2009 年以来，美国政府数据库 Data.gov 全面开放了包括农业、医疗、交通、教育、金融等 50 个领域的超过 38 万项原始数据。2013 年，日本政府制定了新 ICT 战略，提出实现行政信息完全开放共享。截至 2014 年 3 月，70 个国家和地区已经推进了政府数据开放共享。

相比美国、日本等发达国家，中国的数据开放程度明显较低。一方面，企业缺乏大数据意识，狭隘地认为数据资源只归单个企业自身所有，不愿意向其他企业和组织开放，限制了数据经济价值的实现；另一方面，我国有些政府机关仍实施数据封锁，导致外部人员无法获取相关数据并加以利用[①]。我国政府已积极采取措施推进政府数据开放共享，但开放共享程度与世界其

① 宋之杰，杜亚莉．大数据产业发展及我国应对措施[J]．燕山大学学报：哲学社会科学版，2014（2）：99-104．

他发达国家和地区相比仍有很大的差距。虽然我国政府掌握着 80%的社会信息资源，但由于不同部门的利益不同，且不同部门的数据标准不一致，导致信息流无法从上游往下流动，限制了信息资源数据的开放和共享。这些问题严重阻碍了数字经济的发展，因此，打破信息壁垒势在必行。

2．网络和数据安全问题突出，数字经济风险加大

随着数字经济的迅速发展，社会风险也发生了重大转变，传统商业行为面临契约执行风险、虚假内容宣传风险、恶意市场行为风险、自然灾害风险等，而数字空间也面临网络攻击、网络犯罪、数据泄露等风险，网络安全和数据安全成为数字经济发展亟须高度重视的问题[①]。根据波耐蒙研究所（Ponemon Institute）发布的《2020 数据泄露事件损失报告》，2020 年每起数据泄露事件平均损失高达 386 万美元，最受攻击者青睐的数据是客户的个人可识别信息（PII）。概括来说，网络和数据安全问题主要体现在以下 3 个方面。

（1）巨大的数据存储量使得保卫数据安全更加困难重重，数据很容易遭到大面积损坏和丢失，而且随着信息技术的进步，黑客攻击网络的方式更加隐蔽且多元化，网络入侵更难发现，可能会造成严重损失。

（2）安全意识薄弱导致的数据安全风险。个人和企业的安全意识与安全理念还没有完全跟上信息技术的发展速度，缺乏充分的数据安全防护意识和能力。

（3）特殊的网络攻击导致的数据安全风险。大数据时代，西方国家对中国进行意识形态渗透，越来越多地使用数据信息攻击，数据信息安全问题已经上升到国家安全问题的高度。但是，我国大数据安全防卫能力还不足以抵挡各种攻击[②]。

---

① 崔久强，郑宁，石英村．数字经济时代新型数字信任体系构建[J]. 信息安全与通信保密，2020（10）：10-16.

② 陈立枢．中国大数据产业发展态势及政策体系构建[J]．改革与战略，2015（6）：144-147.

3. 数据人才严重短缺，数据技术创新与转化能力较弱

数据经济的发展需要相关技术的不断改进与创新作为支持，而技术研发离不开人才。目前，中国的大数据技术还不成熟，无法满足数字经济发展的需要。在数字经济时代，数据量巨大，而且数据类型纷繁复杂，非结构化或半结构化数据居多，传统的数据处理技术和设备已经无法满足数据处理的实际要求，必须开发出较为先进的数据处理技术和设备，这对我国的大数据研发来说是一个不小的挑战。此外，不断变化的数据增加了保障数据有效性的难度，提出了增强数据分析和应用能力的要求。

大数据的发展为获取数据提供了更加便利的渠道，但随之而来的是更加突出的个人隐私和安全问题。不法分子的破坏会损伤数据，带来数据不真实等问题。这些问题必须尽快得到妥善解决，其中的关键在于技术，需要大数据技术的改进和创新，而这本质上是对相关方面的人才提出了更高的要求。虽然中国拥有大数据技术人才，但是数量远不能满足技术研发的实际需要，现有人才的技术水平也有待提高[①]。国外企业在数据库、数据仓库，以及数据挖掘等有关大数据技术领域处于领先地位。数据被应用于各行各业，但大多数集中在结构化数据上，非结构化数据的应用则寥寥无几。因此，大数据在促进政府决策和企业竞争力提升方面发挥的作用非常有限。市场上，IBM、甲骨文和 SAP 等国外 IT 企业占据着大部分中国市场，国内企业的市场占有率较低[②]。

4. 大数据产业生态体系不完善，数字经济发展受阻

国外很多大数据企业一直占据整个行业的领先地位，对大数据产业的发展有着重要的推动作用。西方发达国家的大数据产业链完整，产业生态体系层次完整，而且所有阶段都有很多成熟企业与初创企业同时参与，产业创新方式众多。相比之下，中国大数据产业虽然吸收了大量产业资本，但仍缺乏

① 宋之杰，杜亚莉．大数据产业发展及我国应对措施[J]．燕山大学学报：哲学社会科学版，2014（2）：99-104.

② 王伟玲．大数据产业的战略价值研究与思考[J]．技术经济与管理研究，2015（1）：117-120.

主导性的大数据企业，也就不存在由其带来的对数字经济的引领示范作用。此外，我国大多数大数据企业还处于研发基础软件的阶段，对核心技术与产品的研究和开发较少，企业竞争力也不高，缺乏技术型的初创企业，阻碍了大数据产业生态系统的形成和发展，极大地限制了数字经济的发展①。

中国大数据产业链中参与的成熟企业和初创企业都较少。虽然大数据在中国的实际应用并不少，但是我国大数据仍处于产业形成发展的初级阶段，主要体现在以下几方面：各个领域的大数据企业大都集中度低；企业参与的积极性和主动性尚不够高；产业发展、产业政策、产业平台、产业创新、产业环境等发展不协调；大数据企业之间分工不明确、交流合作不足、协同力度不够；大数据行业协会、产业联盟发展不足②③。

5. 数字经济基础薄弱，其发展亟待规范化与标准化

数字经济的基础是大数据产业，中国大数据产业起步晚、产业基础薄弱，目前仍处于相关技术研发阶段，还未形成规范化的产业发展标准和模式。

2012 年，国务院公布了《“十二五”国家战略性新兴产业发展规划》，指出“加强以海量数据处理软件等为代表的基础软件的开发”，标志着我国制定大数据产业发展国家规划的开始，掀开了历史的新篇章。但是，这一规划对发展大数据产业的支持力度较弱，需要进一步加强④。2015 年 9 月，国务院发布《促进大数据发展行动纲要》，明确指出要培育高端智能、新兴繁荣的产业发展新生态。2016 年 3 月，《“十三五”国家战略性新兴产业发展规划》指出，要把大数据作为基础性战略资源，全面实施促进大数据发展的行动，加快推动数据资源共享开放和开发应用，助力产业转型升级和社会治理创新。2020 年 10 月 29 日《“十四五”国家战略性新兴产业发展规划》首次提出坚持创新在我国现代化建设全局中的核心地位，提出坚定不移建设网络强国、数字中国，加快数字化发展。

---

① 高会聪，戴峰．我国大数据产业发展面临的挑战及对策[J]．电子商务，2013（10）：19.
② 王伟玲．大数据产业的战略价值研究与思考[J]．技术经济与管理研究，2015（1）：117-120.
③ 陈立枢．中国大数据产业发展态势及政策体系构建[J]．改革与战略，2015（6）：144-147.
④ 高会聪，戴峰．我国大数据产业发展面临的挑战及对策[J]．电子商务，2013（10）：19.

我国法律中包含了有关互联网隐私数据保护的内容。例如，《计算机信息网络国际联网安全保护管理办法》中有关条文规定："用户的通信自由和通信秘密受法律保护。任何单位和个人不得违反法律规定，利用国际联网侵犯用户的通信自由和通信秘密。"《中华人民共和国计算机信息网络国际联网管理暂行规定实施办法》中有关条文规定："不得擅自进行未经许可的计算机操作，篡改他人信息，冒用他人名义发出信息，侵犯他人隐私。"这些法律在一定程度上保护了网络用户的隐私，但仍然无法完全保障隐私安全，数据泄露事件发生得比较频繁。关于互联网隐私数据保护专门法律的缺乏导致大数据产业规范化不足、数据安全防范标准尚未建立，限制了我国数字经济的发展①。

6．中小企业数字化转型挑战大，缺乏动力与能力

中小企业作为微观经济的重要主体，在数字化转型中面临着较大挑战，部分企业难以适应数字经济发展的时代要求。一是部分中小企业负责人对于数字化转型缺乏充分认知，对于是否需要开展数字化转型、如何开展工作缺乏科学了解。企业数字化转型不仅需要积极部署软硬件设备，更需要在企业组织管理、业务流程优化、企业文化营造等方面进行谋划，形成数字化管理的团队与行动能力。二是中小企业融资能力不足，数字化转型升级需要投入较大资金，且是一个中长期行为，短期内难以产生明显收益，因此对于面临较大成本压力的中小企业，难以吸引其进行数字化改造。三是大多数中小企业数字化基础较为薄弱，缺乏数字化改造的技术力量，通过内部人员进行数字化平台开发与部署存在一定困难，现有人才难以支撑企业数字化运营。

---

① 迪莉娅．我国大数据产业发展研究[J]．科技进步与对策，2014（4）：56-60.

12.3 推进数字经济发展战略的对策

1. 加快实现数据共享，有序推动政府数据开放共享

促进全行业尤其是政府部门的数据开放共享是推动数字经济发展的重要内容。

（1）相关部门应尽快制定并实施促进公共信息数据开放共享的政策，打造集中、统一、高效的公共信息数据开放共享网站，对公共信息数据开放共享的内容范围、主体职责和标准制度做出明确的规定，促进部门之间的信息开放和共享，尤其是教育、交通、医疗等公共服务部门，在保护国家秘密和个人隐私的基础上向公众开放信息资源，实现公共数据共享①。当然，在实施这些政策、措施时，有一项任务必不可少，即对政府部门掌握的数据资源进行普查、明确数据的所有权，并建立合理的利益分配机制。

（2）在数据安全方面，要制定明确的隐私数据保护政策及法规，保障国家机密数据和个人隐私数据安全，对可能威胁数据安全的隐患提前做好防范并制订相应的应急预案。

（3）应根据数据敏感性对政府拥有的信息资源进行分类，建立先后有序的开放层次，构造相应的数据开放路线图②。这需要国家层面的统一领导，也需要各级地方政府的积极配合，还需要有效的监督和惩罚机制形成威慑作用，保证数据开放共享政策的执行能够达到预期效果，在实践中促进数字经济的发展。

拥有海量数据是数字经济的一大特征，这决定了保证数据安全是一项重要任务，并且需要从各方面采取有效措施。

2. 建立数据安全保障体系，确保大数据产业安全

数字经济的基础是大数据产业。

---

① 王伟玲. 大数据产业的战略价值研究与思考[J]. 技术经济与管理研究，2015（1）：117-120.

② 魏凯. 大数据产业发展状况及政策思考[J]. 电信网技术，2014（4）：1-4.

（1）在关系到国家安全的数据方面，要建立健全监管体制，明确监管的具体细节，如关键数据的范围划分等。针对关键数据建立特别的安全管理制度并坚决加以执行，从而保证大数据的使用流程和访问权限正当合理，保障国家安全。政府还要提高数据库管理操作人员的安全防范意识和能力，从源头上降低数据泄露的风险。

（2）在个人隐私数据安全问题方面，要制定完善的法律法规、统一的执法规定、有力的惩罚机制，为个人隐私安全提供可靠的法律保障①。在制定保护数据安全的法律时，要明确界定偷窃、泄露隐私数据和侵犯个人隐私行为的范围、内容、责任和惩罚措施，使法律能发挥实际的作用。

（3）对大数据技术和运营标准进行规范，建设并完善相关基础设施，改进数据安全防范技术，如防御技术、防火墙技术、检测技术、加密技术、追踪入侵技术、网络安全融合技术、跨部门多层次协作保障技术等，为数字经济安全提供技术保障。

（4）对可能出现的数据安全问题进行预测并做好相应的应急措施。各级政府都应设立大数据安全组织机构并合理安排任务，共同建立集追踪、预警、防范、反击、破坏恢复于一体的数字经济安全保障体系，确保大数据安全，尽可能减少由数据安全问题导致的产业风险②。

3．加强政产学研之间的合作，积极推进科技应用创新

数字经济发展的重要引擎是技术和应用创新，这需要相关专业人才进行努力研发。

（1）高等学校和科研院所是人才的直接输出地，数字经济人才的培养应选择这些地方重点采取措施。例如，设立数字经济相关专业，培养数字经济专业人才，既包括技术人才，也包括经济管理和应用开发等方面的人才，覆盖数字经济发展需要的各个方面；加强学校、科研院所和企业之间的合作，了解大数据研发需求，提高研发技术的实用性，拓宽研发资金来源，共同推进大数据技术研发和应用创新。具体来说，可以制定激励机制，吸引企业对

---

① 王伟玲．大数据产业的战略价值研究与思考[J]．技术经济与管理研究，2015（1）：117-120.

② 陈立枢．中国大数据产业发展态势及政策体系构建[J]．改革与战略，2015（6）：144-147.

学校和科研院所的数字经济相关专业进行投资和助学，如企业接受学生前去实地探访、学习和研究，学校和科研院所聘请企业的专家做兼职教师，传授数字经济方面最新的知识和科研成果，培养出符合实际产业发展需要的数字经济人才①。

（2）核心技术的攻关克难不容忽视，应围绕数据分析技术，提高人工智能、机器学习、数据挖掘、数据建模和算法设计等领域的基础理论研究水平。加强非结构化数据处理技术、异构数据的数据融合技术、多媒体数据并行化处理技术等基础技术的研究、创新，实现大数据技术与现代信息技术相互融合，以此更好地推动数字经济的发展②。

（3）要加强应用试点建设，充分发挥示范带动作用。可以选择一批信息服务企业进行试验，并将成果推广到其他企业，促进整个产业的发展。在此过程中，要充分考虑不同企业各自的特点，在推广试点成果时灵活加以改变，切不可生搬硬套，否则将难以实现预期的效果。

4．加快人才培养和储备，促进大数据共性和前瞻性技术研发

美国等发达国家目前处于数字经济发展前列，原因之一是其拥有其他国家无法比拟的数字经济专业人才。因此，我国发展数字经济时也应注重人才的培养和储备。

（1）可以在各大高校和科研院所广泛设立大数据专业并制定相应的课程规划，对选择大数据专业的学生采取适当的激励措施，如增加奖学金、提高就业机会、拓宽发展前途等。

（2）政府应针对吸引国外数字经济人才制定相关政策措施，从全球范围内引入优秀人才，加强数字经济创新支持方向的前瞻性和系统性，鼓励国内企业依靠自身力量建立统一开放的大数据平台。这需要相关人才认真钻研有关人工智能、实时大数据处理、海量数据存储与管理、交互式数据可视化与

---

① 宋之杰，杜亚莉．大数据产业发展及我国应对措施[J]．燕山大学学报:哲学社会科学版，2014（2）：99-104．

② 王伟玲．大数据产业的战略价值研究与思考[J]．技术经济与管理研究，2015（1）：117-120．

应用的分析技术，并投入艰苦的技术研究中①。

（3）应根据数字经济的创新特点，在技术研发与应用项目中将开源和开放标准作为考核指标，采取有针对性的科研项目支持措施。例如，对参与开源开发的企业和机构给予事前或事后补助，推动大数据技术的研发创新②。

当然，人才的培养和储备不是一朝一夕就能够实现的，需要长期的综合性支持政策。除了各级政府的激励和扶持政策，高校、科研院所和企业也应承担相应的责任，积极采取措施，以攻克大数据共性和前瞻性技术难点为重点方向培养人才，为数字经济的发展提供人才支撑。

5. 建立大数据应用市场，加快产业链融合创新

目前，我国存在比较广泛的数字经济应用市场，如电信、金融、医疗、电子政务、电子商务等行业③。但是，数字经济应用领域仍需进一步拓展和深入，健全的数字经济应用市场尚未形成。

（1）政府要始终强调数字经济应用，建立代表性项目，采取激励措施加强数字经济链上下游合作，引导各个领域的企业成功落地，不断扩充大数字经济应用市场。

（2）要加强发展数字经济的基础建设，为拓展数字经济应用领域提供有力支撑。要加强各级政府的政策引导作用，加快推进数字经济重点工程，促进数字经济在具体领域中的应用，产生实际的经济效益。具体可以从两方面开展。一方面，积极推动数字经济重点工程项目的建设，带动数字经济链各个环节的发展，最终实现产业链的有机融合；另一方面，加快落实数字经济重点工程项目，对大数据需求方起到良好的示范效应④。

（3）打造国内统一的数字经济联盟，利用联盟的组织领导功能和强大合力，加强数字经济的应用，推动数字经济链上下游企业之间的交流合作和互相协助，为数字经济应用和产业链融合创新营造良好的环境，共同推动数字经济的发展。

---

① 崔小委，吴新年．大数据应用促进大数据产业落地[J]．科技管理研究，2016（2）：203-207.

② 魏凯．大数据产业发展状况及政策思考[J]．电信网技术，2014（4）.

③ 罗涛．大数据产业的美国经验与中国对策[J]．高科技与产业化，2013（5）：54-57.

④ 黄挺等．大数据产业发展需求、思路和策略探析[J]．信息通信，2015（8）：207-208.

6. 积极扶持数字经济领军企业，发挥示范带动作用

国外有很多著名的数字经济领军企业，掌握着数字经济领域的优秀资源，对整个行业的发展产生了重要的示范作用。相比之下，我国数字经济缺乏实力强大的领军企业，现有的领军企业数量也很少，在世界范围内缺乏竞争力。因此，政府要积极扶持、建立数字经济领军企业，带动整个产业的发展。目前，我国在这方面已经取得了一些成果。2014 年，国内 4 家数字经济企业签约落户重庆市北部新区，总计投资 10 多亿元，分别为民营铁塔运营上市公司——北京梅泰诺通信基础设施投资有限公司、互联网物业管理上市公司——深圳彩生活服务集团有限公司、移动互联网开发公司——社区正益无线（北京）科技有限公司、中小企业互联网融资平台——全球网，它们将形成强大的示范带动作用，促进互联网创新产业格局的优化，推动重庆数字经济发展。国内其他省市应借鉴重庆市扶持数字经济领军企业的成功经验，积极采取措施。一方面可以加强政策引导，培育本地的数字经济领军企业；另一方面可以推出激励政策，吸引其他地方的数字经济领军企业进入本地发展。

7. 推广工业互联网典型应用，加快推进产业数字化步伐

总结工业制造业领域数字化转型的经验教训，分类、分行业遴选出工业互联网的典型应用和解决方案，以专项资金进行支持培育；选择一些应用深入、成效显著的行业先行先试，打造一些典型行业的互联网平台，在全国特别是西部等起步较晚的地区进行应用推广；鼓励地方政府主管部门、产业联盟、行业协会积极组织开展优秀案例的宣传报告，促进对工业互联网应用形成行业共识；强化企业创新主体地位，鼓励企业增加研发投入，激发企业创新活力，推动制造业向智能化、绿色化、数字化转型，助力制造业向中高端迈进；加大对工业互联网标识解析体系等关键共性技术的研发投入，支持创投、风投等基金和社会资本投入，积极培育专业化的工业互联网供给服务厂商；完善知识产权保护机制，加大智能制造等领域领军人才、专业人才等的培育和支持力度，营造良好的创新氛围。

8. 完善相关法律法规，培育有竞争力的数字经济产业集群

数据安全对数字经济的发展至关重要，除了需要强化数据保密技术，还需要建立并完善相关法律法规，做到有法可依、有法必依、执法必严、违法必究，为数字经济的发展提供法律保障。

（1）我国立法机关须制定关于数据隐私保护的专门法律，对数据泄露行为的范围和内容做出明确的界定，清晰明了地列出侵犯数据安全的责任和惩罚手段，以起到威慑作用，并为惩罚违法者提供可靠的依据。

（2）在不违背数据隐私保护法律的基础上，各级政府可以根据管辖范围的具体情况制定相应的法规制度。具体来说，中央政府须制定统一的数据安全保护法规，发挥领导带动作用，并监督地方政府数据安全保护工作，及时给予指导、批评和惩罚。

（3）广大民众应该积极主动地学习数据保护相关法律法规，做到不侵犯他人数据隐私，勇于举报违法行为。尤其是大数据企业内部人员，应该清楚地了解有关数据安全保护的法律法规，善于利用法律武器保障企业的数据安全。

（4）企业之间可以建立数据安全保护联盟，互帮互助，提升整体安全保护能力，使数据泄露导致的产业风险降到最低，促进数字经济的发展，培育有竞争力的数字经济产业集群。

第 13 章

大数据人才发展战略

随着云计算、物联网及人工智能的兴起和发展，大数据逐渐成为各界关注的焦点，人类社会正逐步进入大数据时代。大数据具有数据量大、类型多、价值密度低、速度快及时效性高等特点，因此大数据时代对人才发展提出了新的要求。在新的时代背景下，大数据人才发展战略具有重要的现实意义，有计划地培养一批水平高、素质高且应变能力强的大数据复合型人才，是实施大数据人才发展战略的重要组成部分，也是全面加强大数据人才建设的内在要求。

人才竞争已经成为国际竞争的焦点，发达国家和发展中国家会把人才资源视为战略资源和提升国家竞争力的核心要素。世界各国把推进经济数字化作为实现创新发展的重要动能，在前沿技术研发、数据开放共享、隐私安全保护、人才培养等方面进行了前瞻性的布局。中共十九大提出实施国家大数据战略，加快建设数字中国。2017 年 12 月 8 日，中共中央总书记习近平在中共中央政治局第二次集体学习时强调，要坚持数据开放、市场主导，以数据为纽带促进产学研深度融合，形成数据驱动型创新体系和发展模式，培育造就一批大数据领军企业，打造多层次、多类型的大数据人才队伍。

在大数据时代，抓紧并持之以恒地培养复合型、应用型、创新型大数据人才是提高自主创新能力、建设创新型国家的必然要求。大数据人才状况关系到大数据发展的速度，大数据人才战略是大数据整体规划的重要组成部分，因此我国要积极开发相关人才资源，建立全面的人才体系。

13.1　我国大数据人才发展基础

在大数据时代，科技实力和人才综合实力是衡量一个国家实力的重要标志，也是实施可持续发展战略的必要条件。自新中国成立以来，党和政府一直非常重视人才队伍的建设，尤其是改革开放以后，有关强化人才建设方面的政策措施相继发布，在提升我国整体人才市场水平的同时，优化了我国的人才市场结构，使其在质量和数量方面都取得了较大的进步，这一点主要体现在信息技术方面的人才资源市场。

13.1.1　人才资源规模增长迅速

人才数量是测评一个国家人才建设状况的重要指标之一。改革开放以来，我国对于人才培养方面给予持续的关注和高度的重视，人才强国及科教兴国战略的相继出台促进了我国人才建设的高速发展，这一方面有利于社会经济总量的快速增长，另一方面也有利于解决我国发展过程中经济结构的转型升级问题。1949 年，我国科技方面的人才数量大约为 5 万人，其中科学研究方面的专业人才数量少于 500 人，当时的高等院校数量为 205 所，在校学生数量为 11.7 万人，其中研究生只有 69 人。随着经济发展和整体国力的提升，我国科技水平及科技人才的数量、质量也在不断提升，科技部出版发行的《中国科技人才发展报告（2018）》显示，2017 年，我国科技人力资源总量达到 8 705 万人，全社会研究与试验发展（R&D）人员总量（全时当量）达到 403.4 万人年，均居世界首位。我国统筹国际国内两种人才资源，聚天下英才而用之，形成新中国成立以来最大规模的留学人才“归国潮”，还吸引了超过 95 万个其他国家的人才来我国工作。

与此同时，全国各地都在不断加强大数据人才建设，2017 年 3 月，教育部公布了高校新增专业名单，有 32 所高校成为第二批成功申请“数据科学与大数据技术”本科新专业的高校。加上第一批成功申请该专业的 3 所大学，共有 35 所高校成功申请“数据科学与大数据技术”专业。2018 年 3 月教育部公布的 2017 年度第三批大数据本科的高校新增专业名单显示，有 248 所学校再次获批。我国信息化发展的速度越来越快，全国各地的信息化建设如火如荼，涌现了大量的信息化人才，大数据人才数量的增加为我国实施大数据战略、促进经济稳定健康发展提供了坚实的基础。

13.1.2 人才资源结构不断优化

测评一个国家人才建设状况的另一个重要标准是人才资源的结构状况。改革开放以来，在建设社会主义市场经济的总体要求下，我国在教育结构及人才市场方面也进行了相应的改革，这些改革使我国人才资源结构朝着好的方向持续发展。专业技术人员的行业分布、专业结构、年龄结构与地域分布日渐合理。从目前我国人才流动的情况来看，由于放活了管理、放宽了限制，各类人才在各行业间自由流动，跨行业的人才数量不断增加，涌现了大量的复合型人才。从地区来看，信息技术人才资源结构的优化在我国中西部地区得到显著体现，这与国家对中西部地区的持续关注和政策倾斜密切相关。此外，由于国家推行了相关大数据人才培养和引进计划，大数据人才的年龄结构也发生了相应的变化，年轻化为我国科技人才和信息人才的发展带来无限潜力。在大数据蓬勃发展的国际背景下，国内外相关人才资源结构不断升级，出现了计算机、信息技术、软件开发、人工智能等专业人才融合的趋势，以不断适应社会发展的需求。

13.1.3 信息人才创新能力不断提高

大数据的发展是以网络和计算机技术的高速发展为依托的。科研成果和开发活动是 IT 行业得以快速发展的关键，而评估一个国家科技实力和创新能力的重要指标之一就是科研水平和相关人员的数量及素质。自 20 世纪 90 年代以来，我国科研人员总数呈上升趋势，1991 年人数为 75.5 万人，2018 年按折合全时工作量计算的全国研发人员总量为 419 万人年，是 1991 年人数的 6.2 倍。2013 年，我国研发人员总量超过美国研发人员总量，已连续 6 年稳居世界第一。[①]党的十八大以来，我国全面实施创新驱动发展战略，我国的研发投入明显加大，原始创新能力不断提升，科技产出成果丰硕，企业创新活力竞相迸发，科技创新为经济保持中高速增长、迈向中高端水平提供了强有力的支撑。随着经济实力跃升和创新驱动发展战略的全面实施，我国研发经费投入持续增长。按汇率折算，我国已经成为世界第二大研发经费投入国家，为科技事业发展提供了强大的资金保证。经初步统计，2018 年我国研发经费投入总量为 19 677.9 亿元，是 1991 年研发经费投入总量的 138 倍，1992—2018 年年均增长 20.0%，远超同时期按现价计算的 GDP（国内生产总值）年均增速。2018 年投入总量比 2017 年投入总量增长 11.8%，并且连续 3 年保持两位数增速。研发经费投入强度更是屡创新高，2014 年首次突破 2%，2018 年提升至 2.18%，增速超过欧盟 15 国平均水平。

科技人才创新同样离不开政府的大力扶持，2017 年国家财政科技拨款为 8 383.6 亿元，是 1980 年的 130 倍，1981—2017 年年均增长 14.1%。一系列引导和鼓励企业加大研发投入的政策实施效果凸显。2017 年，规模以上工业享受研发费用加计扣除减免税和高新技术企业减免税的企业分别达到 2.44

① 国家统计局. 科技发展大跨越 创新引领谱新篇——新中国成立 70 周年经济社会发展成就系列报告之七. 全国研发人员总量、研发经费投入总量和强度及基础研究投入指标 2018 年数据为初步数。

万家和 2.42 万家，分别是 2009 年的 3.3 倍和 3.5 倍，减免金额分别达到 570 亿元和 1 062 亿元，这对鼓励和引导企业开展研发创新有着积极作用，也为大数据人才充分发挥才智提供了有利的环境。[①]

13.1.4 大数据人才需求不断增加

大数据复合型人才需要对知识有广泛的涉猎，既包括技术方面的相关系统、计算机软件及硬件等技术知识，也包括数学方面的模型构建和统计算法等数学知识，还包括系统开发方面的相关专业领域学科知识。当前，在国际大数据的发展过程中，涌现了一批数据规划师、数据工程师、数据架构师、数据分析师、数据应用师、数据科学家等数据技术人才。一个产品的设计需要数据规划师、数据工程师、数据架构师、数据分析师、数据应用师及数据科学家等多方参与。企业在竞争中能取得优势在于实施差异化竞争，而差异化竞争靠关键性数据支撑。将关键性数据应用到产品中从而产生新的价值是数据规划师的职责。根据企业需要，通过开发大数据基础设施进行分析设计和建设管理是数据工程师的职责。通过监控系统解释数据，处理各类散乱数据，从而确保系统平稳运行，是数据架构师的职责。通过对数据的解读将数据转化为有用信息，从而指导企业下一步生产，是数据分析师的职责。用通俗化的语言分析数据，得到数据中蕴含的结论，让数据为产品服务，从而调整企业内部生产，是数据应用师的职责。将数据和技术交叉科学地转化为企业的商业价值，是数据科学家的职责，数据科学家也是大数据人员中的领导者。无论是国际大数据市场还是我国大数据市场都对这些人才有强烈的需求。

美国领英平台发布的《2015 年中国互联网行业人才库报告》显示，互联网人才初级职位占比为 43%，高级专业人员占比为 21%，经理占比为 18%，总监、副总裁、企业主等决策层总占比为 18%。高级及以上职位级别人员占

---

① 国家统计局. 科技发展大跨越 创新引领谱新篇——新中国成立 70 周年经济社会发展成就系列报告之七. 全国研发人员总量、研发经费投入总量和强度及基础研究投入指标 2018 年数据为初步数。

比比初级职位占比高 14%，互联网行业整体呈现出“将多兵少”的情况，大数据人才需求日益增加。同时，在新形势下，大数据渗透到各个行业、各项具体的工作中，各相关主体特别是政府和企业的领导者要有大数据管理思维，企业管理层要掌握大数据管理的基本思路，能够选择正确的解决方案。高级决策层要借鉴大型跨国公司的基本做法，设立专门的数据管理岗位，对企业在不同区域分布情况、经营状况了如指掌。政府的决策者要在现有基础上加大大数据推广力度，在各级数据平台上，促进人员和数据库的充分交流，使上下级部门信息保持通畅，逐步建立完善的大数据体系。

全球的大数据人才供需存在严重失衡。领英发布的《2016 年中国互联网最热职位人才报告》显示，数据分析人才的供给指数最低，仅为 0.05，属于高度稀缺。数据分析人才跳槽速度也最快，平均跳槽速度为 19.8 个月。截至 2015 年，大数据为全球带来 440 万个 IT 新岗位和上千万个非 IT 岗位，需要数据需求和技术及应用的管理者 150 万人。从全球来看，国际大数据人才需求强烈，相比之下，在我国目前全面推广大数据战略的初期阶段，能够适应这一形势并掌握相关专业技能的大数据人才非常短缺，特别是具有创新能力的信息技术专业人才较为缺乏。数联寻英发布的《大数据人才报告》显示，2016 年全国的大数据人才仅 46 万人，未来 3～5 年大数据人才的缺口将高达 150 万人。与 2016 年相比，2017 年大数据及人工智能岗位人才需求量猛增 6 倍多，大数据开发类增长幅度达 795%。据中国商业联合会数据分析专业委员会统计，未来中国基础性数据分析人才缺口将达到 1 400 万人。①

同时，大数据人才分布不均匀，主要集中在互联网和金融两大领域，而制造业等产业在转型升级过程中极度缺乏大数据人才。从整体来看，数字中国建设、产业转型升级、企业上云用云等都对大数据人才有很大的需求且需求呈快速增长趋势，而人才培养的数量和速度难以满足现实需求，这导致大数据人才缺口持续增长，预计到 2025 年全国大数据核心人才缺口将达 230 万人。②我国对大数据技术人才和管理人才的需求都很大。

---

① 王元卓，隋京言．新工科背景下的大数据专业建设与人才培养[J]．中国大学教学，2018（12）．

② https://www.sohu.com/a/341538666_505782．

13.2 我国大数据人才发展存在的问题

13.2.1 人才总量及结构问题

1. 大数据人才总量存在巨大缺口

大数据最关键的部分是分析数据和挖掘数据价值，相关的专业和技能主要包括数学、统计学、数据分析、商业分析和自然语言处理等。数字经济发展和产业转型升级不断加快，对大数据人才的专业技能、实操能力提出更高的要求。在大数据人才方面，全球普遍缺乏兼具技术与管理知识的复合型人才，而现阶段我国尤其缺乏数据挖掘和数据分析方面的专业人才。目前，最紧缺的是数据科学家和数据架构师，市场上大数据人才数量及服务能力难以满足发展需求，紧缺能够编写程序、设计算法、搭建系统架构、理解大数据产业的复合型人才。

2. 大数据人才战略储备不足

随着大数据的不断发展和相关技术的不断更新，我国对大数据人才的要求也会不断提高。现阶段的大数据工作人员大多数只能对数据进行初步的描述性分析和简单的统计分析，这显然不能满足大数据时代对人才的要求。我国大数据人才的培养与储备面临着严峻的挑战。相关调查统计显示，影响大数据产业发展的主要因素为人才因素。由于物联网、人工智能及云计算的兴起，新的产业形态得以发展，对 IT 行业的人才需求迅速增加，同时对大数据方向的复合型人才的需求也日益增加。领英发布的一份研究表明，过去 4 年从事数据分析的专业人才数量翻了一番，大数据相关工作的招聘量急剧上升，编程、数据分析、算法设计等专业技能是企业招聘大数据人才时最关注的。这一趋势既反映了现阶段大数据人才储量的不足，也体现了行业市场对高端大数据专业人才的需求在不断增加。高盛公司发布的《全球人工智能产业分布》报告显示，2017 年在全球人工智能人才储备方面，中国只有 5%左右，人才缺口超过 500 万人。我国陆续推出相关的继续教育及职业培训，加强对人才的培养和储备，全国信息技术人才培养工程也逐步进入正轨。大数据作为国家战略被提出以后，我国相关政府机构、各高校积极探索人才培养新模式，如建立协同创新培养机制等，积极培养国家所需的大数据人才。

3. 大数据人才结构亟待完善

BCG（波士顿咨询公司）在《迈向2035：攻克数字经济下的人才战》报告中指出，在数字经济下，无法被技术取代的人才技能的重要性愈发凸显。然而，劳动力市场高素质人才的结构性短缺成为制约我国诸多企业发展的瓶颈。各行业的数字化转型进一步加剧了大数据人才争夺战。另外，“90后”“95后”新生代人员成为职场主力军，他们鲜明的个性特征、就业文化也对传统人才管理模式发出挑战，大数据人才结构亟待完善。

基于大数据的特点，所需人才通常为跨专业的复合型人才，他们既要熟悉计算机技术，又要有解构中文的能力，还要有建立综合性模型框架的能力。因此，首席信息官（CIO）开始向首席数据官（CDO）转变，这个转变标志着大数据时代的重大人才需求风向。另外，在大数据产业发展的过程中，从事基础技术且技术娴熟的人才也较为缺乏。教育部发布的关于紧缺人才的报告显示，我国软件人才结构为“两头小、中间大”的橄榄形，从事基础性工作的“软件蓝领”和从事高级管理工作的“软件金领”一样缺乏。然而，“软件蓝领”、软件工程师、软件架构分析师并存的金字塔形状，人才基数由大到小、形成梯次才是合理的软件人才结构。

4. 大数据人才培养模式脱节

大数据的发展以计算机、网络为基础，产学研相互割裂是当前计算机领域存在的问题，缺乏全面的预测和系统的规划是大数据战略层面存在的问题。此外，缺乏必要的沟通与协作是各个部门在制定相关政策及发展规划时存在的问题，因此很难形成一个较为统一的国家层面的大数据人才发展总体规划，这就导致在大数据人才培养和建设方面存在较多问题和较大的漏洞，无论是人才数量还是人才整体素质都不能满足现阶段我国大数据产业和大数据科学技术的发展需要。特别是当前大数据战略需要的是复合型人才，要求其掌握数学、统计学、数据分析、机器学习和自然语言处理等多方面综合知识，然而目前设置大数据专业的高校和研究机构还非常少，不能满足当前对人才的需要。不合理的人才结构及相对较少的高层次人才是大数据人才建设和培养过程中存在的主要问题。

13.2.2 大数据人才管理存在的问题

1. 大数据人才管理的规划设计滞后

在信息化发展建设进程中，我国的问题体现在各企业和各部门之间信息共享机制不健全、信息利用水平较低，许多企业自成“信息孤岛”，原因是对信息化人才的供给与需求缺乏总体规划，对人才的总量和整体结构缺乏有效的规划、监控与优化策略。大数据时代需要计算机、统计学、数学方面的专业技术人才来从事专项工作，如果要让社会整体转变思维，更好地使用大数据，那么不但要培养 IT 技术人才，而且国家及各地政府的管理者要转变思维方式，加强对大数据管理人才的培养。

2. 大数据人才培训体系不规范

我国的大数据发展正处于起步与快速跃升阶段，目前大数据人才资源较为缺乏，各行业、各部门对大数据人才的需求较大，因此大数据人才的培训和建设更是重中之重。一个有效的权威认证机构对人才培养具有重要的战略与现实意义，政府应当在培训机构的规范运作及相关制约制衡机制方面发挥主要作用。从企业对培训的投入来看，大数据方向的技术培训并不广泛，虽然技术培训能让开发者了解技术的发展趋势，但很少有企业组织类似大数据平台构建的技术培训，而且还存在课程体系碎片化的问题。从培训的主体来看，企业在培训人才上存在惯性偏向问题，即对高技术人才的培训较多，对基础产业工人与管理人员的培训较少，培训的人才难以适应企业要求。从培训的主办方来看，政府组织的大数据培训尚处于初期阶段，覆盖面不够广，并且当前的学校教育体系与大数据市场需求脱节。

13.3 构建我国大数据人才战略体系

13.3.1 政府层面

1. 统筹规划，为储备大数据人才做好准备

世界上很多国家已经对大数据人才建设进行了战略部署。英国通过《英国数据能力战略》制订了大数据人才培养计划，包括加强部分院校学生对数据算法和计算机编程的学习；跨学科交流当前课程体系中的大数据课程是否需要完善和改进；对高校培养满足当前和未来数据分析需求的人才给予必要的资金支持；大数据相关学科需要政府部门和相关机构共同加强，并据此统筹规划不同的行业数据发展的前景。澳大利亚的《公共服务大数据战略》指出，政府部门要与大专院校合作培养分析技术专家，同时计划将各类大数据分析技术纳入现行教育课程中，强化人才储备。法国的《政府大数据五项支持计划》中有引进数据科学家（Data-scientist）教育项目。

我国的相关部门也进行了重要部署并采取了相应的措施。2016 年 12 月，工信部发布的《大数据产业发展规划（2016—2020 年）》明确指出，要加强大数据人才培养，整合高校、企业、社会资源，推动建立创新人才培养模式，建立健全多层次、多类型的大数据人才培养体系。与此同时，相关部门正在为培养人才做准备并鼓励设立跨学科的学位项目，同时通过国家科学基金对相关的技术培训给予支持，并且鼓励相关研究人员共同探讨大数据对学习和教育的影响。与此同时，政府部门要发挥好自己在政策方面的主导作用，可以采用大数据发展人才基金等多种模式，为大数据人才培养创造良好的政策环境。

2. 加大大数据人才培养投入

国家“十三五”规划纲要明确提出“实施国家大数据战略，推进数据资源开放共享”，这也为我国大数据领域的发展绘制了宏伟蓝图。在“十三五”时期，我国仍需要对大数据人才培养给予高度重视，在数据挖掘方面，国家需要探索不同的数据渠道，创新数据类型；在数据分析方面，国家需要不

断更新和优化大数据工具来支撑数据分析工作，同时也要对数据安全管理及数据质量监督工作给予必要的重视和关注。数据的标准需要有一个统一且系统的制度体系来优化，因此国家也要健全元数据、主数据管理，增强数据的一致性。

《中共中央关于制定国民经济和社会发展第十四个五年规划和二〇三五远景目标的建议》指出，要推动互联网、大数据、人工智能等同各行业深度融合，推动先进制造业集群发展；提升大数据等现代技术手段辅助治理能力。

3. 重视大数据人才发展规划，创新大数据人才培养模式

我国必须从意识上高度重视大数据的发展，除了进行全面系统的规划，还要建立大数据人才供需预警机构。政府部门作为重要的引导者，应该从全局和长远的角度出发，发挥好自己的统筹规划作用，切实解决“信息孤岛”问题，逐步完善信息共享机制，使各企业、各部门及企业内各职能、各环节、各系统之间的信息流互联互通。经济全球化和世界多元化使人才竞争更加激烈，大数据的发展离不开大数据专业人才，而专业人才需要借助完善的大数据平台及体系来工作，因此政府部门需要把数据平台及体系建设提上日程。全社会都应该意识到想要赢得市场必须要靠竞争优势，而竞争优势的取得需要依靠大数据人才，他们会定位客户需求，指导企业生产和决策，从而创造价值。大数据人才的培养模式需要创新，一方面企业要根据自身发展的需要制定培养模式，另一方面企业拥有大量数据，因此可以和大学合作制定大数据人才培养模式。这样可以实现产学研的良好结合，学生可以从中受益，提升自己的大数据分析水平，企业可以通过学生的实践获取有用的信息，社会也可以获得优秀的大数据人才。

“产学研”相结合可以更好地促进大数据的发展。高校应该制定方案，有意识地主动培养大数据人才；相关科研机构同样要优化大数据人才培养机制；企业作为数据的拥有者及受益者要与政府部门开展合作，更好地构建大数据平台；政府部门作为权威机构，要在资金方面给予相关技术研究必要的支持。“产学研”三方共同努力，创新模式，能够有效降低大数据发展成本，从而获得显著效益。在深化高校、科研机构及企业和政府合作的同时，我国

还要强化产业之间的联盟建设。高校作为人才的主要培养基地，应该增设大数据方向的相关课程，包括数据分析、数据挖掘、数据应用等，此外也可以开设大数据相关的公共课，开辟在校学生及在职人员的职业技能培训通道。2018年1月成立的大数据与智能计算工作委员会旨在推动数据技术与产业应用结合的多学科、多行业交叉融合的新工科发展，培养兼具数据知识和应用视野的大数据工程人才，建设大数据领域新兴交叉学科。

4．培养和引进大数据人才

大数据的发展离不开良好的人才培养机制，优秀人才的引进同样重要。虽然我国大数据方面的人才队伍不断壮大，但大数据应用型人才缺乏一定的创新性，尤其是研发方面的创新性。因此，一方面，国内一些知名企业可以与国外高端技术企业开展合作，进一步优化本土大数据人才结构；另一方面，地方政府要发挥产业链不断延伸、市场需求潜力大、政策支持力度大等优势，加强数据共享的宣传，鼓励公众、企业及第三方积极参与数据共享，充分挖掘共享数据的价值，寻求新的商业发展机遇，为社会创造更大的经济价值，营造全民共创、全民共享的良好氛围，以此引进国外大数据研发方面的卓越人才。

5．建立一支高素质的大数据管理队伍

政府各级领导作为大数据建设队伍的领头人，对于大数据建设具有重要的作用。政府各级领导一方面要具备全面系统的管理知识；另一方面应该具备先进的人才管理思想，营造识才、选才、用才的良好社会氛围，管好大数据人才培养，用活大数据科技人才。信息技术管理部门作为大数据发展的核心部门，更应该强化管理意识和责任意识，应把人才制度建设及人才管理纳入综合目标管理责任制和单位任期考评，作为管理者的主要政绩考察。

政府应用大数据不是为了获取利润，而是为了更好地提供公共产品和公共服务，从而更好地服务于人民群众。因此，政府部门应该带头转变思想，用大数据的视角和眼光引领发展。地方政府要将大数据思维纳入制度体系，深入讲解有关内容并开展典型大数据案例分析研讨会等，以此强化大数据思维。营造大数据治理的文化氛围要从数据挖掘、数据处理及数据分析等多方面入手，不断优化和更新大数据相关课程并纳入相关的培训体系，增强政府

部门人员的大数据思维及理念。

6. 加强人才流动的宏观调控

大数据人才培养机制同其他人才培养机制类似，人才的流动和更新必不可少。加强大数据人才流动的宏观调控，使其以合理的速度向合理的方向流动具有重要的意义。建立全国大数据人才库，一方面可以使政府对各地区、各行业的人才分布和需求有较为清晰的把握；另一方面可以满足重点行业和重要课题的人才配置，提高组织效率。政府对人才流动的宏观调控，要以尊重市场规律为前提，可以通过合理的、规范的制度及法律来调控人才流动，但不能有较多的行政干预。此外，为促进经济欠发达地区的大数据良好发展，使其能及时引进优秀的大数据人才，政府应该适当给予政策倾斜和保障制度优惠，通过一些优惠条件吸引有才华、有抱负的大数据人才到这些地区，促进当地大数据及相关产业的发展。

13.3.2 企业层面

1. 企业多渠道培养大数据高级人才

虽然大数据的发展离不开从事低端技术的基础性人才，但对于大数据的突破性发展来说，大数据高级人才至关重要。因此，企业应该扩展人才培养途径，对大数据高级人才给予重视，同时加强与高校的合作，将高校大数据人才培养的目标与企业的人才需求相结合，最大限度地发挥企业的优势，共同培养大数据人才，降低企业培养成本和招聘成本，减少人才流失。除了建立常规的教育培训体系，企业还可以频繁地普及大数据相关知识，让大数据理念融入企业文化，让员工的技术和素质整体提高，同时还要适当引入国外高级人才，或是让本企业员工到国外学习。企业在培养大数据高级人才时，要重视“产学研”的结合，创新方式方法，使大数据人才成为复合型的多元化人才。

2. 加强大数据人才培训，打造全方位的人才链

企业要建立大数据相关技术培训制度，将从事大数据技术开发的骨干技

术人员和企业所需要的软件人员作为人才培养重点。培训的方式有两种：第一种是在职培训，企业可以在日常工作中设置大数据应用场景，对业务人员进行技能训练，提高企业人员的大数据实操能力和业务水平，使其尽快成长为业务骨干；第二种是脱产培训，企业通过争取让较多的技术骨干到知名企业或高等院校学习、实践，让企业员工可以系统地学习大数据科学和技术方法。此外，企业还要健全首席数据官（CDO）培训制度，持续提升技术和管理人员的大数据应用和资源管理、开发、利用能力。

3. 建立规范的大数据人才评估体系

建立权威的、有针对性的、高层次性的、务实的、有延续性的国家认证评估机构体系，一方面要借助政府的权威性，在市场发展初期帮助企业树立的行业标准和一般规则；另一方面要引进国际上的认证机构。此外，企业要扩展大数据人才的选拔渠道，可以与人才市场中的猎头公司、中介机构开展合作，让其帮助企业寻找合适的人才，同时向高校和研究机构传达企业对大数据人才的需求。

4. 建立合适的人才引进机制

企业可以通过引进大数据人才，促进企业人才库的更新，同时应该把人才的流动性控制在一个科学、合理的范围内。企业要想留住优秀的关键技术人才，除了提供丰厚的报酬，还可以采用签订合同、制定规则等其他有效且合理的方法。报酬是人们找工作时的重要考虑因素，报酬过高会增加企业成本，报酬过低会降低对员工的激励作用。因此，企业可以设置工资与业绩挂钩的薪酬体系，对待员工要公平公正，对报酬要保持适当的透明度，同时对员工的自我发展和提升需求给予必要的关注。在大数据的时代背景下，企业要让每位员工运用智慧充分发挥自己的力量，让大数据人才在大数据的时代背景下不断成长、不断丰富理论知识且在实践中积累更多的阅历和经验。与此同时，企业也不能忽视对低端的基础性技术人才的培养。

在大数据的时代背景下，大数据人才战略的实施任重道远，无论是政府还是企业都需要根据现存的基本问题，找到合适的路径，培育一大批现实需要的大数据人才，为有效实施大数据战略提供强大的智力支持。

第 14 章

数据开放共享战略

14.1 数据开放共享的政策背景

随着大数据时代的到来，国家对数据的需求量日益增加，从而对数据的开放与运用也提出了更高的要求，大数据技术已经成为国家综合竞争力的标志。我国政府数据开放仍存在法律法规支撑不足、技术标准缺乏、观念束缚等问题。2015 年 8 月，国务院印发的《促进大数据发展行动纲要》强调了顶层设计的重要作用，指出要加强政府大数据平台建设，统筹各方资源，完善数据整合和信息分享，消除相关部门之间的信息壁垒，推进数据资源为公众服务，提升政府公信力，进而更加高效地服务社会，推动经济发展。我国各级政府部门掌握着大量的数据资源，是最大的数据保有者，也是最大的数据需求者。各级政府应按照《中华人民共和国政府信息公开条例》（2019 年修订）的要求，切实做好政府数据开放的保障工作。

在当前信息时代背景下，数据日益成为政府决策的重要工具与资源。随着云计算、物联网及人工智能的持续推进和发展应用，政府在数据生产和拥有方面不再处于绝对的主导地位，社会公众也可以参与到各类微观数据的生产中，而且公众对各类数据的需求日益增加，使用数据的意识不断提高。与此同时，数据成为社会生产中不可或缺的一部分，政府对社会和公众开放数据有重要的现实意义。政府数据一般指政府和有关公共机构依据职责所生产、创造、收集、处理和存储的数据，政府数据开放是指在保证国家安全和个人隐私的前提下，向公众免费开放数据，从而提升政府治理水平，释放数字红利，激发创新活力，促进各方应用。2018 年，经济合作与发展组织在《开放政府数据报告》中指出，在公共采购、公共预算及反腐等关键领域开放数据有助于提高政府的治理水平和公信力；同时也会影响政府决策的精细化和科学化。美国是最早实践政府数据开放的国家之一，其方式多种多样，如国会立法、政府指令、建立信息公开网站、社会动员等，以此不断加深政府相关工作力度，营造数据开放氛围。政府数据公开不仅会增强政府的透明度和责任感，还会带来经济收益，同时也会带来社会进步的创新方法，以支持公共行政职能。政府数据开放为各国所重视，成为大数据时代促进经济社会发展的强大动力。

我国国务院印发的《促进大数据发展行动纲要》提出，要推动各部门、各地区、各行业、各领域的数据开放共享。政府数据的开放共享是为了充分激发数据活力，开创新应用、催生新业态、打造新模式、提供新动力。目前，我国一些地方政府正在积极推动大数据的开放，但是我国政务系统建设中条块分割的问题仍未得到有效解决，政务数据开放共享“纵强横弱”的局面未能得到根本解决，系统间互联互通遭遇重重阻碍，跨部门数据共享和业务协同推进迟缓。当前，虽然我国各级政府部门逐步认识到加强数据开放与共享工作的重大意义，但受法律法规、制度建设、标准规范、体制观念等多方面的影响，跨部门的数据共享与业务协同工作的推进进程慢于预期。同时，受传统政府管理的条块模式的影响，“信息孤岛”与系统建设重复、功能交叉、标准不一的现象大量存在，这就增大了数据共享交换的难度。针对这些问题，《促进大数据发展行动纲要》明确提出，加强顶层设计和统筹规划，明确各部门数据共享的范围边界和使用方式，理清各部门数据管理及共享的义务和权利，依托政府数据统一共享交换平台，大力推进国家人口基础信息库等信息系统跨部门、跨区域共享；同时在依法加强安全保障和隐私保护的前提下，稳步推动公共数据资源开放。

为了进一步规范政务部门间政务信息资源共享工作，国务院于 2016 年 9 月印发了《政务信息资源共享管理暂行办法》，对政务信息资源共享原则、政务信息资源目录编制要求、政务信息资源分类与共享要求、共享信息的提供与使用等进行了规范。

14.2 国外政府数据开放共享的主要做法

1. 建立统一的政府数据门户网站，公开政府数据

美国政府拉开了数据开放运动的序幕。2009 年 1 月，时任美国总统奥巴马签署了《开放透明政府备忘录》，并于同年颁布了《开放政府指令》，提出通过网站公开政府数据，让民众能更多地得到政府的相关信息，对政府行为及与公众利益相关的决策进行社会监督。2009 年 5 月，专门用作信息公开的门户网站“Data.gov”上线，要求各联邦政府公开数据，使民众能自由获取数据。该网站运行以来，大量政府数据集中提供，成为大数据存储中心，取得了良好的经济和社会效益。与此同时，世界各国政府也陆续实施了数据开放政策。2011 年 9 月 20 日，巴西、印度尼西亚、墨西哥、挪威、菲律宾、南非、英国、美国 8 个国家联合签署了《开放数据声明》，成立了开放政府合作伙伴（Open Government Partnership，OGP）。英国政府在《开放政府国家行动计划（2016—2018）》的基础上，于 2019 年 5 月发布了开放政府国家计划（2019—2021）。2018 年 1 月，我国中央网信办、国家发展改革委、工业和信息化部联合印发《公共信息资源开放试点工作方案》，确定在北京、上海、浙江、福建、贵州五地开展公共信息资源开放试点。截至 2018 年，全球已有 75 个国家加入“开放政府合作伙伴计划”①。现阶段在数据开放方

① 李怀胜．数据开放的刑法边界[J]．中国信息安全，2018.

面，发达国家发展水平较高，而一些发展中国家发展水平较低，正在逐步完善自身的数据共享平台。重要的国际组织，如联合国、欧盟、世界银行也纷纷建立了自己的数据储备中心，并且建立了专门的数据公开网站。

2. 不断完善政策法规，推进政府数据开放

各国政府为了实现政府数据开放，确保开放数据的安全性、透明性，纷纷制定了一系列的法律法规，并且在实践中不断地推进更新（见表 14-1）。

表 14-1　世界各国关于政府数据开放签署的文件①

国　　家	时　　间	文　　件
美国	2009 年	《开放政府指令》
	2012 年	《数字政府战略》
	2013 年	《政府信息公开和机器可读行政命令》
		《开放政府合作伙伴——美国第二次开放政府国家行动方案》
	2018 年	《开放政府数据法案》
欧盟	2005 年	《欧洲透明度倡议》
	2011 年	《开放数据：创新、增长和透明治理的引擎》
	2019 年	《开放数据和公共部门信息指令》
英国	2012 年	《开放数据白皮书：释放潜能》
	2016 年	《英国开放数据路线图（2015）》
		《英国开放政府国家行动计划（2016—2018）》
	2019 年	《英国开放政府国家行动计划（2019—2021）》
法国	2013 年	《政府数据开放手册》
	2016 年	《数字共和国》（第 2016-1321 号法）
澳大利亚	2010 年	《开放政府宣言》
	2013 年	《公共服务大数据战略》
日本	2012 年	《电子政务开放数据战略》草案
		《面向 2020 年的 ICT 综合战略》
	2013 年	《创建最尖端 IT 国家宣言》
	2016 年	《官民数据活用推进基本法》
韩国	2019 年	《人工智能（AI）国家战略》
加拿大	2014 年	《开放政府指令》
	2015 年	《开放数据指令》
	2017 年	《开放政府和保护隐私指南》
	2018 年	《加拿大开放政府行动计划（2018—2020）》

① 朱建平，冯冲，陈淑真．全球政府数据共享模式研究——对中国的启示[J]．统计学报，2020 年第 1 期．

3. 政府数据开放更多地集中于民生

政府数据开放的内容聚焦于民生。比如，美国最新的数据开放门户网站将数据公开领域进行扩展，进一步涵盖了教育、医疗、就业、公共安全、道德等与民生息息相关的领域。同时，数据开放的实施从联邦政府进一步扩展到州政府及县、市一级，它们的数据公开更贴近民众的生活。众多开放的、可机读的卫生医疗相关信息由美国“健康数据计划”开放，便于企业利用这些数据研发保障公民健康的新产品和新服务。此外，一套航班延误免费查询系统是由美国个人程序员利用政府公开的交通部数据研发的，这是数据公开带来的社会福利。在政府数据开放方面，新加坡政府也采取了相应的措施，并且取得了不错的成绩，比如多款交通 App 可以查询停车场的相关信息及巴士的时刻表等，这些功能的实现都基于政府的公开数据。

4. 注重数据开放与数据保护的平衡

在大数据时代，相关数据需要进一步开放，这一方面能满足民众对数据的需求，另一方面也提高了政府的透明度，有利于相关责任的追究及经济的不断优化发展。在信息时代的大背景下，如果要构建新型政府管理与服务模式，那么政府数据向社会开放是一个必然的发展趋势，特别是与民众切身利益相关的数据开放，这样一来社会民众会更加热衷于关注政府在相关方面的管理，并且也愿意参与其中。政府部门对数据的逐步开放可以将政府财政收支状况、公共资源分配情况、民生领域的决策记录等方面的信息呈现给民众，提高政府工作的透明度，进而发挥民众对政府工作的监督作用，达到强化相关人员责任意识，提升相关部门及人员的管理水平、治理能力，提升社会运行效率和效益的目的。然而，任何开放都是相对的，政府数据有其特殊性，基于安全考虑，采用一定的保密和限制措施是必要的。比如，加拿大联邦政府的有关法律法规就考虑到了开放与安全的矛盾和双重重要性，《信息获取法》(*Access to Information Act*)对政府数据开放提出了明确的要求，《隐私法》(*The Privacy Act*) 则保障了相关主体的合法权利不受侵犯。

5. 在政府数据开放过程中实现合作发展

各国政府的数据开放多以政府部门为主导，在此基础上形成国际合作、国内合作和部门合作等多层次的合作形式。比如，《开放数据宪章》的各签署国家可以相互借鉴学习。此外，民众的需求促使政府开放数据，而政府开放数据也是为了给民众提供更好的服务，民众在关注政府管理工作的同时可以参与相关问题的解决。比如，2013 年 7 月，日本三菱综合研究所为了推进国家数据开放的相关工作，基于“产业一官方一学校”的协调配合，成立了“开放数据流通推进联盟”。世界首个开放式数据研究所（ODI）是在英国政府的支持下建立的，其为社会民众、科研机构及政府相关部门的工作带来了极大的便利。美国政府与投资基金创新事业（Innovation Endeavors）合作，一方面举行了“公民黑客日”的活动，另一方面积极促成美国劳工部、人口普查局及国家航空航天局等相关机构的协调配合，一起推进数据开放的工作。民众的参与积极推动了政府数据开放的进程。

14.3 我国政府数据开放共享面临的挑战

随着云计算、物联网及“互联网+”的日益发展，数据开放越来越重要，政府作为数据开放的主要引导者和管理者也备受关注。自 2004 年以来，中央政府颁布了《关于加强信息资源开发利用工作的若干意见》《关于加强信息资源开发利用工作任务分工的通知》《2006—2020 年国家信息化发展战略》《中华人民共和国政府信息公开条例》等重要文件，旨在促进政府信息资源开发利用。《关于促进大数据发展的行动纲要》由国务院常务会议研究通过，成为指导政府和企业发展大数据的文件。中共中央办公厅、国务院办公厅在 2017 年初下发了《关于推进公共信息资源开放的若干意见》，指出开放数据工作将依托国家电子政务外网和中央政府门户网站，建立统一规范、互联互通、安全可控的开放数据网站。各地方政府也制定了若干相应的地方性政策和法规，逐步建立地方政府数据开放平台。然而，因为配套的相关法律法规、执行标准、开放标准等还不够完善，所以众多地方和部门在实际推进工作时完全不知道该如何开放、开放什么、程序怎样、如何管理，这在很大程度上制约着大数据的开放与共享。

1. 虽然政府数据的开放程度逐步提高，但仍有很大空间

在数据开放过程中，相关数据是否涉及个人信息安全、企业机密泄露及国家涉密信息外泄等，没有统一的标准来衡量。一些政府部门出于对数据安全的惯性考量，仍然以“保密”“不宜公开”为由，不愿开放许多数据。首先，信息公开在部分基层政府网站不及时，如果民众在政府网站得不到权威信息，可能会采用通过其他渠道获得的不真实或不完整的信息。其次，针对哪些信息属于能公开的内容、哪些属于不能公开的内容，裁量权在各级地方政府部门，不同部门的判断千差万别。虽然我国政府数据的开放程度正在逐步提高，但从长远来看，仍有较大的开放空间。《2019 中国地方政府数据开放报告》显示，截至 2019 年上半年，我国已有 82 个省级、副省级和地级政府上线了数据开放平台，与 2018 年同期相比，新增了 36 个地方平台。其中，41.93%的省级行政区、66.67%的副省级城市和 18.55%的地级城市推出了数据开放平台，政府数据开放平台已经逐渐成为一个地方数字政府建设的“标配”。从地理分布来看，我国东南沿海地区的省级数据开放平台已经逐渐相连成片，并且向内陆地区不断扩展。广东省和山东省的各地市都推出了数据开放平台，形成我国最为密集的省级“开放数林”。全国开放数据集总量也从 2017 年的 8 398 个迅速增长到 2019 年的 62 801 个，2019 年开放数据集的容量与 2018 年开放数据集的容量相比增长近 20 倍。但与此同时，目前各地方平台在及时回应用户提出的意见建议、数据申请和纠错反馈方面，定期审核和上传用户开发的利用成果方面，以及法规、政策和标准的制定等方面，仍有较大的发展空间。①

2. 政府开放数据的质量有待提升

政府开放数据可以带动一系列新产品、新应用的出现，促进产业创新与我国的产业结构升级。数据只有充分流动起来，才能催生创新应用，推动知识型经济和网络经济的发展，进一步促进经济增长由依靠粗放型产业向依靠高精尖产业转变。比如，空间地理信息可用于交通运输、定位系统应用开发

① 复旦大学联合国家信息中心数字中国研究院. 2019 中国地方政府数据开放报告.

等，气象信息可用于救灾指挥、生态保护等。同时，政府开放数据的质量至关重要，政府要确保提供的数据准确、及时、完整，只有这样才能使数据产生真正的价值。数据质量包括数据是否满足用户需求的主观感知、数据本身及数据活动过程等。《2013 行政蓝皮书》指出，包括公务员在内的官员和企业/事业单位人员及基层普通民众等对电子政务数据公开的满意度较低。政府数据质量是影响决策和政策制定水平的重要因素，也会对数据集的再利用造成影响，从而影响政府的公信力。在时效性方面，公开得不及时是较为突出的问题；在范围方面，公开内容的不全面是较为突出的问题；在政府方面，主观意识较强，对信息公开的随意性较强是较为突出的问题；在公众方面，参与度不够是较为突出的问题。因此，政府开放数据的质量有待提升。

3. 相关法律法规需要进一步完善

数据孤岛、数据割据是数据垄断思维的产物，忽视了数据是一种共享的、为社会服务的公共资源的属性。目前，《中华人民共和国政府信息公开条例》《2015 年政府信息公开工作要点》《2020 年政务公开工作要点》及《政务信息资源共享管理暂行办法》是大数据开放工作主要遵循的法规，它们对数据公开要求、数据共享规范都有明确的要求，关键在于各级政府部门的贯彻落实和考核评估。同时，政府要进一步健全有关法律法规，推进《个人信息保护法》《数据安全法》等法律法规的制定和实施，逐步形成保障大数据健康发展的法律体系。

14.4 我国政府数据开放共享的发展方向

1. 急用先行，循序渐进地开放政府数据

数据开放强调数据的可达性，信息公开强调可以被知道、被看见，将不同来源的信息整合到一起发挥作用。政府数据开放在应用推广上可循序渐进地推进，政府可以考虑优先开放有助于民生发展、服务创新创业、推进产业转型的数据，如 GPS 数据、金融、教育、交通、能源、医疗、政府

投资及农业方面的相关数据。现阶段，中国气象局已经开始尝试将民生服务领域政府数据开放作为切入点。2016 年 1 月，中国气象局宣布与阿里云达成合作，在阿里云大数据平台“数加”上向公众开放气象服务数据。中国气象局希望此举能推动其和广大社会机构及更多的创业者合作，利用气象大数据拓展中国气象产业的发展空间。数据开放的平台应大力推行“云优先”战略，云计算节约成本、维护方便、配置灵活的特点使其成为各国政府大数据的主要发展方向。

2. 提高政府服务质量

政府对相关数据的开放使部分数据的使用变为免费，可以更好地促进科研和社会创新，产生一系列经济、社会效益，从而更好地促进相关公共服务的提供及优化，合理利用开放数据产生的价值创造出利于大众更好地适应现代生活的实用工具和产品。政府数据应由政府统一发布、管理，政府要按照数据类型统一数据口径，确保数据的一致性、真实性，并且采用优化统计方法、监控数据质量等方式提升数据质量。同时，政府部门人力资源、职业教育、社会保障等方面的信息资源实现开放共享，这可以缓解求职者与各行业人才需求之间的信息不对称的问题，优化人力资源配置，有效降低失业率。数据开放共享将促进现代信息服务业、文化创意、智库等第三产业的发展，拓展新的就业空间。以加拿大为例，年均 12%的就业增长率是由“空间地理数据基础设施”创造的。同时，政府通过政府数据开放平台，为民众提供自由、平等、可参与的公共环境，使民众愿意承担公共责任和参与公共事务，民众通过意见表达，发出声音，形成一个防止政府犯错的监督力量，提高社会对政府的满意度。总之，开放数据是一个复杂的动态过程，涉及多个利益相关方，政府要以民众需求为出发点，以创造公众价值为最终目标。

3. 通过政府数据开放共享，提升政府治理能力

如果社会治理要达到管理和自治相结合，治理能力得到提升的目的，就要坚持党的领导，促进社会各界各类主体的积极参与及相互协调。社会治理要求政府和社会共同参与，政府发挥管理作用，社会发挥自我净化功能。通过政府数据开放平台和社交网络，既可以提高政府工作的透明度，又能最大限度地调动社会公众广泛参与。政府应及时了解社情民意，凝聚大众智慧，

激发社会活力，服务科学决策。

4. 通过政府数据开放共享，推动智慧城市建设

智慧城市建设与大数据应用是相辅相成的。例如，在智慧医疗、智慧交通等工程建设和应用中，数据发挥着核心作用。如果相关政府部门不去共享实时交通信息，那么智慧交通就很难实现智能化决策，从而就不能科学地规划交通流量，向用户实时地发布交通信息。以何种模式、何时何地、何种名目来开放共享数据，是政府在智慧项目建设过程中要充分考虑的问题。同时，海量数据的汇聚又给智慧城市的运营部门带来管理上的风险，这就要求政府针对每个智慧应用的数据应用风险都要开展风险评估，将安全保障措施同步部署到智慧应用建设过程中。为了保证智慧城市运行的业务连续性，政府需要根据业务重要性进行数据备份和建立网络安全预案，并且建立智慧城市安全管理的应急机制。

第 15 章

大数据与国家安全战略

随着信息网络在全球范围内迅速崛起，信息网络与政治、经济、社会交汇融合，网络数据迅猛增长，世界已经进入大数据时代。在这个关键的历史时期，我们既要抓住大数据时期的重大机遇，又要应对随之而来的安全挑战。《促进大数据发展行动纲要》明确提出，要健全大数据安全保障体系，强化安全支撑，维护国家安全，有效提升国家竞争力。数据已经成为国家基础性战略资源，贯穿于国家治理的各领域、各要素、各层面、全过程，为国家安全提供重要的支撑和保障。国家安全是大数据健康发展的前提条件，只有确保国家安全、国土安全、国民安全，才能充分激发大数据发展的活力，发挥基于大数据的国家治理效能，推动经济发展和增加人民福祉，推动“两个一百年”目标的实现。大数据与国家安全的关系主要表现在以下 3 个方面。

（1）大数据的获取和分析能力体现了国家的综合国力，对国家发展利益和安全利益有着深远的影响。

（2）随着国家政治、经济、军事等各个领域数据的汇聚应用和关键信息基础设施的建设，大数据安全已经影响到国家安全的方方面面，保障数据安全成为维护国家安全的重要内容。

（3）大数据技术的有效应用，在有效化解经济金融风险、维护社会安全等诸多方面有着广泛的应用前景。

国家安全是一个以国家利益为核心的多维度、全方位、大融合的复杂巨系统，涵盖政治、国土、军事、经济、文化、社会、科技、信息、生态、资源和核安全等领域。数据则渗透到国家安全的各个方面，与各个领域相互交织，共同推动这个巨系统的发展演化（见图 15-1）。

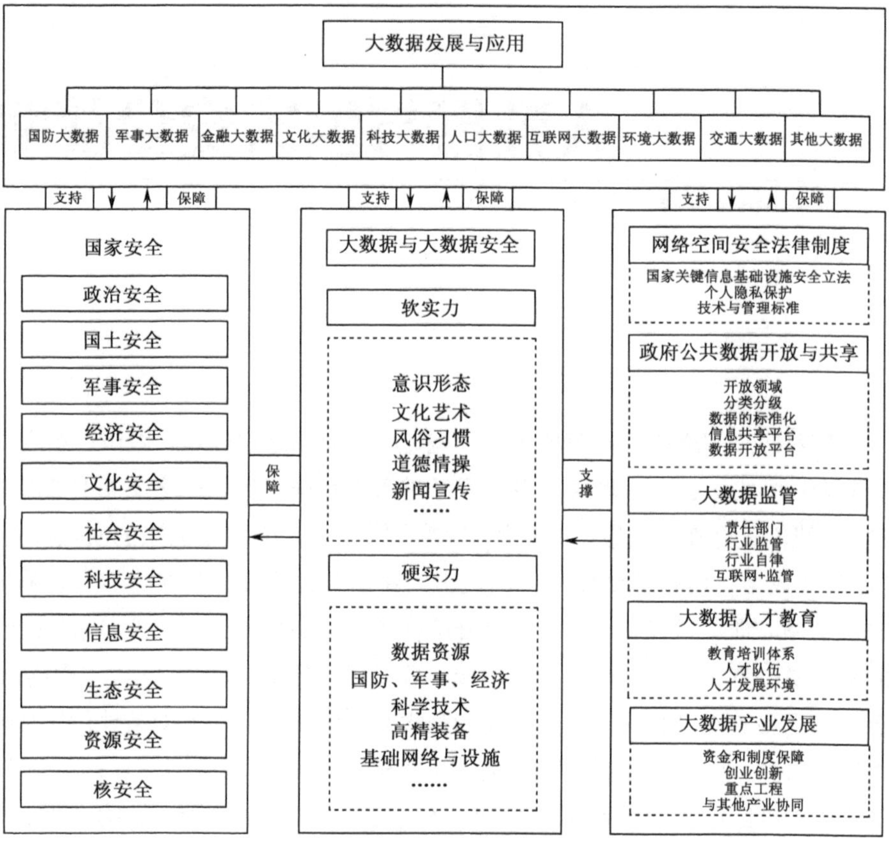

图 15-1　大数据与国家安全的系统学分析

15.1 大数据与政治安全

国家安全以政治安全为根本，政治安全是指国家政权、政治制度、意识形态等方面不受内部或外部因素的侵袭、干扰、威胁或危害。政治安全的核心是国家政权的稳定，只有维护好政治安全，才能切实保障人民安全。随着信息网络的普及和大数据的发展应用，国家政治安全出现新的威胁。一是国际意识形态的斗争更加隐蔽和复杂。二是网络媒介成为国家外交活动的新工具，各国政治力量在信息网络和大数据环境下被重新定义，西方国家的政治活动和外交手段更为丰富。三是恐怖主义活动频繁，现代社会对信息网络的巨大依赖为网上恐怖活动和信息传播提供了可乘之机，严重威胁国家安全和社会稳定。

为此，推动大数据应用与技术创新，加强我国新时期的政治安全建设，具有跨时代的重要意义，具体体现在以下几个方面。一是要充分发挥国家主流媒体在信息、资源、人才等各方面的优势，建设互联网上权威的综合信息发布和服务平台，发挥主渠道作用，引导新闻舆论走向主旋律，大力弘扬社会主义核心价值观，增强对中国特色社会主义的理论自信、道路自信、制度自信。二是充分利用大数据技术，通过政府数据开放共享平台自觉、主动地公开信息，大力推广和使用微博问政、网络问政，建立与民众沟通的网络渠道。三是高度重视社交网络在突发事件中的作用，通过社交网络第一时间发布权威信息，引导网民合法、健康、有序地参与网络表达，引导网民利用社交网络的即时性互相救助。四是发挥大数据反恐的重要作用，加强对暴恐事件的信源溯查、舆情分析和情报综合分析工作，提高对暴恐组织行动的预警能力，为反恐部门提供准确、有力的动态线索，最大限度地降低危害。

15.2 大数据与国土安全

国土安全是国家安全的支撑底线，我国领土广阔、资源丰富、邻国众多、周边环境错综复杂，这为我国国土安全带来巨大挑战。2014 年 9 月，国土资源部审议通过了建设国土资源云方案，表明国土资源工作已经进入大数据探索阶段。建设国土资源云，就是要通过各类数据轨迹的大覆盖，推动各类同构、异构数据的大融合，提升分析数据内在规律和发展趋势的大智慧，实现从数据到信息再到显隐性价值挖掘的大应用，为国土资源工作保障和服务经济社会建设提供有力支撑[①]。

虽然国土资源云适应了信息化发展要求，但眼下国土资源的数据安全仍缺乏有效的管理手段，具体表现如下。一是网络国防建设亟须加强，网络空间具有混沌性、全域性和联通性等特点，风险的未知远大于已知，目前已成为大国博弈的主战场，因此在加强传统实体空间的海防、边防和空防的同时，应重视网络国防建设。二是我国关键信息基础设施安全潜在风险较为突出，特别是电信、金融、石油等重要领域，对信息网络的依赖性越来越强，与发达国家相比我国关键技术装备的研发水平仍存在较大的差距，维护重点领域信息网络和数据安全的任务十分艰巨。三是国防高新技术研发创新能力有待提高。只有结合我国国防信息化建设的特点，加快在太空、船舶、无人装备、发动机、自主芯片与国产软件等方面的技术研发与创新，制造高精装备和产品，才能为国土安全提供核心技术支撑，有效地保障国土安全。

大数据、云计算等信息技术的发展为国土安全保障提供了新的解决方案，大数据技术在国土安全领域发挥着以下作用。一是将安全大数据技术在网络空间安全体系建设中进行深化应用，将安全大数据技术应用于风险监测、态势感知和网络取证等领域，推进我国网络空间防御力量建设，保卫我国的网络边疆安全。二是将大数据技术在金融、电信、交通、能源等关系国计民生的关键信息基础设施保护和反恐中进行深化应用，利用大数据技术广泛收集、分析安全情报，及时发现恐怖活动线索，发出预警信息。三是大数据技术将促进我国军民两用技术融合发展，支撑我国高技术装备科研和试验，将大数据技术与其他高端技术融合，研制高精装备，夺取未来装备发展的新高地，进一步加强我国海防、边防、空防和网络防御力量。

① 王海川．重视国土资源大数据安全[N]．国土资源报，2015-04-17．

15.3 大数据与军事安全

没有巩固的国防，没有强大的军队，中华民族的伟大复兴就没有安全保障。信息化加速了军事科技变革的步伐，世界军事态势正在发生重大变化，我国的军事改革也面临重大转折点，具体表现为以下几点。一是未来战争以电子战、信息战为主，武器装备远程精准化、智能化、隐身化、无人化趋势明显，太空和网络空间成为各方战略竞争制高点，战争形态加速信息化战争演变。二是除了区域军事冲突带来的常规战争威胁，以隐蔽性、破坏性及跨区域性为主要特征的非常规战争威胁也呈上升趋势，网络空间成为当今世界非常规战争的主战场，网络攻防技术成为军事竞争的基础武器。

在未来战争中，大数据推动新军事革命的深入发展，成为我军赢得未来信息化战争的必备能力，具体体现在以下几个方面。一是运用大数据技术可推进作战数据资源和战场数据集成工作，加强海量军事情报数据分析，提高军事决策精准度。二是运用大数据技术可提高未来作战平台的自主性，使无人作战平台更加智能化，适应动态复杂的战争环境，缩短打击链，实现精确打击。三是大数据技术将推动各军兵种行动的高效融合，实现人机协同，一体化联合作战。四是运用大数据可组织军地各方网络战的力量，形成平战结合下的严密监控和网络战争防御，加强网络空间的“侦、攻、防、控”能力。五是将大数据运用服务于军队思想政治工作，全面掌握官兵思想的变化，为提高军队政治工作的针对性和时效性提供依据和参考。

15.4 大数据与经济安全

我国要全面建设小康社会，经济稳定事关全局。经济安全与经济秩序的健康发展，是实现国家安全的物质基础，也是实现国家利益、人民利益的基本前提。目前，我国经济发展进入新常态，增长速度正从高速增长转向中高速增长，经济发展方式正从规模速度型粗放增长转向质量效率型集约增长。数字经济作为一种新的经济形态成为我国经济发展的重要力量，同时也带来一些问题和挑战。一是经济的虚拟化、网络化和无国界化，以及货币形态的虚拟化加剧了我国金融系统在信息网络基础上的脆弱性。二是互联网金融的发展凸显出我国经济金融综合监管效能的不足，现有经济金融监管力度有待提高，维护经济金融安全的措施仍有待完善。三是虚假数据易引发金融市场风险，甚至发生风险放大效应，一旦金融数据中混杂了虚假信息，可能导致错误的交易行为，进而引发金融市场风险。小范围风险借助网络迅速传播，会引起金融风波甚至股市灾难，加剧市场泡沫风险。四是由于目前我国对数据安全监控不力，网络安全犯罪活动日益猖獗，包括信用卡数据盗窃、违规发行理财产品、非法吸收公众存款、非法集资、非法跨境资金流动等违法行为，严重损害了人民利益，影响经济社会的健康发展。

在经济新常态下，我国要主动将大数据技术应用到经济金融领域，强化经济安全能力建设，加强金融监管，防范和化解金融风险，维护金融安全和稳定，具体做法如下。一是运用大数据技术打破信息不对称，构建先进的风险计量模型，提升经济金融风险识别能力和计量水平，为经济金融稳定提供预警支持。二是运用大数据技术支持互联网金融产业产品和服务创新，构建国家金融大数据交易平台，规范第三方支付和征信的评估，对入市交易的数据资产进行合法性和真实性审查，从源头上降低侵犯隐私权、发布虚假信息等数据风险，提高数据安全性。三是运用大数据技术识别高风险客户，预防、控制、打击各类互联网金融违法犯罪活动，实现对互联网经济金融安全风险的提前处置和有效防控。

15.5 大数据与文化安全

中华文化博大精深、源远流长，文化安全是实现中国梦的精髓要素与灵魂支柱。近年来，信息技术使文化传播产生多元化趋势，开启了社会舆论传播的新局面。西方国家文化霸权时有发生，具体表现如下。一是西方国家的文化渗透和文化扩张趋势明显，通过网络进行文化传播，大肆鼓吹和散布资本主义价值观。二是舆论传播安全问题形势严峻，西方发达资本主义国家通过网络掌控世界舆论的走向。三是西方媒体近年来专注于意识形态的移动化渗透。

大数据可以推动文化产业的发展，助力我国维护文化安全，为国家安全提供保障，具体表现在以下三个方面。一是利用大数据可以帮助国家相关部门与文化传媒企业实时掌握民族的文化需求，增强我国社会主义价值观的文化自信。二是运用文化大数据可以创作出更符合我国核心价值观、正能量的文化商品和网络文艺作品，提升网络传播的文化内容质量。三是大数据技术可以从技术层面净化网络空间，保护国家与民族文化的核心价值，做到正能量充沛、主旋律高昂，为广大网民特别是青少年营造一个风清气正的网络空间。

15.6 大数据与社会安全

没有稳定的社会环境，改革发展无从谈起。社会安全关系着国家的稳定与发展，是国家安全的重要保障。当前，我国社会安全面临着公共安全、社会生产安全等多重挑战，具体表现如下。一是大数据时代国家公共安全面临新的挑战，网络结构天然的互联性、开放性、跨国性等特点为犯罪分子、恐怖势力提供了可乘之机。犯罪分子和恐怖势力借助信息网络招募恐怖人员、募集暴恐资金、散播恐怖言论、传播视频音像等活动时有发生，严重危害了社会安全。二是随着我国工业化、城镇化进程不断推进，生产经营规模不断扩大，传统和新型的生产经营方式并存，各类事故隐患和安全风险交织叠加，在监管机制和法律制度不完善、企业主体责任落实不力等情况下，生产安全事故频发。国家安全生产监督管理总局（以下简称国家安监局）数据显示，仅 2016 年 11 月，全国就发生了 4 804 起生产安全事故、死亡 3 479 人，预防和控制生产安全事故的发生刻不容缓。三是社会转型期社会矛盾比较突出，在征地拆迁、国企改制、司法纠纷、城市管理、劳资纠纷、医患关系、社区矛盾等方面群体性事件时有发生，引起了政府和社会的高度关注。

大数据依托数据分析技术有力支撑和服务于社会安全，提高社会治理效率。一是创新大数据应用，建设立体化、信息化社会治安信息化平台，提升社会治理的社会化、智能化、专业化水平，提高社会事件和安全风险预测、预警、预防能力，进一步增强人民群众的安全感。二是在国家安监局重点监管的领域，包括煤矿、金属和非金属矿山、危险化学品、烟花爆竹、工业企业等重点行业领域推广应用物联网和大数据技术，在相关生产经营单位的生产场所、生产装置和生产岗位主要风险点部署各类状态感知设备，通过建设企业监控平台，实现风险监控和应急处置，确保人民生命安全。三是结合各类生产安全和群体事件，建立事故（事件）知识库，采用大数据分析方法进行特征识别，建立威胁感知分析平台，与全国信用信息共享平台对接，促进社会共同监督，使社会治理责任得到积极有效的落实。

15.7 大数据与科技安全

科学技术是第一生产力，决定着一个国家的国防军事、经济和社会发展的能力，科技安全是国家安全的重要内容。科技安全态势体现了国家能力的四个方面：一是国家利益免受国外科技优势威胁和敌对势力、破坏势力以技术手段相威胁的能力；二是国家利益免受科技发展自身的负面影响的能力；三是国家以科技手段维护国家安全的能力；四是国家在所面临的国际国内环境中保障科学技术健康发展及依靠科学技术提高综合国力的能力。当前，我国科技安全主要面临以下威胁。一是我国科学技术水平虽有较大进步，但仍面临发达国家先进科学技术的长期挑战。二是我国科研成果数量虽多，但被认可程度不高，科研水平和技术创新能力不强，受到西方发达国家对我国的长期技术封锁与遏制，一些科研领域仍未掌握核心技术，关键设备还要依赖进口。三是受到发达国家资本市场、科技合作等威胁，我国存在科技研发成果被动输出、科技情报泄露、科技人才流失等现象，这些都严重威胁着我国科技安全。

大数据影响着人们的思维方式，驱动着现代科技的革命，是维护科技安全的重要手段，具体体现在以下几个方面。一是利用大数据可整合学术资源，建立科学研究的数据基础，在数据共享基础上实现科学发展，提高科研水平和技术创新能力。二是利用大数据推动我国军民信息资源共享，加强访问控制管理，打破当前军民相对隔阂的科研体制，加强军民两用技术的研究开发，推动国防科技实现军民结合、平战结合，运用科技手段维护国家安全。三是利用大数据开展科技情报研究，辅助提高科技决策水平，优化调整科研结构、保障科学技术健康发展，加快突破国防科技、空间科技、生物科技、海洋科技、能源科技、信息科技等领域技术瓶颈，掌握核心技术，提升我国科学技术的综合竞争力，把握我国科技安全的有利态势。

15.8 大数据与生态安全、资源安全

生态安全、资源安全是国家安全的绿色平台，为我国的可持续发展提供长远保障。过去我国粗放型经济的发展模式忽视了生态环境与资源保护，使可利用资源减少，保护生态环境、保障资源的可持续发展已经成为我国亟须解决的问题。我国生态安全和资源安全面临的威胁主要有以下几点。一是我国的产业发展模式转型尚未成功，物耗高、能耗高、污染高的“三高”问题仍旧突出。二是环境风险评估预警体系建设有待加强，环境数据管理分散，资源共享不足，各种突发事件和灾害的风险评估预警技术缺乏，这给环境预警和政府决策带来很大困难。三是作为资源消耗大国，我国海洋、能源、矿产、太空、网络空间等资源的发展权、控制权、定价权受到发达国家的阻碍和遏制。

大数据已经成为国家重要的战略资源，大数据的发展与应用推动了经济发展和生态文明发展、资源协调发展的统一，具体体现在以下几个方面。一

是运用大数据可有效支撑我国产业发展的科学决策，推进构建高科技、低能耗、低污染的产业结构，提高社会经济向绿色化发展。二是运用大数据可以实现环境数据实时传输、环境数据资源的及时共享，改进环境评估预警技术，提高风险预警的准确性，为环境管理提供实时有效的决策支持。三是运用大数据有利于发现并利用海洋、能源、矿产、太空、网络空间等资源，推动资源价值与价格的联动，有助于我国积极抢占全球资源竞争的制高点。此外，大数据有助于我国核能科学研究、推进核能工程中核能数据库的建设与核能安全可靠性数据的分析，保障我国的核安全。

第 16 章

大数据与信息安全保障战略

新一代信息技术的快速应用促进了数字经济的蓬勃发展，新产业、新业态、新模式加速演进和成熟，随之而来的网络安全威胁和风险日益突出。中共中央总书记习近平指出，安全是发展的前提，发展是安全的保障，安全和发展要同步推进。国务院《促进大数据发展行动纲要》提出，要加强大数据环境下的网络安全问题研究和基于大数据的网络安全技术研究，健全大数据安全保障体系。2020 年 10 月 13 日，十三届全国人大常委会委员长会议提出了关于提请审议“个人信息保护法（草案）”的议案。面对数字经济发展的安全挑战，要坚持“发展和安全”并重的原则，以发展促安全、以安全保发展，坚持加强关键信息基础设施协同保护、促进网络安全创新体系建设、完善数据治理体系、持续提升网络安全防护能力，着力夯实网络安全产业发展，切实筑牢网络安全防线，为推进数字经济高质量发展提供安全保障。[①]

① 吕欣，李阳．统筹发展和安全 推进数字经济高质量发展．中国信息安全[J]，2020（5）：71-73．

16.1 数字经济的蓬勃发展和面临的严峻形势

当前，大数据、云计算、物联网、5G 网络和人工智能等技术的快速发展应用，各种新兴业态的快速兴起，成为驱动数字经济发展的重要力量。近年来，美国等国家和地区高度重视数字经济发展，纷纷通过制定相关战略抢占数字经济发展制高点。例如，美国先后出台《联邦大数据研发战略计划》《智能制造振兴计划》《国家制造创新网络计划》《先进制造业美国领导力战略》等，推动大数据、人工智能与先进制造业的融合发展。日本以支持科学技术创新为重点，出台 e-Japan、u-Japan、i-Japan、《综合创新战略》等政策措施，推动数字化、智能化与工业制造融合发展。欧盟发布《欧洲数据战略》，提出未来五年数字经济发展的政策举措和投资方向，推进数据向公众和企业开放。德国以数字化转型为重点，出台《数字议程（2014—2017）》《数字化战略 2025》等，坚持以企业智能化创新发展强化德国制造业的全球领先地位。我国高度重视数字经济和实体经济的融合发展，党的十九大报告明确提出要建设数字中国的战略构想，全力推动互联网、大数据、人工智能和实体经济深度融合。2020 年 4 月，中共中央、国务院明确提出要“加快培育数据要素市场”，推动数字经济高质量发展。

为发挥数字经济的带动引领作用，中共中央和国务院提出加快 5G 网络、数据中心等新型基础设施的建设等重要举措，全面布局 5G 网络建设、应用推广、技术发展和安全保障工作，更加重视数字经济与实体经济的融合创新和场景应用，更加重视大数据、人工智能等技术提高社会治理能力的重要作用。2020 年以来，新产业、新业态、新模式的创新效能和引领作用更加凸显，直播带货、宅经济、无接触服务等新型消费模式快速发展，线上会议、线上办公成为新时尚。同时我们也必须注意到，网络空间领域的攻击事件频发，安全隐患更为突出，数据安全形势更为严峻，需要我们高度重视并加以防范。

16.2 大数据发展面临的五大安全挑战

在数字经济蓬勃发展的带动下，网络信息系统的互联互通、数据跨域流动，以及系统之间的共享交互更加频繁，网络安全威胁和风险也日益突出。大数据发展面临五大安全挑战，应引起高度重视。

1. 关键信息基础设施保护的安全挑战

关键信息基础设施的安全运行事关国家安全、经济运行以及社会稳定，已逐步成为不法分子发动攻击的首选目标。一方面，随着网络信息系统朝着跨层级、跨地域、跨系统、跨部门、跨业务的方向发展、演化，关键信息基础设施受到的安全威胁更为复杂，传统的基于边界防护、统一安全策略的安全理念和措施受到挑战。另一方面，网络信息系统的技术融合、业务融合、数据融合加强了关键信息基础设施系统的结构复杂性和数据复杂性，很多公共机构的数据和业务在整合与集中的同时，也成为不法机构和不法分子觊觎的目标。国家互联网应急中心发布的《2019 年我国互联网网络安全态势综述》显示，2019 年我国信息系统频繁遭到 DDoS 的攻击。这对重点业务的连续性和数据保护提出了更高的要求，对大数据的加密存储、细粒度审计和细粒度访问控制等措施要进一步加强。

2. 工业互联网快速推进的安全挑战

工业互联网是智能制造发展的基础，也是新基建的重要领域，为工业智能化提供新支撑，为经济增长提供新动力。伴随着工业系统物联网的快速部署，机器、产品和数据实现了互联互通，设备运行、车间配送、企业生产、上下游产业链对接等实现了网络互联和实时信息交互。同时，对信息的可靠性、数据的真实性、设备的可认证性等提出了更高要求。一是很多工业系统涉及国家战略资源、生产安全等关系国计民生和国家安全的重要领域。当前，工业互联网领域进行风险评估欠缺、安全防护的技术储备相对不足，工业互联网安全防护相对薄弱。二是工业领域对业务连续性有较强的要求，一旦遭受攻击会造成较大的经济损失。2018 年 12 月，美国大型报纸出版商——论坛报业集团旗下一大型印刷厂遭受到病毒攻击，致使《纽约时报》《洛杉矶时报》《华尔街日报》等的印刷和发行被迫延迟。

3. 5G 新技术应用的安全挑战

5G 作为新一代移动通信系统，高性能、低延时、大容量的特性保证其能够与工业各环节融合，为工业企业提供生产柔性化、智能化的工具，可有效推动工业转型升级，实现工业高质量发展。一是 5G 应用场景复杂多变，须支持多场景人与人、人与设备、设备和设备间的认证和数据安全传输，增强了安全策略的复杂性。二是车联网、智慧医疗等对高可靠性、时间敏感性和安全性，比其他业务有更高的要求，需要更强的身份认证、端到端加密和数据完整性保护措施。三是针对 5G 的高速率、超大带宽的特点，需要有与之相匹配的加密算法支持和隐私保护策略。

4. 数据深度应用的安全挑战

随着人工智能、可穿戴设备、车联网、物联网等领域数据应用的深度和广度扩大，数据采集标准化、数据集聚规模化和数据应用融合化程度不断加深，数据和个人信息保护的隐患也越来越大。根据美国卫生与公众服务部的数据，在 2019 年的十大数据泄露事件中，共有 1.37 亿条数据被泄露，其中，涉及 6 个医疗机构、2 个政府机构、1 个金融机构和 1 个教育机构。一方面，很多领域的数据的有序开放程度还不高，制约了数据创新应用的步伐；另一方面，数据的战略性价值在成为各方共识的同时，也成为不法机构逐利的目标，数据滥用、数据黑市交易等非法行为扰乱了数据治理秩序。这都需要进一步健全法律法规，加大对数据非法滥用等行为的打击力度，规范数据要素市场的秩序。

5. 关键核心技术国际博弈的安全挑战

信息产业的发展是推进数字经济发展的重要基石，其关键核心技术更是国之重器。当前，我国信息产业的核心基础能力不强，“缺芯少魂”之痛成为我国数字经济高质量发展的重要障碍。特别是人工智能、量子计算、半导体制造、网络安全等领域的技术突破，成为国际科技创新竞争的焦点，我们亟待在这些核心领域实现技术创新与突破。

16.3 大数据安全与隐私保护体系架构

我国科学家钱学森院士指出，信息网络加用户将构成一个“开放的复杂巨系统”，可通过建立模型抽象反映人们对客观事物认识的深刻变化[①]。大数据与网络空间的复杂交织形成了一个开放的复杂巨系统，这个复杂巨系统涉及的数据规模巨大、种类繁多、变化快速、处理难度大，涉及的组织和人员众多，涉及的人机交互行为活动复杂，因此大数据安全与隐私保护保障系统是一个开放的复杂巨系统。针对大数据安全面临的威胁和挑战，须建立一套系统性的大数据安全与隐私保护保障体系模型。大数据体系的复杂性在于大数据与网络空间的复杂交织、融合演化，形成了一个多维、动态的复杂巨系统，要处理这个复杂巨系统的安全保障问题，需要对其进行要素分解和多维度体系构建。本节在研究、分析大数据面临的挑战的基础上，基于系统的工程方法理论，提出了一个大数据安全与隐私保护体系模型，为落实大数据安全保障方案提供理论和技术参考。[②]

大数据安全与隐私保护体系模型是基于系统科学构建的，从保障目标（S）、保障对象（O）、保障措施（E）维度对大数据与隐私进行全方位的安全保障，其与时间纬度（T）以及面临的大数据安全威胁（D）一起构成大数据安全与隐私保护系统的状态空间，空间状态变量集可表示为$\{s,o,e,d,t\}$，从这些状态变量的取值和变化可以推测出整个体系的主要状态及演变。大数据安全与隐私保护体系模型如图 16-1 所示。

① 钱学森．论系统工程［M］.上海：上海交通大学出版社．2007：186-187.

② 吕欣，韩晓露．健全大数据安全保障体系研究．信息安全研究[J]，2015（3）：211-216.

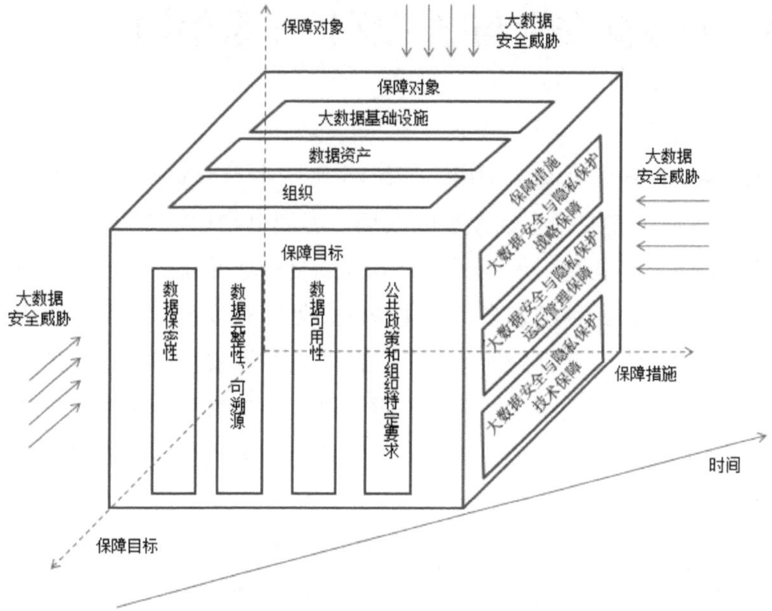

图 16-1　大数据安全与隐私保护体系模型

1．保障目标

大数据安全与隐私保护的目标是要保证数据保密性、数据完整性和可溯源、数据可用性，以及公共政策和组织特定要求[①]。

确保数据保密性是大数据安全与隐私保护最基本的目标，通过对传输数据的保密、对静态数据的保密、对加密数据的计算，以及对隐私数据匿名化，采用大数据密钥管理等方法确保数据和隐私不被非授权者、实体或进程利用或泄露。

数据完整性和可溯源是指保障数据的可溯性和完整性。确保数据的可溯性可利用数字签名来进行终点输入验证，即验证输入数据是否来自一个已认证源，数字签名在大数据安全与隐私保护中是非常重要的确保数据溯源的方法。确保数据的完整性主要是指确保数据在传输、执行过程中的完整性，保

① NIST Big Data Public Working Group．NIST 大数据通用框架草案：卷 4，安全与隐私[R]．NIST，2015：24.

证数据没有遭受未授权的篡改或未经授权的使用。数据的可溯性和完整性可以在高粒度下进行审计，确保数据溯源就可使得大数据中的数据资产价值在数据全生命周期内得到控制，进而实施全生命周期的数据版权管理。

数据可用性是指，数据可以主动抵抗拒绝服务的攻击，确保被授权者可以安全地使用大数据。在大数据系统中，事件的巨大数量和事件交互的复杂性是一个巨大的挑战，需要大数据解决方案来确保大数据安全。确保数据可用性、维护系统健康的方法包括运用安全情报分析、数据滥用检测、安全漏洞事件检测等。可采用安全信息和事件管理，或大数据分析来监控数据的可用性和系统健康，检查系统健康可以发现体系运行架构中的潜在缺陷。

公共政策和组织特定要求是由政府、社会机构、跨领域组织根据安全和隐私保护需求设计的主题，每个主题都有一个特定的大数据目标，都涉及特定范围内大数据的安全性和隐私性要求。大数据安全隐私相关公共政策由政府发布，会涉及审查、税收、合同、执法取证、跨境数据流动以及知识产权等相关方面的大数据安全和隐私保护的法律法规。社会机构包括非政府组织、利益集团、专业机构和标准制定组织，这些机构会涉及人类安全、公共健康、数据科学、特殊人群隐私等相关的大数据安全和隐私保护主题。跨领域组织通常会涉及某些产业或产业间通用的大数据安全和隐私保护主题。保障公共政策和组织特定要求就是确保围绕这些主题的大数据安全与隐私保护的设计目标得以实现。

2. 保障对象

大数据安全与隐私保护的保障对象包括大数据基础设施、数据资产和组织。

大数据基础设施主要包括存储设备、计算设备、网络设备和基础软件等。保护大数据基础设施的安全即在物理层面保证大数据的安全。对大数据基础设施的保障主要是让其具有更强的处理能力、感知能力和更快的响应速度，使大数据运行更安全。

数据资产是经过收集、深度整合、萃取分析，被个人、企业或政府拥有和控制，有可度量价值、可带来经济效益的数据。数据资产是大数据安全保障与隐私保护的重要对象，只有保护好数据资产，大数据才能发挥出真正的作用。

组织包括数据提供者、数据消费者，以及大数据应用和框架提供者。组织是大数据安全协议和安全机制得以良好部署的保障，组织的保障主要是保护其在网络空间内的权利，并让其履行相应的义务。

3. 保障措施

大数据安全与隐私保护的保障措施可分为战略保障、运行管理保障和技术保障三个要素。由这三个要素构成的大数据安全与隐私保护体系的直观层次模型如图 16-2 所示。

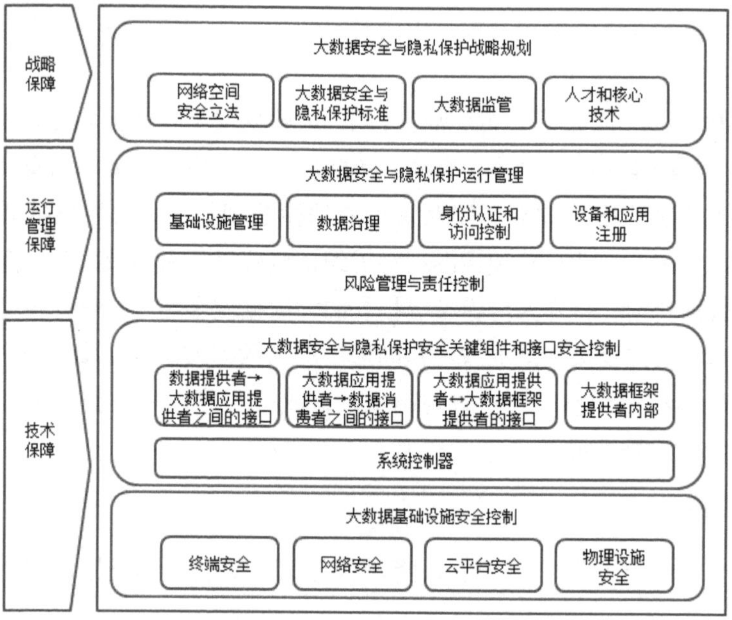

图 16-2 大数据安全与隐私保护体系的直观层次模型

战略保障主要从战略层面进行整体规划和总体设计，大数据安全与隐私保护保障体系的战略规划要从完善网络空间安全立法、健全大数据安全与隐私保护标准、加强大数据监管、发展大数据及大数据安全核心技术、储备大数据及大数据安全方面的人才着手，做好总体环境构建和各方面的部署。

运行管理保障涉及在大数据运行中国家、政府、企业和个人多方面的综合协调，要着力加强基础设施管理、数据治理、身份认证和访问控制、设备和应用注册、风险管理与责任控制，应在各行各业形成最佳实践，并推广应用，发挥大数据的作用。

大数据安全与隐私保护的关键技术是确保大数据安全的关键，大数据安全与隐私保护的关键技术包括数据提供者→大数据应用提供者之间的接口安全控制技术、大数据应用提供者→数据消费者之间的接口安全控制技术、大数据应用提供者↔大数据框架提供者的接口安全控制技术、大数据框架提供者内部，以及系统控制器的安全控制技术，参见 ISO NIST 大数据安全与隐私保护对大数据关键组件和接口安全控制的参考框架[①]。大数据安全与隐私保护的关键技术还包括对终端安全、网络安全、云平台安全等基础设施实施控制的安全控制技术。高强度密码体制、动态安全机制、无条件安全机制、公理化信息安全技术、自动化信息安全技术、智能化信息安全技术是信息安全基础技术体系的关键技术[②]，也是大数据安全与隐私保护安全保障技术的基础。我国需加快突破并掌握大数据安全与隐私保护的基础技术和应用技术，做好大数据发展的技术保障，才能推动我国大数据发展走向成熟。

16.4 大数据安全与隐私保护保障过程模型

大数据安全与隐私保护保障过程是围绕大数据安全与隐私保护保障的对象，基于大数据安全与隐私保护风险管理和控制过程，采用 PDCA（P 为 Plan 的缩写，代表计划；D 为 Do 的缩写，代表形成；C 为 Check 的缩写，代表检查；A 为 Act 的缩写，代表调整）循环方法建立起的确保大数据安全与隐私得到保护的可持续的安全能力。这种能力将贯穿数据的整个生命周

---

① NIST Big Data Public Working Group. NTST Big Data Interoperability Framework：Volume 4，Security and Privacy［R］.NIST.2015 年：9.

② 中国科学院信息领域战略研究组.中国至 2050 年信息科技发展路线图［M］.北京：科学出版社. 2009：143-144.

期，使大数据安全与隐私保护的安全风险得到管理和控制。大数据安全与隐私保护保障过程模型如图 16-3 所示。

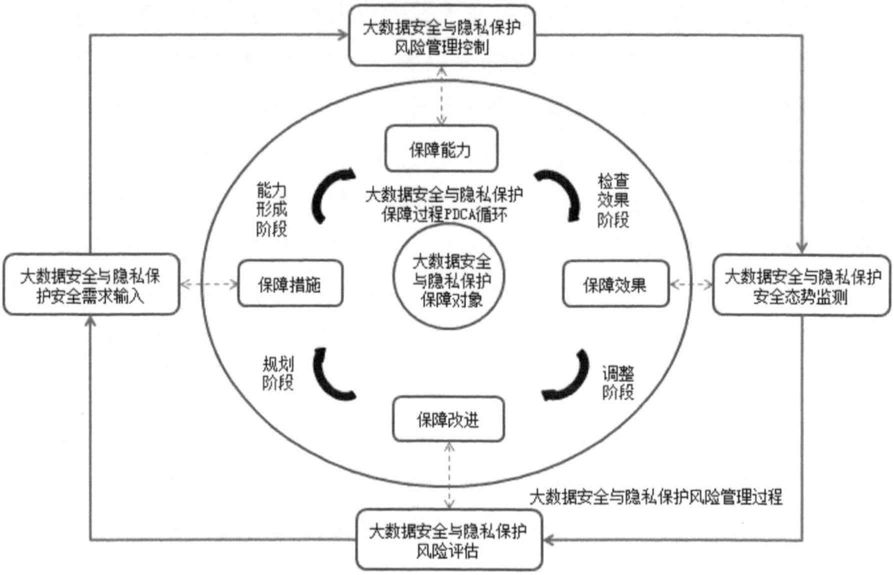

图 16-3　大数据安全与隐私保护保障过程模型

大数据安全与隐私保护保障过程模型分成四个阶段，每个阶段分为多个步骤。第一个阶段是规划阶段（P，Plan），分析大数据安全与隐私保护的安全威胁，进行风险评估，提出大数据生命周期安全需求，规划并设计大数据安全与隐私保护需要达到的目标，以及实现目标所采取的安全策略和措施，这是规划阶段的输出。第二个阶段是能力形成阶段（D，Do），将规划的措施逐一通过策略控制实现，建立起基础设施安全服务能力、数据保护安全防护能力、大数据关键组件和接口安全的风险监测能力、大数据安全与隐私保护应急处置能力、针对 APT 攻击的检测和防御能力。第三个阶段是检查效果阶段（C，Check），根据对大数据安全与隐私保护实施的安全态势监测，全面评估规划和设计的目标是否通过相应的安全策略实现，确保大数据基础设施得到安全控制、大数据关键组件和接口得到安全控制、大数据全生命周期的运行管理得到安全保障。第四个阶段是调整阶段（A，Act），通过评估大数据的安全状态评测大数据安全与隐私保护保障过程达到的安全管理级别，进而分析安全能力需求，改进整个保障体系，提升大数据安全与隐私保护的安全管理能力。

通过大数据安全与隐私保护的过程保证机制可以动态调整安全保障措施，不断循环运行，促使大数据安全与隐私保护的安全保障能力持续得到提升。

16.5 加强大数据安全保障的措施

我国大数据发展面临着严峻的安全挑战，要坚持做好“发展与安全”的统筹，既要做好前沿布局、突破技术难关、大力发展网络安全产业，也要协同防护、监管治理、切实筑牢数据安全防线，为数字经济的健康有序发展提供有力支撑。

1. 加大个人信息保护力度

随着数据规模的急剧扩大，数据滥用乱象频发，数据治理势在必行。一是加快推进数据保护的法律法规出台。推进数据保护、个人信息保护的相关法律法规的颁布实施，明确数据的保护范围，建立覆盖数据采集、发布、交易、处理、销毁等全生命周期的安全保护机制。二是推进数据治理的统筹规划。立足区域特色、产业定位、功能场景等对数据资源制定分层分类的治理准则，为数据资源提供方、数据资源使用方、数据资源监管方等多方主体搭建对接平台，形成体系化的数据治理格局。三是着重加强数据资产的安全保障。立足国情、行业定位，健全数据安全标准体系，加强对数据资产管理平台关键技术的研究应用，降低数据安全风险。

2. 加强数据安全监管

完善数据安全管理规范，制定实用、可执行的安全策略。明确数据的分级分类管理，明确数据的合规使用，创新安全防护技术措施，确保数据安全[①]。

① 王宪磊，张焕波，吕欣. 全球要事报告（2017—2018）[M]. 北京：时事出版社，2018：437-452.

构建大数据安全体系架构和数据服务，从网络安全、数据安全、安全风险管理、安全运营管理、安全事件管理等角度，部署整体的安全解决方案。完善安全审计规则，形成企业级数据安全审计规则库，提升数据安全审计的技术能力。

3. 加强关键信息基础设施协同防护

随着 5G 基建、大数据中心、工业互联网等“新基建”的推进，国家关键信息基础设施也将以更大的功能承载与更广的应用范畴助推数字经济发展。一是要加强关键信息基础设施的网络安全态势感知。建立网络安全的多源感知系统，加强对政府部门、关键行业和重点领域的动态感知，对重大风险提前识别、预先施策。二是要加强关键信息基础设施的网络安全保障评估。对关键信息基础设施网络安全的建设、运行、态势进行整体评估，尤其是加强跨区域、跨行业、跨部门的联动协同，以评估促改进，以评估促保障。三是客观评估保障能力，形成动态反馈机制，为协同保护提供决策支撑。

4. 促进信息安全创新体系建设

在新一代信息技术、新兴领域快速发展的背景下，坚持以创新驱动为指引，切实加强信息安全创新体系建设。一是要在核心关键领域实现技术突破。积极适应当前全球信息技术从单品竞争到生态系统竞争的趋势，以攻克“卡脖子”的关键核心技术为突破口，逐步建立我国在 5G、工业互联网、大数据等领域协同发展的生态体系，尤其是增强对核心供应链的保障能力。二是加强网络安全技术的研发应用。完善技术手段，规避网络风险，加强重要领域密码应用的新技术研发，以匿名、加密等技术途径，着力提高信息系统的网络安全技术防护能力。三是加强网络安全人才体系建设。加大对网络安全领域的科学家、领军人才与创新团队的培养、发现，为网络强国战略的实施和维护国家网络安全提供人才支持。四是提升全民网络安全意识。多措并举地加强宣传引导，加强对网络安全法多维度、多层次的普及力度，提升公众对 App 应用、移动支付、个人隐私等方面的安全保护意识，筑牢网络安全防线。

5. 持续提升信息安全防护能力

网络安全的本质是攻防两端能力的较量。随着移动互联网、物联网、区块链等新一代信息技术的广泛应用，万物互联的网络空间也承载着更大的网络安全防护需求。一是健全网络安全信息共享机制。明确政府主管部门、科研机构、运营单位、设备厂商、安全企业等各方的职责，加强对关键领域的态势感知与通报预警，以共享研判风险，以共享协同感知，以共享强化预警。二是构建网络安全的联动防御机制。建立信息共享联动、系统协同联动、部门跨域联动相结合的联动防御机制，充分结合机器学习、区块链等智能化技术，形成全面分析风险、及时获取威胁、协同研判处置的防御策略，提升网络安全联动防御的效率。三是建立动态化的网络安全攻防应急演练机制。搭建场景化的攻防模拟平台，强化网络安全预警和应急预案的部署，持续提升防护能力，积极应对复杂网络环境下的网络攻击。

6. 加强大数据行业管理制度建设

建立健全大数据交易标准体系，完善大数据交易全过程的法律规则。推进大数据交易程序管理、定价机制、安全保障等标准的研究，规范大数据交易平台和交易行为。建立行业自律规则，充分考虑不同行业在进行大数据交易时可能出现的问题，针对不同情况实施不同的奖罚措施。研究数据定价规则，为数据的提供者和使用者创建一个健康、良好的交易平台，提高数据的使用效率。增强企业对内部数据的安全意识，建立企业信息泄露问责机制。

7. 加强对跨境数据流动的安全监管

面对跨境数据流动的内外部形势，借鉴国外管理经验，完善我国对跨境数据流动进行监管的法律制度。明确数据主体、数据转移方和数据接收方在数据保护上的责任与义务，完善与跨境数据流动安全审查和评估认证相关的法律法规。建立统一的数据保护标准。从保护与利用的角度研究制定适合管理跨境数据流动的数据分类方案。推动行业自律，明确数据采集、转移、存储、使用等各环节的相应安全管理要求。加强跨境数据流动相关领域的国际合作，加强在跨境数据流动方面与其他国家的调查合作与司法协助。

参考文献

[1] 习近平：决胜全面建成小康社会 夺取新时代中国特色社会主义伟大胜利——在中国共产党第十九次全国代表大会上的报告[EB/OL]．共产党员网．（2017-10-27）[2017-10-30]．http://www.12371.cn/2017/10/27/ARTI1509103656574313.shtml.

[2] 《中共中央关于制定国民经济和社会发展第十四个五年规划和二〇三五年远景目标的建议》辅导读本[M]．北京：人民出版社，2020.

[3] 习近平：实施国家大数据战略加快建设数字中国[EB/OL]．新华网.（2017-12-09）[2017-12-11]．http://www.xinhuanet.com/politics/leaders/2017-12/09/c_1122084706.htm.

[4] 中国共产党第十九届中央委员会第四次全体会议公报[EB/OL]．共产党员网．（2019-10-31）[2019-11-01]．http://www.12371.cn/2019/10/31/ARTI1572515554956816.shtml.

[5] 加强社会公共服务体系建设[M]．北京：中国市场出版社，2020.

[6] 中共中央 国务院关于构建更加完善的要素市场化配置体制机制的意见[EB/OL]．中国政府网．（2020-03-30）[2020-04-10]．http://www.gov.cn/xinwen/2020-04/09/content_5500622.htm.

[7] 习近平经济发展新常态重大论断，引领中国经济行稳致远[EB/OL]．中国青年网．（2020-05-11）[2020-05-12]．http://news.youth.cn/sz/202005/t20200511_12322641.htm.

[8] 吕欣，周海川.加速推进我国企业数智化转型的建议[J].科技中国，2020（5）：22-26.

[9] 吕欣，李阳.统筹发展和安全 推进数字经济高质量发展[J].中国信息安全，2020，125（05）：73-75.

[10] 吕欣，韩晓露，毕钰，等.大数据安全保障框架与评价体系研究[J].信息安全研究，2016，002（010）：913-919.

[11] 吕欣，韩晓露.大数据安全和隐私保护技术架构研究[J].信息安全研究，2016，002（3）：244-250.

[12] 吕欣，李阳，韩晓露，等.智慧城市网络安全体系框架研究[J].信息安全研究，2016，002（9）：827-833.

[13] 周海川，卢建国，苗润莲.中小企业大数据信用融资的症结及建议[J].中国经贸导刊（中），2020，957（01）：95-96.

[14] 中共中央政治局就实施网络强国战略进行第三十六次集体学习[EB/OL]. 中国政府网.（2016-10-09）[2016-10-10]. http://www.gov.cn/xinwen/2016-10/09/content_5116444.htm.

[15] 数博会十论：习总书记讲话引领2016数博会[EB/OL].人民网.（2016-05-25）[2016-06-10]. http://it.people.com.cn/n1/2016/0525/c404362-28377635.html.

[16] 国家大数据战略——习近平与“十三五”十四大战略[EB/OL]. 新华网.（2015-11-12）[2016-03-14]. http://news.xinhuanet.com/politics/2015-11/12/c_128422782.htm.

[17] 落实习近平总书记网信工作座谈会讲话精神[EB/OL]. 人民网.（2016-05-16）[2016-07-03]. http://theory.people.com.cn/n1/2016/0516/c386965-28354569.html.

[18] 李克强：推动大数据、互联网+等同制造业相融合[EB/OL]. 中国政府网.（2016-05-25）[2016-07-16]. http://www.gov.cn/premier/2016-05/25/content_5076750.htm.

[19] 李克强出席中国大数据产业峰会暨中国电子商务创新发展峰会并致辞[EB/OL]. 中国政府网.（2016-05-25）[2016-07-16]. http://www.gov.cn/premier/2016-05/25/content_5076764.html.

[20] 李克强：推深化简政放权放管结合优化服务 推进行政体制改革转职能提效能[EB/OL]. 人民网.（2016-05-22）[2016-07-16]. http://politics.people.com.cn/n1/2016/0522/c1001-28369819.html.
[21] 刘鹤. 两次全球大危机的比较研究[M]. 北京：中国经济出版社，2013.
[22] 李伟，刘鹤，卢中原，等.发达国家再制造业化战略及对我国的影响[J]. 管理世界，2013（02）：21-25+39.
[23] 地方改革空转苗头正起 刘鹤点题：确保改革不空转[EB/OL]. 中国日报网.（2016-03-22）[2016-04-01]. http://cn.chinadaily.com.cn/2016-03/22/content_24013283.htm.
[24] 宁吉喆在国家统计局2016年统计工作务虚会上强调 加快构建现代统计调查体系 不断开创统计事业新局面 [EB/OL]. 中华人民共和国国家统计局.（2016-08-02）[2016-11-21]. http://www.stats.gov.cn/tjgz/tjdt/201608/t20160802_1384018.html.
[25] 信息革命大时代的机遇挑战与中国路线图[EB/OL]. 央视网.（2016-07-28）[2016-08-03]. http://news.cctv.com/2016/07/28/ARTINIGMh92Q6jOjrMBtkOBG160728.shtml.
[26] 陈肇雄.培育壮大数字经济新引擎[EB/OL]. 中国共产党信息网.（2020-01-10）[2020-01-12]. http://theory.people.com.cn/n1/2020/0110/c40531-31542536.html.
[27] 邬贺铨. 大数据时代的机遇与挑战[J]. 求是，2013（4）：47-49.
[28] 涂子沛. 大数据：正在到来的数据革命，以及它如何改变政府、商业与我们的生活[M]. 桂林：广西师范大学出版社，2013：75.
[29] 大数据渐成金融稽查利器 设数百指标进行监控分析[EB/OL]. 中国新闻网.（2014-06-10）[2015-03-10]. https://www.chinanews.com/fortune/2014/06-10/6264609.shtml.
[30] 倪光南. 以云计算为工具深挖大数据宝库[N]. 中国信息化周报，2013-08-19.
[31] 维克托·迈尔·舍恩伯格，肯尼思·库克耶. 大数据时代[M]. 盛杨燕，周涛，译. 杭州：浙江人民出版社，2012.

[32] 王少华，卢浩，黄骞．智慧交通系统关键技术研究[J]．测绘空间地理信息，2013（S1）：88-91．
[33] 国家信息中心常务副主任杜平：大数据的发展没有基础设施无法实现[EB/OL]．人民网．（2015-11-07）[2016-01-03]．http://cpc.people.com.cn/n/2015/1107/c399882-27789237.html．
[34] 中国数字经济发展与就业白皮书[EB/OL]．中国信息通信研究院．（2019-04-17）[2019-04-17]．http://www.caict.ac.cn/kxyj/qwfb/bps/201904/P020190417344468720243.pdf．
[35] 2020 中国生活服务业数字化发展报告[EB/OL]．中国信息通信研究院．（2020-05-12）[2020-05-17]．http://download.xinhuanet.com/tech/szhfz.pdf．
[36] 李鹏．土地出让收益，公共品供给及对城市增长影响研究[D]．浙江大学，2013．
[37] 李宇嘉．以大数据视角看住房信息普查[N]．证券时报，2013-07-09．
[38] 陆娅楠．小产权房不能再火了[N]．人民日报，2013-12-16．
[39] 李鹏，吕欣．以大数据辅助房地产宏观决策[J]．宏观经济管理，2014（8）：34-36．
[40] 胡凡．陕南中小企业融资结构优化研究[J]．陕西理工学院学报（社会科学版），2014（3）：33-39．
[41] 叶晓婷．清华大学发布城镇化全国大型入户调查数据大流动的中国城镇化进程[J]．环境与生活，2013（11）：38-41．
[42] 刘新建，胡明辉．我国土地流转过程中出现的小产权房问题[J]．现代农业科学，2008（6）：62-63．
[43] 张梦晗．改革开放以来我国农业转移人口市民化问题研究[D]．内蒙古大学，2015．
[44] 戴敏胜．关于宏观经济分析核心指标的确定问题[J]．工业工程，1996（4）：66-70．
[45] 刘志强．宏观经济评价指标体系研究[J]．世界经济，1998（8）：61-65．
[46] 冯江涛．浅析宏观经济指标体系的重建[J]．商情（财经研究），2008（5）：11-11．

[47] 周光华. 医疗卫生领域大数据应用探讨[J]. 中国卫生信息管理杂志，2013（4）：296-300.

[48] 张燕南，胡继岳. 关于大数据应用于教育的思考[J]. 中国电力教育，2013（11）：5-7.

[49] 陶志强. 大数据背景下的报纸转型样本——以芝加哥论坛报、佛山日报的大数据应用为例[J]. 新闻与写作，2013（9）：19-22.

[50] 蔚赵春，凌鸿. 商业银行大数据应用的理论、实践与影响[J]. 上海金融，2013（9）：28-32.

[51] 薛文静，孔岩. 基于文献分析的国内图书馆大数据应用研究述评[J]. 农业图书情报学刊，2014（11）：65-69.

[52] 陈为，李健，胡康. 食品药品检验行业大数据应用探讨[J]. 中国医药导刊，2014（2）：367-368.

[53] 卢云许. 电信行业大数据应用浅析[J]. 信息系统工程，2013（12）：29-30.

[54] 徐赐发. 大数据时代金融业面临的挑战[J]. 金融科技时代，2012（10）：54.

[55] 于潇潇. 大数据在金融业的发展研究[J]. 时代金融，2015（8）.

[56] 金怡苑. 探讨在大数据格局下互联网企业的新发展方向——以阿里巴巴集团和腾讯控股有限公司为例[J]. 城市建设理论研究，2014（11）.

[57] 吕颖. 大数据时代互联网保险发展策略浅析[J]. 河北金融，2014（7）.

[58] 齐向东. 基于大数据的互联网安全创新[J]. 中国科技产业，2015（3）：49.

[59] 王喜文. 大数据驱动制造业迈向智能化[J]. 物联网技术，2014（12）：7-8.

[60] 芮祥麟. 大数据在航空业的应用[J]. 软件和信息服务，2015（2）.

[61] 路滨琪. 大数据助推旅游业转型升级[J]. 中国名牌，2014（17）：88-89.

[62] 孙加君，张亮，王敬陆. 基于大数据的交通拥堵缓解方法探索[J]. 警察技术，2015（3）：18-20.

[63] 岳建明，袁伦渠. 智能交通发展中的大数据分析[J]. 生产力研究，2013（6）：137-138.

[64] 唐要安．大数据在交通中的应用[J]．交通世界：运输车辆，2013（12）：126-127．
[65] 胡培兆．城镇化建设之路也是农业现代化之路[J]．宏观经济研究，2003（2）：28-29．
[66] 许耀桐，刘祺．当代中国国家治理体系分析[J]．长江论坛，2014（1）：10-14．
[67] 冯登国，张敏，李昊．大数据安全与隐私保护[J]．计算机学报，2014（1）：246-258．
[68] 郭三强，郭燕锦．大数据环境下的数据安全研究[J]．科技广场，2013（2）：28-31．
[69] 陈明奇，姜禾，张娟，等．大数据时代的美国信息网络安全新战略分析[J]．信息网络安全，2012（8）：32-35．
[70] 王倩，朱宏峰，刘天华．大数据安全的现状与发展[J]．计算机与网络，2013（16）：66-69．
[71] 刘兴远．“大数据”对官方统计数据发布的冲击及应对[J]．统计科学与实践，2013（12）：51-53．
[72] 刘兴远．利用大数据改进和完善政府统计数据发布模式[J]．中国统计，2014（3）：15-16．
[73] 彭小年，倪进．“大数据和政府统计”研讨会论文观点综述[J]．统计科学与实践，2014（2）：4-6．
[74] 韩丽萍．大数据与政府决策[J]．学理论，2014（28）：63-64．
[75] 唐晓云．用大数据把握旅游管理部门宏观调控的主动权[J]．旅游学刊，2014（10）：9-11．
[76] 朱鑫榕．数据挖掘方法及其在我国财政管理领域的应用[J]．经济问题，2015（1）：64-68．
[77] 冯芷艳，郭迅华，曾大军，等．大数据背景下商务管理研究若干前沿课题[J]．管理科学学报，2013（1）：1-9．
[78] 王军，刘金辉．大数据的国内外研究现状及发展动态分析[J]．电子技术与软件工程，2015（23）：200．
[79] 吕悦．大数据时代的全新挑战[J]．智能建筑与城市信息，2015（7）：12．

[80] 梁春晓. 电子商务经济体的兴起与未来[J]. 中国信息界，2013（7）：86-90.
[81] 石立新．工商大数据分析服务体系研究[J]．行政管理改革，2014（4）：54-57.
[82] 孔莉莎，刘闻．浅谈数据挖掘技术与军事决策支持[J]．装备制造技术，2009（10）：117-118.
[83] 卢婧，曹莉莉．混沌理论视角下原生家庭影响力探析[J]．齐齐哈尔大学学报：哲学社会科学版，2011（1）：71-74.
[84] 苏云成．控制论与出资人的财富监督[J]．经济研究参考，2012（18）：31-33.
[85] 林洪文，杨绍清．基于知识发现技术的海战场态势分析[J]．舰船电子工程，2012（4）：16-17
[86] 王德青，李东，李喜凤．有色金属矿山投资开发决策研究[J]．国土与自然资源研究，2011（2）：71-72.
[87] 方亮．滴水见阳光——中国公共危机管理的发展[J]．公关世界，2009（16）.
[88] 林春艳，孟雨薇，王晓靖．基于泡沫理论的中国股市风险研究[J]．技术经济，2011（8）：106-112.
[89] 许倬云．资讯时代需要“大数据”[J]．中国企业家，2012（15）：116.
[90] 汤玲．中小企业内部会计控制建设问题研究[J]．现代商贸工业，2010（24）：249-250.
[91] 唐钧．社会管理：疏浚还是堙堵[J]．开放导报，2012（3）：7-12.
[92] 辜夕娟．汉语中“信”的多个义项及文化内涵[J]．云南电大学报，2011（1）：54-56.
[93] 隋福民．经济史：一门经济分析的方法[J]．中国经济史研究，2009（2）：97-103.
[94] 刘琼.“数”中自有黄金屋论大数据之“妙”[J]．军民两用技术与产品，2013（8）：8-10.
[95] 张凤涛.“大数据”对出版业的启示[J]. 赤子：上中旬，2014（7）：53-53.
[96] 苏全有．我国图书馆史研究能带来什么？[J]．新世纪图书馆，2010（2）：3-5.

[97] 王晓明，岳峰．发达国家推行大数据战略的经验及启示[J]．产业经济评论：山东大学，2014（12）：15-21．

[98] 刘婧雅，文田．大数据时代的电影营销[J]．电影艺术，2014（1）：93-97．

[99] 李丽，白雪梅，刘永久．国外微观数据发布的进展与启示[J]．统计研究，2010（8）：14-20．

[100] 安晖．大数据竞争前沿动态[J]．人民论坛，2013（10）：12-16．

[101] 张岩．经济普查摸家底[J]．中国报道，2013（7）：46．

[102] 刁伟．基于模糊随机利率的小额贷款风险模型研究[J]．北方经贸，2014（5）：178-179．

[103] 王欣，王剑．人民币汇率贬值影响因素及趋势分析[J]．天津商务职业学院学报，2014（5）：5-8．

[104] 周冬梅．浅谈高中历史课堂教学的时效性与实效性[J]．新课程：中学版，2012（12）．

[105] 刘大北．日本《大数据时代的人才培养》倡议：制定背景、研究方向、计划及举措[J]．电子政务，2015（10）：85-95．

[106] 闫邹先．我国信息人才供求趋势分析及对策研究[D]．西北工业大学，2005．

[107] 罗旭．大数据时代我们最需要什么样的人才？[N]．光明日报，2014-03-09．

[108] 周大铭．我国政府数据开放现状和保障机制[J]．电子政务，2015（1）．

[109] 胡雄伟，张宝林，李抵飞．大数据研究与应用综述（中）[J]．标准科学，2013（10）：29-34．

[110] 陆健英，郑磊，Sharon S. Dawes．美国的政府数据开放：历史、进展与启示[J]．电子政务，2013（6）．

[111] 孙艳艳，吕志坚．中国开放政府数据发展策略浅析[J]．电子政务，2015（5）．

[112] 洪京一．从 G8 开放数据宪章看国外开放政府数据的新进展[J]．世界电信，2014（Z1）：55-60．

[113] 中华人民共和国国务院．国务院关于印发促进大数据发展行动纲要的通知[R]．北京：国务院，2015．

[114] 习近平：坚持总体国家安全观　走中国特色国家安全道路[EB/OL]. 新华网.（2014-4-15）[2016-08-15]. http://news.xinhuanet.com/politics/2014-04/15/c_1110253910.htm.

[115] 吴家庆，曾贤杰. 大数据与意识形态安全[N]. 光明日报，2015-10-14.

[116] 叶征. 我国网络空间的主要威胁和基本对策[J]. 中国信息安全，2015（11）：32-35

[117] 习近平总书记系列重要讲话读本[M]. 北京：人民出版社，2014.

[118] 田明宇. 政治工作要善于运用“大数据”思维[N]. 解放军报，2015-10-23.

[119] 张红力. 金融与国家安全[M]. 北京：中国金融出版社，2015.

[120] 李勇 .“大数据金融”亟待“大数据安全”[N/OL]. 人民网[2015-05-18]. http://opinion.people.com.cn/n/2015/0518/c1003-27017112.html.

[121] 马维野. 科技安全和我国面临的主要挑战与对策[J]. 中国软科学，2003（4）：94-99

[122] 吕欣，韩晓露. 健全大数据安全保障体系[J]. 信息安全研究，2015（3）：211-216.

[123] 王伟玲. 大数据产业的战略价值研究与思考[J]. 技术经济与管理研究，2015（1）：117-120.

[124] 马兰翠. 农民工：进城容易安居难[N]. 人民政协报，2011-3-14.

[125] 吕欣. 以互联网深化应用推进政府治理现代化[J]. 工程研究——跨学科视野中的工程，2015（2）：198-202.

[126] 吕汉阳，李亚亚. 大数据推进政府采购改革发展的意义与应用初探[N]. 中国政府采购报，2015-10-09.

[127] 李韶辉. 审批“零超时”是如何实现的[N]. 中国改革报，2015-09-16

[128] 中华人民共和国国务院. 促进大数据发展行动纲要[J]. 成组技术与生产现代化，2015，32（3）：51-58.

[129] 郭先登. 实现“城市管理”向“城市治理”伟大跨越[N]. 青岛日报，2014-03-16.

[130] 张雪莲. 深刻认识推进政协履职能力现代化的重要意义[J]. 政协天地，2014（9）：36-37.

[131] 李抒望. 正确认识国家治理体系和治理能力现代化[J]. 求知，2014（5）：11-13.

[132] 林振义. 如何认识推进国家治理体系和治理能力现代化？[N]. 光明日报，2013-11-28.

[133] 倪赤丹. 发展基本公共服务推进基层社会治理能力现代化[J]. 特区经济，2015（6）：68-71.

[134] 赛迪智库软件与信息服务研究所. 美国将发展大数据提升到政治层面[N]. 中国电子报，2012-07-17.

[135] 郎杨琴， 孔丽华. 美国发布“大数据的研究和发展计划”[J]. 科研信息化技术与应用，2012，3（2）：89-93.

[136] 文洋. 美国的“大数据”发展战略新动向[N]. 学习时报，2014-10-27.

[137] 木怀琴. 美国政府的大数据之策[J]. 文化纵横，2014（3）：12-12.

[138] 马丽. 大数据时代的德国信息化战略[N]. 学习时报，2014-11-10.

[139] 小荷. 大数据成多国国家战略[J]. 中国电信业，2015（9）：70-71.

[140] 周衍冰. 大数据产业在法国的发展及应用[J]. 服务外包，2014（6）.

[141] 顾洪文. 韩国大数据从基础设施起步[N]. 中国信息报，2014-06-18.

[142] 雨前. 澳大利亚力推公共服务大数据战略[N]. 中国信息报，2014-06-18.

[143] CHUL，BROWN，et al. Big data：The next frontier for innovation，competition，and productivity[R]. MCKINSEY COMPANY，2012-07-03.

[144] Executive Office of the President President’s Council of Advisors on Science and echnology. Designing a digital future：federally funded research and development in networking and information technology [R]. 2012-07-09.

[145] European Commission. Digital agenda：commission’s open data strategy，questions & answers[R]. 2012-07-03.

[146] CUKIER，KENNETH. Data，Data Everywhere[R]. The Economist Special Report，2010-02-27.

[147] HOPKINS，BRIAN，EVELSON. Expand Your Digital Horizon with Big Data[N]. Forrester，2011-9-30.

[148] MEHTA，ABHISHEK. Big Data：Powering the Next Industrial Revolution[R]. Tableau Software White Paper，2011.

[149] BAEYER，HANS CHRISTIAN. Information：The New Language of Science[M]. Harvard University Press，2004.

[150] THORNTON. Everything is Miscellaneous：The power of the New Digital Disorder[J]. Journal of the American Society for Information Science & Tecnology，2009，60（6）：1299-1300.

[151] UN Global Pulse. Big Data for Development：Challenges & Opportunities [R]. 2012.

[152] LANEY. 3D Data Management：Controlling Data Volume，Velocity and Variety [R]. 2001-02-06.

[153] Office of Science and Technology Policy：Executive Office of the President. Fact Sheet：Big Data Across the Federal Government[R]. 2012-03-29.

[154] FEINLEIB. The 3 I's of Big Data[J]. Forbes.com，2012.

[155] ADRIAN. Big Data：it' s going mainstream and it' s your next opportunity [J]. Teradata Magazine，2011（1）：3-5.

[156] PICCIANO. The Evolution of Big Data and Learning Analytics in American Higher Education [J]. Journal of Asynchronous Learning Networks，2012（3）：9-20.

[157] Building with Big Data：The Data Revolution Is Changing the Landscape of Business[J]. The Economist，2011-05-26.

[158] ZOTT，AMIT. Business Model Design：An Activity System Perspective[J]. Long Range Planning，2009（7）.

[159] GUIRE，MANYIKA，CHUI. Why Big Data Is the New Competitive Advantage [J]. Ivey Business Journal，2012（7-8）.

[160] DOUGLAS，LANEY. The Importance of "Big Data"：A Definition [EB/OL]. http://www.gartner. com/resid =2057415.Retrieved 21 June 2012.

[161] GANTZ，REINSEL. The Digital Universe Decade-Are You Ready[R]. IDC Iview，2010.

[162] JOHNSON. Big Data+Big Analytics=Big Opportunities[J]. Financial Executive，2012（7-8）.

[163] AFEE，BRYNJOLFSSON. Big Data：The Management Revolution [J]. Harvard Business Review，2012（10）.